TUSCULUM-BÜCHEREI

Herausgeber: Karl Bayer, Max Faltner, Gerhard Jäger

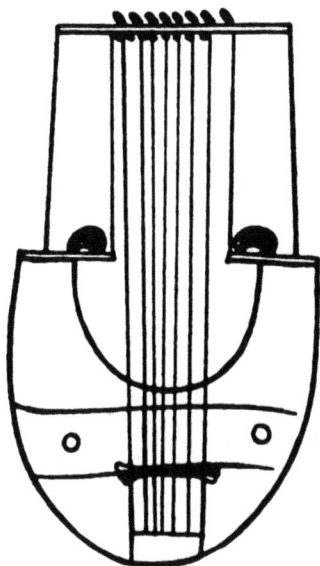

ALKAIOS

Griechisch und deutsch

herausgegeben von **Max Treu**

HEIMERAN VERLAG

3. Auflage 1980
© Heimeran Verlag, München 1952
Alle Rechte vorbehalten, einschließlich
die der fotomechanischen Wiedergabe
Satz und Druck: Laupp & Göbel, Tübingen
Bindung: Heinr. Koch, Tübingen
Archiv 192 ISBN 3-7765-2002-7

INHALT

Text

Anhang

DIE NEUEN FUNDE

καιν[.]ωνϙυγ[   ]ν[283 LP.
ωνενονιϙϙ.[

κἀλένας ἐν στήθ[ε]σιν [ἐ]πτ[όαισε]
θῦμον Ἀργείας Τροΐω δ[' ὐπ'] ἄν[δρος]
ἐκμάνεισα ξ[εν]ναπάτα 'πι π[όντον]   5
ἔσπετο νᾶϊ

παῖδά τ' ἐν δόμ[ο]ισι λίποισ[α
κἄνδρος εὔστρωτον [λ]έχος. [
πεῖθ' ἔρωι θῦμο[ν   Λήδας]
[παῖ]δα Δ[ίο]ς τε   10

    ]πιε..μανι[
    κ]ασιγνήτων πολέας.[
    ].ἔχει Τρώων πεδίω(ι) δα[μέντας]
[ἕν]νεκα κήνας

[πόλ]λα δ' ἄρματ' ἐν κονίαισι[15
    ].εν, πό[λ]λοι δ' ἐλίκωπε[ς
    ]ϙι..[ ]νοντο φόνω δ.[
    ]..[..]ευς

. . . .

P. Ox. XXI (1951), 2300 fr. 1

DIE NEUEN FUNDE

Paris und Helena

. . . . *(kam zum)*
  roß (reichen Sparta)

und erweckt' in Helenas Brust ein Sehnen,
in der Griechin Herzen nach ihm, dem Troer,
der das Gastrecht brach, und sie folgt' berückt ihm
  mit in die Fremde,

ließ daheim die Tochter zurück, entehrte
ihres Mannes prächtig gedecktes Lager.
Sinnbetört durch Liebe zu Paris war die
  Tochter der Leda.

Doch er trank(?) (den bitteren Rest) des Wahnes,
sah der Brüder viele im Kampf erliegen:
auf dem Blachfeld sanken sie hin vor Troja
  Helenas wegen;

viele Wagen liegen im Sand zertrümmert,
viele junge Krieger, die blanken Auges
ausgezogen, ließen ihr Leben, tödlich
  (traf sie) Achilleus.

6 DIE NEUEN FUNDE

. . . .
τοι πόδες ἀμφότεροι μενο[5

ἐν βιμβλίδεσσι· τοῦτό με καὶ σ[άοι]
μόνον· τὰ δ' ἄχματ' ἐκπεπ[.].ἄχμενα
[..]μεν[..]ρηντ' ἔπερθα, τωγ[...].
                                    ]

P. Ox. XXI (1951), 2297 fr. 5

Aias, der Lokrer, raubt Kassandra

[δρά]σαντας αἰσχυν[νέστ]ατα μὴ 'νδικα,
[ἄγχ]ην δὲ περβάλον[τ' ἀν]άγκα
[αὔ]χενι λαβολίωι πά[χη]αν.
[καὶ γάρ κ'] Ἀχαίοισ' ἇς πόλυ βέλτερον   4
[αἰ φῶτα θεοσύλ]ηντα κατέκτανον
]. παρπλέοντες Αἴγαις
[ληοτέρας] κ' ἔτυχον θαλάσσας·
[ἴρηα δ'] ἐν ναύω⟨ι⟩ Πριάμω πάῖς   8
[ἄγαλμ' Ἀ]θανάας πολυλάϊδος
[ἄμπηχ'] ἀπαππένα γενείω
[δυσμέ]νεες δὲ πόλιν⟨.⟩ ἔπηπον
]υπ.[..]ρᾱς Δαΐφοβόν τ' ἄμα   12
]ον οἰμώγα δ' [ἀπ]ὺ τείχεος
[δέδαε κα]ὶ παίδων ἀύτα
[Δαρδάνι]ον πέδιον κάτηχε.   298 LP
[Αἴας δὲ λ]ύσσαν ἦλθ' ὀλόαν ἔχων   16
[ἐς ναῦον ἄγ]νας Πάλλαδος, ἃ θέων
[ἄνδρεσ]σι θεοσύλαισι πάντων
[πικρο]τάτα μακάρων πέφυκε.
[χέρρεσ]σι δ' ἄμφοιν παρθενίκαν ἔλων   20
]παρεστάκοισαν ἀγάλματι
]ὀ Λόκρος οὐδ' ἔδεισε

.........*daß nur*
dir beide Füße den Halt bewahren

im Tauwerk: dies allein ja vermöcht' auch mich
zu retten. Von der Ladung ist ein Teil los
und treibt auf See, der andre ...

. . . .

(Reste von 4 Versen)

Aias, der Lokrer, raubt Kassandra

die ohne Rücksicht taten, was Recht nicht ist:
gehenkt gehörten sie: Belohnung
sei dem Verfluchten am Hals die Schlinge.
Auch den Achäern wär es viel heilsamer
gewesen, wenn den Frevler sie töteten.
An Aigais Küste heimwärts segelnd
hätten sie stillere See getroffen.
Die priesterliche Tochter des Priamos,
umfaßt im Tempel hielt sie das Götterbild
Athenas, deren Kinn berührend.
Feinde sind schon in die Stadt gedrungen,
sie fingen viele, Deiphobos dabei,
und töteten sie. Herab von der Mauer schallt
das Jammern, und der Kinder Schreie
füllten vor Ilions Burg das Blachfeld.
Von bösem Wahn getrieben, drang Aias vor
zum Gotteshaus der Pallas. Die Sterblichen,
die Gottesfrevel je begingen, straft
sie am strengsten von allen Göttern.
Mit beiden Händen griff er das Mädchen sich,
das wehrlos dastand neben dem Götterbild,
und schleift sie fort, der Lokrer, ohne Scheu

[παῖδα Δ]ίος πολέμω δότε[ρ]ραν
[γόργωπι]ν· ἀ δὲ δεῖνον ὐπ' ὄφρυσι   24
— σμ [— —] πελιδνώθεισα· κὰτ οἴνοπα
— ἄϊ[ξε πόν]τον, ἐκ δ' ἀφάντοι[ς
— ἐξαπ[ίν]ας ἐκύκα θυέλλαις
— αιδή.[   ]φι[28
— ιραισ.[
— αιᾱσαχα[
— ανδρὸδ[
.. μο[32
.. ερ.[
εβασκε[
παννυχια[
πρωτοισ[36
δεινα.[
αῖξἐπον[τον
ωρσε βια[ν
ι.. κιω[40
παντᾱπε[
...]η[]νθε.[
δ[..].ροσενο[
ουδωδεκαμ[44
ζωει μενω[
ατᾱνβροτ.[
ωϋρραδον.[
επει κεληто[48
..... σωπ[

Pap. Colon. 2021 + fr. 298

vor der Tochter des Zeus, der grimmen,
die Krieg beschert. Es funkelte bös hervor
ihr Blick aus bleichem Antlitz wie Feuerglut.
Sie ist aufs dunkle Meer geeilt und
rührte dort jählings den schwarzen Sturm auf.
Wenn also...
heilige...
Aias den Achäern...
schrecklich...
eilte...
....
schritt...
die ganze Nacht...
den ersten...
furchtbar...
zum Meer...
erregte die Gewalt (der Winde)...
....
überall...
....
eines (Mannes?)...
(ist's) nicht so auch mit (unserem...)
er lebt, warten...
Verderben den Sterblichen...
o (Sohn) des Hyrras...
...
...

. . . .   249 L

     ]..ον χ[ό]ρον αἰ..[
     ].νᾶα φ[ερ]έσδυγον
     ]ην γὰρ ο[ὐ]κ ἄρηον
     ]ω κατέχην ἀήταις   5

     ἐ]κ γᾶς χρῆ προΐδην πλό[ον]
[αἰ ⟨   ⟩ δύνατα]ι καὶ π[αλ]άμαν ἔ[χ]ηι,
[ἐπεὶ δέ κ' ἐν π]όν[τωι γ]ένηται
[τῶι παρέοντι ⟨   ⟩ ἀνά]γκα.

             μ]αχάνα   10
               ἄν]εμος φέρ[
                  ]εν

P. Ox. XXI (1951), 2298 fr. 1

. . . .   206 L

     [ν]ῦν δὲ Δίος θυ[γάτηρ

     ὤπασσε θέρσος· τ.[
     [κ]ράτηρας ἵσταις ἐ.[
     [τ]ῶν δή σ' ἐπιμνα.[
     [..]το 'πέφαννέ τε κ[5

     [...]ξηι δὲ θᾶς κε Ζεῦς [
     [καὶ] μοῖρα· τάρβην δ' ὄ[

P. Ox. XXI (1951), 2297 fr. 3

           ].ανᾳω[286(a) L
       πο]λυανθέμω[
       κρ]ύερος πάγος·
       ].ὑπ⟨ὰ⟩ Τάρταρον·
γαλάνα δὲ θαλάσσας ἐπ]ὶ νῶτ' ἔχει   5
        ε]ὐσοΐας τύχοις

P. Ox. XXI (1951), 2301 fr. 1a

. . . .
. . . . *kräftig gebautes Schiff*
vernichten ist doch wohl nicht besser
     und daß die Stürme es dann beherrschen.

Denn schon an Land bedenkt man die weite Fahrt:
hält wohl das Schiff auch stand? Hat es Kraft dazu?
Ist's erst einmal auf hoher See, dann
     muß vor dem Winde es weitertreiben.
. . . .

. . . .
   jetzt hat die Tochter des Zeus

   den Mut verliehen: . . .
   stell hin die Mischkrüge . . .
   Hieran erinnern will ich dich . . . .
   . . . sie es zeigte und . . .

   . . . wirst du, bis es Zeus . . .
   und Moira. Wer sich fürchten . . .

   . . . .
. . . . . *der Frühling ist nah mit seiner Blütenpracht*
. . . .   *löst sich des Winters Frost*
. . . .   *unter den Tartaros*
. . . . *spiegelnd und glatt dehnt sich die Meeresbucht*
   . . .   *möge denn dir   glücklich die Heimfahrt sein!*

12   DIE NEUEN FUNDE

Κ]υπρογένη᾽, ἔν σε κάλωι Δαμοανακτίδ[296(b) LP

].πὰρ ἐλάαις ἐροέσσα[ις] καταήσσατο

εὔφρο]σύναις· ὡς γὰρ ὀί[γ]ϙντ᾽ ἔαρος πύλ[αι]
ἀμβ]ροσίας ὀσδόμενοι [.]αις ὔπαμε[
           ]χήλαδε[.]ν[5
           ]οιδε[
           ]ϙυκ ο.[....]ϑ᾽.α[..]αυ[..]νεάνι[αι]
           ].ξιαχ[...]ω στεφανώμενοι

P. Ox. XXI (1951), 2302 fr. 4,9—16. — Carminis initium secundum L.

                                                          305 LP
]ε καὶ αὔτϙ[   ]ενος αἰχ[   ]ν καὶ χα[....]πηις γεγ[..].[.]εινϲ
ἐκτ.[..]ται τὰ ὐπὸ [σ]οῦ κεχερασμ[έν]α (Zitat), τοῦτ᾽ ἔστιν
οὐδέποτε ἐ[πιλ]είψει ὁ ἐξ ἡμῶν πόλεμος. ὡς ἅλος ἐ(κ) πολίαϲ
ἀρυτήμεν[οι·] (Zitat) ὡς ἐκ θαλάσσης ἀντλο[ῦ]ντες ἀνέκλειπτον
πόλε[μο]ν ἔξετε.   ε[..].αμοι πόλεμος μήτε γένοιτ[ο]· (Zitat
Anfang eines anderen Liedes) γέγραπται πρός τινα ὀνόματ
καλούμενον Μνήμονα ὃς ἀκάτιον παρέστησεν εἰς τὴν Μυρσίλοu
κάθοδον. φησὶν οὖν ὅτι οὐκ αἰτιᾶται αὐτὸ[ν] οὐδὲ διαφέρετα
περὶ το[ύ]του. ὅστις δ᾽ ἄμμε διαστα[..]. θέλει· (Zitat) ἦτο
καθόλου λ[.....].των περὶ Φίτταχον [.....].των. ὦ Μνᾶμοϲ
χ[......] τιν( ) (Zitat) [.].κύριον ὄνομ[α...Μ]νημο[ν
κατα.[   ].αχου [τ]υτϑὸν [   ].αρτον [   ]πωιχα
Kommentar zu Alkaios, P. Ox. XXI (1951), 2306 col. I

                                                          306,9 LP
]τοδε χελ[   ]τϙυ ἀγαθη νῦν δειχ[(Zitat)] ἀγαθῇ χρησαμέ
νου[ς   ] ἐνθορεῖν καὶ ἐνορμ[ῆσαι τ]οῖς τ[ο]ῦ Φιττάχ[ο]ι
νώτ[οις καὶ] καχῆς ὔβρεως [τὸν] τύραννον παῦσαι. ἐπιδ[οί]η
Δίος υἷος Κρονίδα (]ριδα pap., Zitat, Anfang eines neuen
Liedes)· καὶ α[ὔτ]η κατὰ Φιττάχου γέγ[ρα]πται περὶ τῶν ὄρ
χων [τῶν γ]ε[γ]ενημένων ἐν[   ]πολ[
Kommentar zu Alkaios, P. Ox. XXI (1951), 2307 fr. 9

Auf Kypros geborene Göttin, dich ... im schönen .. der (?)
Damoanaktidas
... : an den lieblichen Ölbäumen (entlang) (wehte es von
oben herab?)
... Freuden. Denn als des Frühlings Tore sich auftaten,
... ambrosisch duftende (Kränze?) der Knabe(?) ....
.... Geschosse ....
....
.... Jünglinge
.... bekränzte

. . . .
. . . .

„.... *das von dir Gemischte*" (Zitat), d. h. *niemals wird der von
uns begonnene Krieg aufhören.* — „*Als wolltet ihr aus dem
grauen Meer schöpfen*" (Zitat): *wie wenn ihr aus dem Meer
schöpfen wolltet, werdet ihr einen unaufhörlichen Krieg haben.*

„.... *ein Krieg möge weder ausbrechen*" (Zitat, Anfang eines anderen Liedes): *geschrieben ist das Lied an einen
Mann namens Mnamon, der ein Boot für die Rückkehr des
Myrsilos zur Verfügung gestellt hatte. Der Dichter sagt nun,
daß er ihm deshalb keine Vorwürfe macht und sich nicht deshalb
mit ihm entzweit.* — „*Wer uns (trennen) will*" (Zitat), *doch
wohl allgemein gesagt von den ....* um *Pittakos.* — „*O Mnamon .....*" (Zitat), ... *ein Eigenname ... Mnemon ...
..., „... etwas ...*" (Zitat?), ...

... *spricht er die folgende Aufforderung aus:* „*Die gute
... muß man jetzt ...*" (Zitat), d. h. *von der guten (Gelegenheit) Gebrauch machen, sich werfen und stürzen auf
den Rücken des Pittakos und der schlimmen Hybris dieses
Tyrannen ein Ende machen.*

„*Sehen möge das der Sohn des Kroniden Zeus*" (Zitat,
Anfang eines neuen Liedes): *auch dieses Lied ist gegen
Pittakos gerichtet und handelt von den Eiden, die geleistet
worden waren in (dem Heiligtum A)pol(lons)*

306,14 LP. col.

ἐπιφέρει ὑπὸ [ἕρμα]τος διερρηγυῖαν [ ].ως θάλασσα
[ ] ὕφαλοι τόποι [ ] οὐκ ὄντες μὲν [ ] μὴ φα
[ν]όμε[νοι δὲ] διὰ το[..]..[ ] θάλασσαν [ὑ]πὲρ ἐ
μάτω[ν 'Α]ναχρέων ἀλ]ληγορῶν χαί[ρει

Kommentar zu Alkaios (46bD.) P. Ox. XXI (1951), 2307 fr. 14 col. I

306,14 LP. col.

⟨ ⟩π' ἄλλ[ων] ἐστάναι. ψόμμος [ ] ἕως ὀνστείχει (Zitat)· τὸ
[με]ταλαμβάνουσιν ἐ[πὶ τὸ] ᾱ οἱ Αἰολεῖς· καὶ νῦν [τὴν] ψάμμ
ψόμμον εἴρ[η]κε. σημαίνει δὲ τὴν ἀκαθαρσίαν. θλιβομένης αὐτ
καὶ περαινομένης πολλὴ ἀκαθαρσία ἀναπορεύεται καὶ λεύκ
(Zit.)· εἴρηται δὲ τὸ λευκὸς διὰ τὸ ἔπαρμα. οἷα δέ σκέλη ῆ
κεχώρηκε αὗται (Zit.)· καὶ τὰ σκέλη αὐτῆς πεπαλαίωτα[ι· . . . .
τε καὶ θαμα[ ]δρο.[Zit.? . . . . ἐ]πὶ τῆς ἀλληγορία[ς. . .].π
πλευκυίᾳ αὐτῇ διὰ τοὺς πολλοὺς πλοῦς καὶ πυκνοὺς ἤδη π[α]λα
γέγονε[ν.] ἀλλ' οὐσ.[..]των ἔνεχ[α] ται...[..] (Zit.) οὐ διὰ
[ ]λαιωσ.[.....]... [κα]θορμισθῆναι η[ ]συνουσι[.
πεπλ[ ] ἡ ναῦς π[α]λαιὰ του[.].[ ]πλεῖν χ[α]τίσχ
τουτι[ ] π[......]γας πορεύετα[ι] τ[οὺς λεγ]ομένους πε[εσσού
χί]νεις πάντα λί[θον (Zit.?)]τ̣άγεται ω[

Kommentar zu Alkaios, P. Ox. XXI (1951), 2307 fr. 14 col. II

306, 4 L

].εσυθ[,]ω πιναξδ.[,]νεως ως αποι[,]ενουτο[.]αλχ[,
]γεγονότα χα.[,]αχιδος αναγχ[,]λομένου χελ.[,
]σασεως χαλαλ[,]χαὶ αὕτη γέγραπ[ται ,]...συμη[

Kommentar zu Alkaios, P. Ox. XXI (1951), 2307 fr. 4

*(Alkaios) läßt das Schiff an einer Klippe zerschellt sein
.... das Meer ... (felsige) Stellen unter dem Meeresspiegel,
die zwar nicht ... sind, aber nicht zu sehen sind infolge ...
des Meeres. Von Klippen spricht Anakreon gern in allegorischer Bedeutung* (vgl. Anakr. fr. 31 D).

... *anderswo stehen.* — „*Der Sand*" (äol. psommos) *bis
„hochsteigt" (Zitat): für a verwenden die Aolier o: auch jetzt
hat er „psommos" statt „psammos" gesagt. Das Wort bezeichnet
das eingedrungene unsaubere Wasser. Wenn das Schiff bei
schwerem Seegang fährt, steigt viel Schmutz(wasser) und
Schimmel hoch.* „*Schimmel*" (Zitat) *ist wegen des Schaumes
gesagt.* — „*Wie ihm die Spanten schon dahin sind*" (Zitat): *
auch die Spanten des Schiffes sind morsch geworden. Beim „viel
und oft gelaufenen (Schiff)*" (Zitat?) ... *allegorisch ... Bei
dem Schiff, das auf See ist, sind sie infolge der vielen und
häufigen Fahrten schon alt geworden.* — „*Aber nicht ... (dich?)
... wegen ...*" (Zitat), *nicht wegen ....* in den Hafen ge-
bracht werden ... das Schiff ist alt geworden ... segeln ...
nimmt seinen Weg. Die sogenannten Brettspiel-Steine:* „*Jeden
Stein in Bewegung setzend*" (Zitat aus einem anderen Lied)
. . . . .

306,1 LP.

οεν.[, νο.[, νωγ[, νοσεν[, τονκη[(Zitat), η.γ.[, νοϛομ[,
χλεωναϛ[(Paragraphos, d. h. Zitat). αισχυν[, μαϛνα.[,
χοντωι.[, ψευσται[(Paragr. = Zitat), Ζεῦ πάτερ[(= fr. 42 D),
ἀ]πεσχαλάϛ[αντες· ἀλγοῦν]τες ἐπὶ τ[αῖς συμφοραῖς ἡ]μῶν οἱ
Λυ[δοί

Kommentar zu Alkaios (41 D., 42 D), P. Ox. XXI (1951), 2307 fr. 1,6—21

].νότατον τόδ[9 Buchstaben ἐ]νόησεν [296 a L

]λασθ' ἔρον ἀλ[8 Buchstaben].[..].νταπέδ[

]δη πόλις ὠ[7 Buchstaben Κρο]νίδα βασίλη[ος

]μω..[..]υ.. [8 Buchstaben]δε θάν[ον]τε[ς

] εἰς 'Αΐδα δόμο[ν 5 Buchstaben]άνευθα δ[ὲ] τουτ[

οὔ]δεις πόνος ὠ[7 Buchstaben]λλαταπα[ν]τ' ἀπ[

].εν κάλα θεῖς [8 Buchstaben]δε τᾶσλα κάχο[ισιν

] ἄξιος ἀντὶ λέ[ο]ντ[ος..]' ἦς ἀπυδέρθη.[.

(explicit)

P. Ox. XXI (1951), 2302 fr. 4, 1—8

]δαμασ.[143 LP   [   ]ω[179 L

]λᾶοιςλυ.[εὑρηξεχ...[

]τοιςδυκ[κὰιτονμο[

ῆμάλ'ἀξ.[   ]αμμέων[

πώγωνε[5   ]λάμπρωτε.[

φόιτανδῆ[   ]διάσπιδοςάν[

πὲριστροφιδ'.[ἔ]νθ'οκάπριο[

κὰππεπάδμ[ενος   .]πόλλᾶγαρὰμ[

θέρμᾶνσποδ[ον   10   ].πέπᾶ.[

φόιταῖςὸμπ[.].δενχάρῑκύ[

μασλητ[.]οντεςμὲλίκ.[

· · · · · · ·   .].τροπτεσίδαρ[

P. Ox. XXI (1951), 2295 fr. 4 col. II   · · · · · · · ·

In margine v. 12: Θ (= 800).   P. Ox. XXI (1951), 2295 fr.4
                                    col. II

].αχα.[148 L

].ιονολβιοςὸ[

]νδεδυστάν[

]σδομ'έρημ[

]ετωνφίλω[5

]ος· αλλώσοιχ[

].υρονζώην[

]νάτοισι

P. Ox. XXI (1951), 2295 fr. 9

]μβαλακαιτεσσε.α[303 LP.   ]ῃ θέλης χην[200 LP.

]υμαριγαςβαιςαπο[   ]ματῆσην[

].ιμε.η.ιγτοναγ[   ]η δαίμων[

].σεχητ'αμφοτερ[   ]ῃθαταισχ[5

]δοκιμοιςφαρμαχ[5   ].ωνταν[

].ε.αλαντ..[   ]πίστως·[

]συμπαισαφ[κα]δδικανον[

]αςουπῳ[πεί]σεσθαι· το[

]θαςτα[Ζεῦ]ς ἔχει τέλος Κρο[νίδαις

].ςελεφ[10   ]μματος αὖτος[11

· · · · · · · ·   ].ηρονθε.[

P. Ox. XXI (1951), 2305   (I) P. Ox. XXI (1951), 2296 fr. 1;
                                  (II) P. Ox. 2295 fr. 45 + 50 + 46

].ιηπ[adesp. 919 P.

].ερο.[

].ινδη.[

]αμφεβ[

].ῦρωφ.[5

]χος μ'άλ[

δολοπ]λόκω Κύ[π]ριδ[ος?

].νεως πυκιν[

κλ]εέννας Δίος άγ[γ]ελο..[.].[

Λέσβ]ος Μάκαρος ⟨δ'⟩ ἔπελθε νᾶσο[ν   10

]σέμνας μέγαν ὄρκον ε.[..]ε[

]ε[[ι]]σθ.νατ..φορωθ.[.].[

].[.]αροπ[.] λάμπρον ώς

]ὑπίσσω

-πέ]διλλ', ἐπεί   15

P. Ox. XXIII (1956) 2378; nostro vindicavi

['Άνδρες ποτ', ὦ] (.) 'ράξα, τόδε Λέσβιοι   24 a [
[ὄχθαν πάρ] εὔ[δε]ιλον τέμενος μέγα
ξῦνον κά[τε]σσαν ἐν δὲ βώμοις
ἀθανάτων μακάρων ἔθηκαν

κἀπωνύμασσαν 'Αντίαον Δία   5
σε δ' Αἰολήιαν [x]υδαλίμαν θέον
πάντων γενέθλαν, τὸν δὲ τέρτον
      τόνδε Κεμήλιον ὠνύμασσ[α]ν

Ζόννυσσον ὠμήσταν. ἄ[γι]τ' εὔνοον
θῦμον σκέθοντες ἀμμετέρα[ς] ἄρας   10
      ἀκούσατ', ἐκ δὲ τῶγ[δ]ε μόχθων
      ἀργαλέας τε φύγας ῥ[ύεσθε].

τὸν Ὕρραον δὲ πα[ῖδ]α πεδελθέτω
χήνων 'Ε[ρίννυ]ς, ὥς ποτ' ἀπώμνυμεν
      τόμοντες ἀμφ[⏑ – ⏑ –]ν[.]ν   15
      μηδάμα μηδ' ἔνα τῶν ἑταίρων,

ἀλλ' ἢ θάνοντες γᾶν ἐπιέμμενοι
κείσεσθ' ὑπ' ἄνδρων, οἳ τότ' ἐπικ[ρέτ]ην,
      ἢ 'πειτα κακκτάνοντες αὔτοις
      δᾶμον ὑπὲξ ἀχέων λύεσθαι.   20

χήνων ὁ φύσ⟨κ⟩ων οὐ διελέξατο
πρὸς θῦμον, ἀλλὰ βραϊδίως πόσιν
      [ἔ]μβαις ἐπ' ὀρκίοισι δάπτει
      τὰν πόλιν, ἄμμι δ' ἐγ[ι]σπ' [ἐν]ίπαις

οὐ κὰν νόμον [τ]ὸν π[– ⏑ ⏑ – ⏑ ⏓]   25
γλαύκας ἀ[– ⏓ – ⏑ ⏑ – ⏑ ⏓]
γεγράμ[μεν – ⏓ – ⏑ – ⏓]
      Μύρσιλ[ο – ⏑ ⏑ – ⏑ – ⏓]

(I) P. Ox. XVIII (1941) nr. 2165 col. I fr. 1, 1—32; (II) v. 1—15: nonnullae litt. prostant in P. Ox. XI 1360 (e. g. fr. 39a L. = v. 2—6 in.) = P. Ox. XVIII nr. 2166c 6

Freund, Lesbos' Männer haben dies Heiligtum
gemeinsam einst geschaffen am hohen Strand
weit sichtbar, haben hier errichtet
Opferaltäre den selgen Göttern.

Sie riefen Zeus, der widrigen Winden wehrt,
und Dich, die ruhmreich segnete unsern Stamm,
Du Mutter alles Lebens, Hera,
und den Dionysos als den dritten,

den Ricken-reißenden, wilden. Schenkt auch heut
huldreichen Sinnes meinem Gebet Gehör
und löst aus diesem Leid mich endlich!
Nehmet von mir der Verbannung Elend!

Den Sohn des Hyrras aber erreiche bald
der Rachegeist der Toten, wie wir's dereinst
gelobten am Altar beim Opfer:
nie zu verlassen der Freunde einen,

zu sterben lieber, zu decken der Erde Sand
mit unsren Leibern vor der Tyrannenbrut,
noch besser: sie zum Hades schicken
und unser Volk von der Schmach erlösen!

Um all das schiert sich freilich der Dickwanst nicht:
mit Füßen tritt er, was er einst selbst gelobt,
ein Würger unsrer Stadt, uns aber
droht er noch gar und schmäht uns höhnisch,

nicht nach dem Brauch, den . . . .
ins blaue (Meer?) . . . .
geschrieben . . . .
Myrsilos . . . .

(Spuren von 4 weiteren Versen)

Ἄγνοις [..]ς βιότοις [..]ις ὁ τάλαις ἔγω   24 c D

ζώω μοῖραν ἔχων ἀχροϊκωτίχαν

    ἰμέρρων ἀγόρας ἄκουσαι

    καρ[υζο]μένας, ὠγεσιλαΐδα,

καὶ β[ό]λλας, τὰ πάτηρ καὶ πάτερος πάτηρ   5

καχγ[..]ηρας ἔχοντες πεδὰ τωνδέων

    τῶν [ἀ]λλαλοκάκων πολίταν.

ἔγ[ω δ᾽ ἀ]πὺ τούτων ἀπελήλαμαι

φεύγων ἐσχατίαις· ὡς δ᾽ Ὀνυμακλέης

ἔγϑα[δ᾽] οἶος ἐοίκησα λυκαιμίαις   10

    λ[‿ _ τ]ὸν [πό]λεμον· στάσιν γὰρ

    πρὸς κρέ[σσον]ας οὐκ ἄμεινον ὀννέλην

[‿ _ _] μακάρων ἐς τέμ[ε]νος ϑέων

ἐοι[_ ‿] με[λ]αίνας ἐπίβαις χϑόνος

    χλι[αίνω]ν συνόδοισί μ᾽ αὔταις   15

    οἴκημι κ[ά]κων ἔκτος ἔχων πόδας,

ὄππαι Λ[εσβί]αδες κριννόμεναι φύαν

πώλεντ᾽ ἐλκεσίπεπλοι, περὶ δὲ βρέμει

    ἄχω ϑεσπεσία γυναίκων

    ἴρα[ς ὀ]λολύγας ἐνιαυσίας   20

[‿ _ _] ἀπὺ πόλλων πότα δὴ ϑέοι

[‿ _ _ ‿ ‿ _]σχ[οισι]ν [Ὀλύ]μπιοι;

    [‿ _ _ ‿ ‿ _ ‿ _ ‿]

    ]γα[_ ‿ ‿ _ _ ‿ ‿ _ ‿]μεν

P. Ox. XVIII (1941) nr. 2165 col. II. 9—32

HYMNEN

Ὦναξ Ἄπολλον, παῖ μεγάλω Δίος,   1 D. + 4 D

. . . .

    . . . .

    καί τις ἐπ᾽ ἐσχατίαισιν οἴκεις

1 D.: (I) Hephaest. Ench. XIV 3 (p. 45 Consbruch); (II) Schol. A in Hephaest. π . ποιημ. (p. 169 Consbr.); (III) Fortunat. gramm. 28 (VI 297 Keil)
4 D.: (I) Hephaest. Ench. VII 8 (p. 24 Consbruch); (II) Schol. A in Hephaest. VII (p. 130 Consbr.); (III) Schol. B. in Hephaest. IX (p. 273 Consbr.); (IV) An. Ox. ed. Cramer I 327

Karge Nahrung und Schutz suchend, so kam ich her,
leb', wie Bauern es tun auf ihrem Ackerlos.
    Nur eins sehn ich herbei: zu hören
    wie Heroldes Ruf zu der Versammlung lädt,
wo mein Vater ergraut und meines Vaters Ahn,
wie sie pflogen des Rats mit diesen Bürgern, die
    stets nur Böses einander sinnen. —
    Mir ist das versagt. Fern an den fernsten Strand
zog ich, einsam, verbannt. Hauste, wie der gehaust,
den ein reißender Wolf ansprang: man meidet ihn.
    Dem Krieg bin ich entflohn: nicht hilft ja
    Kampf gegen die Macht, wider die Herrn der Streit.
Doch mich führte mein Weg hier zu dem Heiligtum
der Glückseligen. Hier fand eine Heimstatt ich
    und nun freut mich der Festesreigen.
    Leid ließ ich dahint, als ich das Land betrat.
Auserlesen von Wuchs, lesbische Mädchen drehn
langgewandet im Tanz hier sich, es schallt ringsum
    jubelnd jauchzender Schrei der Fraun und
    zum heiligen Fest himmelan tönt ihr Ruf.
Von den vielen ..... wann ... Götter ...
    .... die Olympischen?
  . . . .
  . . . .

HYMNEN

An Apollon

Herrscher Apollon, Sohn des gewalt'gen Zeus,
  . . . .
    . . . .
    wohnend im fernesten Land der Erde

οὐ μόνη δὲ κιθάρα Ἀπόλλωνος, ἀλλὰ καὶ αὐλητικῆς καὶ   307b I
κιθαριστικῆς εὑρετὴς ὁ θεός. δῆλον δ' ἐκ τῶν χορῶν καὶ
τῶν θυσιῶν ἃς προσῆγον μετ' αὐλῶν τῷ θεῷ, καθάπερ
ἄλλοι τε καὶ Ἀλκαῖος ἔν τινι τῶν ὕμνων ἱστορεῖ.

[Plut.] de mus. 14

...γάνος Τριτάας...   307d I

Strabo VIII 7,5 suppl. Aly, LP.

ἤκουσα δὲ καὶ ἄλλο τοιόνδε, τὸ ὕδωρ τῇ Κασταλίᾳ ποταμοῦ δῶρον εἶναι τοῦ Κηφισοῦ. τοῦτο ἐποίησε καὶ Ἀλκαῖος
ἐν προοιμίῳ τῷ ἐς Ἀπόλλωνα.

Paus. X 8, 10

ἐθέλω δὲ ὑμῖν καὶ Ἀλκαίου τινὰ λόγον εἰπεῖν, ὃν   307c I
ἐκεῖνος ᾖσεν ἐν μέλεσι παιᾶνα γράφων Ἀπόλλωνι...
ὅτε Ἀπόλλων ἐγένετο, κοσμήσας αὐτὸν ὁ Ζεὺς μίτρᾳ τε
χρυσῇ καὶ λύρᾳ δούς τε ἐπὶ τούτοις ἅρμα ἐλαύνειν· κύκνοι
δὲ ἦσαν τὸ ἅρμα· εἰς Δελφοὺς πέμπει καὶ Κασταλίας
νάματα, ἐκεῖθεν προφητεύ⟨σ⟩οντα δίκην καὶ θέμιν τοῖς
Ἕλλησιν. ὁ δὲ ἐπιβὰς ἐπὶ τῶν ἁρμάτων ἐφῆκε τοὺς κύ-
κνους ἐς Ὑπερβορέους πέτεσθαι. Δελφοὶ μὲν οὖν, ὡς
ᾔσθοντο, παιᾶνα συνθέντες καὶ μέλος καὶ χοροὺς ἠϊθέων
περὶ τὸν τρίποδα στήσαντες, ἐκάλουν τὸν θεὸν ἐξ Ὑπερβορέων ἐλθεῖν· ὁ δὲ ἔτος ὅλον παρὰ τοῖς ἐκεῖ θεμιστεύσας
ἀνθρώποις, ἐπειδὴ καιρὸν ἐνόμιζε καὶ τοὺς Δελφικοὺς
ἠχῆσαι τρίποδας, αὖθις κελεύει τοῖς κύκνοις ἐξ Ὑπερβορέων ἀφίπτασθαι.

ἦν μὲν οὖν θέρος καὶ τοῦ θέρους τὸ μέσον αὐτὸ ὅτε ἐξ
Ὑπερβορέων Ἀλκαῖος ἄγει τὸν Ἀπόλλωνα. ὅθεν δὴ
θέρους ἐκλάμποντος καὶ ἐπιδημοῦντος Ἀπόλλωνος θερινόν τι καὶ ἡ λύρα περὶ τὸν θεὸν ἁβρύνεται· ᾄδουσι μὲν ἀη-
δόνες αὐτῷ ὁποῖον εἰκὸς ᾆσαι παρ' Ἀλκαίῳ τὰς ὄρνιθας,

Nicht nur die Leier ist dem Apollon eigen, sondern der Gott ist der Erfinder sowohl des Flöten- wie des Leierspieles. Das ergibt sich aus den Chören und den Opfern, die man dem Gott unter Flötenklang darzubringen pflegte, wie neben anderen auch Alkaios in einem seiner Hymnen berichtet.

... das labende Quellwasser der Tritaia (= der Kastalischen Quelle) ...

Gehört habe ich auch noch etwas Anderes, Ähnliches, daß das Wasser der Kastalischen Quelle ein Geschenk des Flusses Kephissos sei. Das hat Alkaios in seinem „Proömium" an Apollon so dargestellt.

Ich will euch nun eine Geschichte erzählen, die Alkaios in seinen Liedern gesungen hat, in einem Paian an Apollo, den er schrieb ...

Als Apollo geboren war, schmückte Zeus ihn mit einer goldenen Mitra und einer Leier und gab ihm dazu noch ein Gespann zum Fahren. Schwäne waren das Gespann. Nach Delphi schickte er ihn und zum Kastalischen Quell, daß er von dort den Hellenen rechten Richterspruch und göttliches Recht verkünde. Apoll aber bestieg seinen Wagen und ließ die Schwäne zu den Hyperboreern fliegen. Als die Delphier dessen gewahr wurden, verfaßten sie einen Paian und ein Lied, ließen Chöre von Jünglingen rings um den Dreifuß sich aufstellen und riefen den Gott, er möge von den Hyperboreern (zu ihnen) kommen. Er aber blieb das ganze Jahr über bei jenen Menschen und sprach Recht unter ihnen; als er aber meinte, es sei an der Zeit und die Dreifüße in Delphi tönten, gab er den Schwänen die Weisung, von den Hyperboreern wieder fortzufliegen.

Sommer war es, und just die Mitte des Sommers, wie Alkaios den Apollo von den Hyperboreern erscheinen läßt. So kommt es, daß in dem strahlenden Sommerglanz und beim Nahen des Gottes auch die Leier ein sommerlich Lied in üppiger Fülle ertönen läßt von dem Gott. Es singen die Nachtigallen ihm zu Ehren, wie eben die Vögel bei Alkaios zu singen

ᾄδουσι δὲ καὶ χελιδόνες καὶ τέττιγες οὐ τὴν ἑαυτῶν
τύχην τὴν ἐν ἀνθρώποις ἀγγέλλουσαι, ἀλλὰ πάντα τὰ
μέλη κατὰ θεοῦ φθεγγόμεναι. ῥεῖ καὶ ἀργυροῖς ἡ Κασταλία κατὰ ποίησιν νάμασι καὶ Κηφισσὸς μέγας αἵρε-
ται πορφύρων τοῖς κύμασι, τὸν Ἐνιπέα τοῦ Ὁμήρου
μιμούμενος. βιάζεται μὲν γὰρ Ἀλκαῖος ὁμοίως Ὁμήρῳ
ποιῆσαι καὶ ὕδωρ θεῶν ἐπιδημίαν αἰσθέσθει δυνάμενον.
Himer. Orat. 48, 10—11 Colonna

Χαῖρε, Κυλλάνας ὁ μέδεις, σέ γάρ μοι   2
θῦμος ὕμνην, τὸν κορύφαισ' ἐν αὔ⟨τ⟩αις
Μαῖα γέννατο Κρονίδαι μίγεισα
        παμβασίληι.
(I) Hephaest. Ench. XIV 1 (p. 44 Consbruch); (II) Choerob. in
Hephaest. Ench. XIV 1 (p. 262 Consbr.); (III) id. (p. 253 Consbr.);
(IV) Schol. A in Hephaest. 14 (p. 170 Consbr.); (V) Apollon. Dysc.
de synt. 92 b (II 124 Uhlig)

βουσὶ γὰρ χαίρειν μάλιστα Ἀπόλλωνα Ἀλκαῖός τε ἐδή-   308 c I.
λωσεν ἐν ὕμνῳ τῷ ἐς Ἑρμῆν γράψας ὡς ὁ Ἑρμῆς βοῦς
ἀφείλετο τοῦ Ἀπόλλωνος.
Paus. VII 20, 4, cf. Philostrat. Mai. Imagines I 26

[_ ◡ _ νᾶ]σον Πέλοπος λίποντε[ς],   78
[παῖδες ἴφθ]ιμοι Δ[ίος] ἠδὲ Λήδας
[ἰλλάω]ι θύ[μ]ωι προ[φά]νητε, Κάστορ
        καὶ Πολύδε[υ]κες,
οἳ κὰτ εὔρηαν χ[θόνα] καὶ θάλασσαν   5
παῖσαν ἔρχεσθ' ὠ[κυπό]δων ἐπ' ἵππων
ῥήα δ' ἀνθρώποι[ς] θα[ν]άτω ῥύεσθε
        ζακρυόεντος
εὐσδ[ύγ]ων θρώισκοντ[ες ὂν] ἄκρα νάων
[π]ήλοθεν, λάμπροι πρό[τον' ὂν]τρ[έχο]ντες   10
ἀργαλέαι δ' ἐν νύκτι φ[άος φέ]ροντες
        νᾶϊ μ[ε]λαίναι.
                ]υε[
                ]ϙϙ[
(I) P. Ox. X (1914) 1233 fr. 4; (II) P. Ox. XVIII (1941) 2166 b 3;
(III) P. Ox. XXI (1951) Add. p. 127

*pflegen, — es singen die Schwalben und Zikaden, nicht, indem
sie von ihrem Schicksal unter den Menschen Kunde geben,
sondern von dem Gotte lassen alle ihr Lied erklingen. Und
es fließt, wie es in der Dichtung heißt, der Kastalische Quell
in silbernem Born, und der Kephissos schwillt gewaltig und
wälzt seine (dunklen) Wellen daher, ähnlich wie der Enipeus
bei Homer. Denn ähnlich wie Homer ist Alkaios gezwungen,
auch das Wasser das Herannahen des Gottes spüren zu lassen.*

An Hermes

*Sei gegrüßt, Kyllenes Gebieter, Dir ein
Lied zu singen dränget das Herz, den einstens
Zeus, dem Allbeherrscher, auf Bergeshöhen
    Maia geboren.*

*Daß Apollon an Rinderherden seine besondere Freude hat,
das hat auch Alkaios deutlich gemacht, der in seinem Hymnos auf
Hermes beschrieb, wie Hermes die Rinder Apollons ihm wegnahm.*

An die Dioskuren

*Von des Pelops Insel erscheint uns gnäd'gen
Sinnes, starke Söhne des Zeus und Ledas,
eilt zu uns, ihr Retter im Sturm, du, Kastor,
    und Polydeukes.
Übers weite Land und der Meere Wogen
tragen rasch die Rosse euch hin. Ein Leichtes
ist's für euch, vor eisigem Tod zu retten
    Menschen in Seenot.
Fernher springt ihr dann wohl auf Mast und Rahen,
überm Reff in bläulichen Flämmchen züngelnd,
in der Schreckensnacht bringt ein rettend Licht ihr
    treibenden Schiffe.*

. . . .

⟨Ὤν⟩ασσ' 'Αθανάα πολε[μάδοκος],   3
ἆ πο⟨ι⟩ Κορωνήας ἐπὶ ⟨πίσ⟩εων
⟨ν⟩αύω πάροιθεν ἀμφι[βαίνεις]
   Κωραλίω ποτάμω πὰρ ὄχθαις.

Strabo IX 411

οὐκ εὖ δ' ὁ 'Αλκαῖος ὥσπερ τὸ τοῦ ποταμοῦ ὄνομα παρέ- 425 L
τρεψε τοῦ Κουαρίου οὕτω καὶ τοῦ 'Ογχηστοῦ κατέψευσται
πρὸς ταῖς ἐσχατιαῖς τοῦ 'Ελικῶνος αὐτὸν τιθείς· ὁ δ' ἐστὶν
ἄπωθεν ἱκανῶς τούτου τοῦ ὄρους.

Strabo IX 412

. . . .   7
  ἢ ποι σύναγ' ἄνδρων ⟨κεκε⟩δάσμενον
  στρότον νόμισμ' ἐ⟨πι⟩πνέοισα.

. . . .

Hesych s. v. ἐπιπνεύων

. . ὄτ' ἄσφ' ἀπολλυμένοις σάως   16
Apollon. Dysc. de pron. 128 b (I 101 Schneider)

μὴ ⟨‿⟩ φόνος κέχυται γυναίκων   2 a
Schol. Gen. Jl. Φ 483 (I 210 Nicole)

῎Αρευ, δι' ὦ φόβος δαΐκτηρ   59
Herodian. π. κλίσ. ὀνομ. 15 (II 640 Lentz)
= An. Ox. ed. Cramer III 237, 3

τὸ δ' ἔργον ἀγήσα⟨ι⟩το τέα κόρα,   5
⟨Ζεῦ⟩ . . .
Apollon. Dysc. de pron. 135 a (I 106 Schneider)

An Athena

Herrin Athena, die du dem Kampfgewühl
ein Halt gebietest, magst du vielleicht auch jetzt
in Koroneias Flur beim Tempel
an des Koralios Ufer weilen.

Nicht recht ist es, daß Alkaios den Flußnamen Kuarios
entstellt hat und ebenso vom Fluß Onchestos völlig verkehrte
Dinge erzählt, indem er ihn bei den äußersten Ausläufern
des Helikon ansetzt: dabei ist er von diesem Gebirge reichlich
weit entfernt.

. . . .
sie hat ein Heer schon oft aus versprengtem Hauf
gesammelt und ihm Mut verliehen
. . . .

wenn du die rettest, denen der Tod schon nah

An Artemis

daß nicht der Tod bei den Frauen umgeht

An Ares

Gott Ares, jähen Schreckens Wecker!

An Zeus

zur Tat sei deine Tochter uns Führerin,
(o Zeus), . . .

οἴκω τε πὲρ σῶ καὶ πὲρ ἀτιμίας   6

Apollon. Dysc. de pron. 135 a (I 106 Schneider)

ὥστε θέων μήδεν' Ὀλυμπίων   9
λῦσ(αι) ἄτερ Ϝέθεν...

Apollon. Dysc. de pron. 98 b (I 76 s. Schneider)

......ὸ δ' Ἄρευς φαῖσί κεν   9 a
             Ἄφαιστον ἄγην βίαι.

Priscian. Inst. gramm. VI 92 (II 277 s. Keil)

— γέλαν δ' ἀθάνατοι θέοι   9 b

Et. Magn. 225, 8

— εἰς τῶν δυοκαιδέκων   9 c

Et. Magn. 290,49; Et. Gen. B 94 Miller

Ἐρραφέωτ', οὐ γάρ, ἄναξ...   10

Schol. Jl. A 39 (An. Par. ed. Cramer III 121)

+'Αγαλμομειδὲς+ Ἔρος......   8 D
......δεινότατον θέων,
⟨τὸν⟩ γένvατ' εὐπέδιλλος Ἶρις
     χρυσοκόμαι Ζεφύρωι μίγεισα.

a) Lyd. de mens. 172 Wünsch (v. 1); b) Plut. amat. 20 p. 765 d, e
(v. 2—4); cf. Et. Magn. 470, 268 = Et. Gud. 278, 17; Eust. in
Jl. 391, 25 et 555,30; Schol. Parthen. Pap. Gen. 97, 15 (Pfeiffer,
Cl. Qu. 37, 1943, 23 ss. = Ausg. Schr. 1960, 133 ss.)

— ἔκ μ' ἔλασας ἀλγέων —   146

Hephaest. Ench. I 8 (p. 6 Consbruch)

und für dein Haus und für die erlitt'ne Schmach

[*An Dionysos*]
so daß niemand vermocht'   sie zu befrein
von den Olympiern
ohne ihn...

Ares sagt, mit Gewalt   sicherlich wohl
brächt' er Hephaistos her

......gelacht haben die Himmlischen

......einer der Zwölf (bist du)

— Eiraphiotes, denn nicht, Gebieter, ...

An Eros
Du hell und strahlend lächelnder Liebesgott,
und doch von allen Göttern der schrecklichste,
dem Goldhaar-Zephyros von Iris
einstmals geboren, der schönbeschuhten.

das Leid vergessen ließt du mich —

Νύμφαι, ταὶς Δίος ἐξ αἰγιόχω φαῖσι τετυ⟨χ⟩μέναις   11 D

(I) Hephaest. Ench. X 6 ((p. 34 Consbruch);
(II) Fortunat. gramm. 28 (VI 302 Keil)

κόλπωι σ' ἐδέξαντ' ἄγναι Χάριτες Κρόνωι   12 L

Hephaest. Ench. X 3 (p. 33 Consbruch)

'Αχίλλευς, ὁ τᾶς Σκυθίκας μέδεις   14 L

Eust. in Dionys. perieg. 306 (Geogr. Gr. min. II 271)

Κρονίδα βασίληος γένος Αἴαν τὸν ἄριστον πεδ' 'Αχίλλεα,   15 L

(I) Hephaest. Ench. X 7 (p. 34 Consbruch); (II) Choerob. in Hephaest. Ench. X 7 (p. 241 Consbr.); (III) Choerob. in Theodos.
I 123 Hilgard. Cf. Athen. XV 695c, Eust. in Jl. 285, 4

τὸ γὰρ θέων ἰότατι ὔμμε λαχόντων ⁺ἄφυτον   13 L
⟨ἀν⟩θήσει γέρας

Apollon. Dysc. de pron. 127b (I 100 Schneider)

Πέτρας καὶ πολίας θαλάσ-   103 L
      σας τέκνον [∪ ∪ _ ∪ _ �‾ _ ∪ ⫧]
[⫣ ⫨ _ ∪ ∪] ἐκ δὲ παί-
      δων χαύνωις φρένας, ἀ θαλασσία χέλυς

Athen. III 85f

An die Nymphen

Nymphen, die wie es heißt Töchter des Zeus
*   sind, der die Ägis hält*

[An Zeus]

vor Kronos fandst du Schutz   in der Chariten Schoß

An Achill

Achilleus, du Herrscher des Skythenlands . . .

An Aias

des Kroniden, des Welt-
Vaters Geschlecht, Aias, den nächst-
tapfersten nach Achill.

[An die Musen]

Unvergänglich wird blühn   Ehre und Amt
derer, die Euch erlost,
wie's die Götter gewollt

An die Leier

Kind der Klippe und grauen See,

. . . .

und bezauberst der Knaben Sinn,
wenn sie hören dein Spiel, du Schildkröt', Meereskind!

[. .]λεξάνθιδος ἴππ[5 106 D

[ὀρ]γίθεσσ' ἀπὺ λίμνας πόλιν ἐς γᾶγδ[

[. .]αν ἐκ κορύφᾶν, ὄπποθεν εὔωδες[

[γλ]αύκᾶν ψῦχρον ὕδωρ ἀμπελόεσσ[

[οἰνάνθ]ᾶν, κάλαμος χλῶρ[ος

[κάλλιστον κ]ελάδεις ἦρινον ὸν.[. . .]όμεν[10

[φθόγγον π]ηλεφάνην· καδδε[. . .]ντὼ[

(I) P. Ox. XV (1922), 1788 fr. 1, duo fragmenta inedita, quae addidit Lobel; (II) P. Ox. XXI (1951) Add. p. 139; v. 10 = fr. 112/113 D. v. 1

MYTHEN

'Ως λόγος· κάκων ἀ[◡ _ ἀπ' ἔργων]   74 I

Περράμω⟨ι⟩ καὶ παῖσ[ι τέλος φίλοισι]

ἐκ σέθεν πίκρον· π[ύρι δ' αἰθάλωσας]

  Ἴλιον ἴραν.

οὐ τεαύταν Αἰακίδαι[ς πόθητον]   5

πάντας ἐς γάμον μάκ[αρας καλέσσαις]

ἄγετ' ἐκ Νή[ρ]ηος ἔλων [μελάθρων]

  πάρθενον ἄβραν

ἐς δόμον Χέρρωνος, ἐλ[υσε δ' ἄγνας]

ζῶ⟨μ⟩μα παρθένω· φιλό[τας ◡ _ ◡]   10

Πήλεος καὶ Νηρείδων ἀρίστ[ας],

  ἐς δ' ἐνίαυτον

παῖδα γέννατ' αἰμιθέων [φέριστον]

ὄλβιον ξάνθαν ἐλάτη[ρα πώλων].

οἱ δ' ἀπώλοντ' ἀμφ' 'Ε[λέναι Φρύγες τε] 15

  καὶ πόλις αὔτων.

      (explicit)

P. Ox. X (1914) 1233, fr. 2 p. 2, 1—16

. . . .
mit den Vögeln vom See hier in die Stadt . . . .
. . . vom Bergesgeklüft, wenn frischen Duft . . . . .
kühler Regen entströmt . . . . . rebentragendem Land —
wenn der grünende Halm sprosset und schwillt, dunkel
    der Rebstock blüht,
dann ertönet im Lenz schöner als je andere Lieder deins:
weithin hört man den Klang . . . .

(Vorher mindestens 4, im folgenden noch 14 stark verstümmelte Verse)

MYTHEN

Helena und Thetis

So erzählt man: daß von den bösen Taten
Priamos und all seine lieben Söhne
bittren Todes starben durch dich und Troja
    aufging in Flammen.

Nicht war so die Braut, die der Aiakide
heimgeführt vom Hause des Nereus zu der
Hochzeit frohem Feste, bei dem die Götter
    alle versammelt

in des Chiron Haus. Und es löst' der keuschen
Jungfrau Gürtel Liebe des Helden Peleus
zu der allerschönsten der Nereustöchter.
    Und übers Jahr hat

sie ein Kind geboren, der Göttersöhne
trefflichsten, der feurigen Rosse Tummler.
Doch es fiel um Helenas willen Troja
    mit seinen Mannen.

(Schluß des Liedes)

'Αγ[76
ἄκ[
ϑ[
ἐ[.................]ρ[......]
μ[.]ρ[.............] νι κάκω περρ[⏑ ⏑ _ �]   5
μάτε[ρ'.......]άσδων ἐκάλη Νά[ιδα φερτάταν]
νύμφ[αν ἐνν]αλίαν· ἁ δὲ γόνων [ἀψαμένα Δίος]
ἱκέτευ['ἀγαπά]τω τέκεος μᾶνιν [⏑ _ ⏑ �].

(explicit)

P. Ox. X (1914) 1233 fr. 9, 1—8 + fr. 3, 1—7

κἀπιπλεύσαις νάεσσιν   144

An. Ox. ed. Cramer I 298

καὶ πλείστοισ' ἔάνασσε λάοισ'   56

(I) An. Ox. ed. Cramer I 169; (II)
Et. Gud. in εἰαμενή (p. 405 Stefani)

στενώμ[..] Ξάνθω ῥό[ος] ἐς θάλασσαν ἵκανε   57

Schol. Jl. Φ 219 (P. Ox. II 221, col. XI 9)

καὶ χρυσοπάσταν τὰν κυνίαν ἔχων   58 a
ἔλαφρα π[_ ⏓ _ ⏑ _]ζων

Schol. Jl. B 816 (P. Ox. VIII 1086, 118)

μείξαντες ἀλλάλοισ' Ἄρευα   62

(I) Choerob. in Theodos. καν. ἀρσεν. ῑ (I 214 Hilgard) = Herodian. II 674 Lentz; (II) An. Ox. ed. Cramer III 237

κεῖσθαι πὲρ κεφάλας μέγας, ὦ Αἰσιμίδα, λίθος   32

Schol. Pind Ol. I 91 a

Achill und Thetis

. . . .
. . . . *vor Kummer überw(ältigt)*
rief da die Mutter er laut-
              klagend am Strand,
                       sie, die die schönste war
von den Töchtern der See.
       Und sie umschlang
                  bittend die Knie des Zeus,
flehte, daß er den Groll
        in ihrem Kind
                endlich (sänftigen möcht).

          (Schluß des Liedes)

. . . . *segelte heran mit Schiffen,*

. . . . . . *und beherrschte einst viele Mannen*

Beengt im Lauf, so strömten des Xanthos Fluten
dem Meere zu . . . .

Mit Gold gestickt, so trug seine Kappe er,
und hurt'gen (Schrittes kam daher er)

sich mischend in dem Kampfgetümmel

Tantalos
. . . daß über dem Haupt, o Aisimidas, ein großer Stein liegt

KAMPFLIEDER

Μέλαγχρος αἴδως ἄξιος ἐς πόλιν   29 D

⟨ὅτ' ἦλθε⟩

(I) Hephaest. Ench. XIV 3 (p. 45 Consbruch); (II) An. Ox. ed.
Cramer I 208. Carminis initium

· · · · · · · · · · · · · ·   54 D

μαρμαίρει δὲ μέγας δόμος

   χάλκωι, παῖσα δ' Ἄρηι κεκόσμηται στέγα

λάμπραισιν κυνίαισι, κὰτ

   τᾶν λεῦκοι κατέπερθεν ἵππιοι λόφοι

νεύοισιν, κεφάλαισιν ἄν-

   δρων ἀγάλματα· χάλκιαι δὲ πα⟨σ⟩σάλοις

κρύπτοισιν περικείμεναι

   λάμπραι κνάμιδες, ἔρκος ἰσχύρω βέλευς,

θόρρακές τε νέω λίνω

   κόιλαί τε κὰτ ἄσπιδες βεβλήμεναι,   5

πὰρ δὲ Χαλκίδικαι σπάθαι,

   πὰρ δὲ ζώ⟨μ⟩ματα πόλλα καὶ κυπάσσιδες·

τῶν οὐκ ἔστι λάθεσθ', ἐπεὶ

   δὴ πρώτιστ' ὑπ⟨ὰ⟩ ἔργον ἔσταμεν τόδε.

(I) Athen. XIV 627a, b; (II) Eust. in Jl. 1320, 1 (v. 1, in.);
(III) P. Ox. XXI (1951), 2295 fr. 1; (IV) P. Ox. 2296 fr. 4

[_ ∪ ∪ _ ∪ ∪ _ ∪]έντην   27 I.

[≍ _ ∪ _ ≍ _ ∪]νο δὲ πλάτυ

[≍ _ ∪ _ ≍ κὰ]κ κεφάλας, μάτει.

   [ὕμμες δὲ σίγατ' ὥστε -]α

   [_ ∪ ∪ οὐδέποτ' ἀντίβα]ντες   5

[ἀλλ' ὦ πολῖται, νῦν ἔτι τ]ὸ ξύλον

[≍ _ ∪ _ κάπνον] προτει μόνον,

   [κατάσβετ' ὡς τάχιστα, μή παι]

   [λαμπρότερον τὸ φάος γένηται].

(I) P. Ox. XI (1915) nr. 1360 fr. 2. (II))P. Ox. XVIII (1941) nr.
2166c fr. 31 (Add. p. 182)

KAMPFLIEDER

— (es kam)
Melanchros in die Stadt, dieser Ehrenmann!

. . . .
und es blitzet von Erz der große Saal,
    prangt doch das ganze Haus im Waffenglanz
prächtig blinkender Helme, obenauf
    nicket der weißen Rossemähnen Schmuck
am Helmbusch, für die Streiter köstlich Zier.
    Eherne Rüstung hängt an Nägeln dort
an den Wänden ringsum, der Glieder Schutz
    gegen der Speere tückisch dräunden Wurf,
Panzerhemden aus weißem Leintuch auch,
    auch die gewölbten Schilde lehnen dort,
und nicht fehlen Chalkid'sche Schwerter, nicht
    mangelt's an Waffenrock und Wehrgehenk.
All das braucht man noch einst, vergeßt es nicht,
    da wir auf uns genommen diese Tat.

. . . .

. . . .
. . . .
    Ihr aber schweigt, als wärt ihr Tote
    ohne auch nur eine Hand zu rühren!

Noch schwelt der Brand im Holze, nur Rauch steigt auf.
    Noch ist es nicht zu spät, wenn man löschen will!
    Rasch, greift nun zu, daß nicht die Flamme
    züngelnd empor zu dem Himmel lohe!

a   [Φρόντιδές μ' ἔχον] αὖ καὶ διανοία[ι]   35 D
      [τί χρῆ λοῖπον ἄνυσ]αι χρόνον, ὦ πά[ι].
      [τλᾶτ' ὦν ὄσσαπε]ρ αὖτος Κρονίδα[ις τέλη]
      [ἔων κόρτερος, ὄπ]παι κε θέλη⟨ι⟩ τρ[όπην]
      [θνᾶτα πάντα· τέ]ουτ' οὐ μάλα πῆλ' [ἔφυ]   5
      [κάκον, ὡς ἀυά]ταν δῆθα κατ' ὠ[ράνω]
      [Ζεῦς πέμψαις πρὸς ἄε]θλον π[ο]λυθά[κρυον]
      [πόλλοις ὦρσεν ἀρ]ίστηας ἀπυκρί[τοις]
      [τῶν μέγα κλέος εἰ]ς μάκρον ἀπί[κετο]·
      ἄνδρες γὰρ πόλιος πύργος ἀρεύιοι   10
      [ἄντι' ἔστασαν], ὡς κῆνος ἐβόλ[λετο].
      [πόλλοις μὲν θανάτω] μοῖρα κατέσχ[εθε],
      [ὤλλοι δ' αὖ φονί]οις ἦμεν ἐπέ[μμενοι],
      [ὄψι δ' ἄμμε κάκ]ων Ζεῦς ὑπελ[ύσατο]·
      [ἄδε γὰρ χάρις] αὔτω. τάδε ἔργ' [ὄρεις]   15
      [νῦν κάκων ἐπίλα]θες· φέρ' ἔγω λ[έγω]
      [ἄλκαρ· δαμο]σίαν [φᾶμ' ἱκετηρίαν]
      [τελείην Κρο]ν[ίδαι πάντας ἀόλλεας].

b   [καί κε τάνδ' ἀπυδέξαι]το δέησ[ιν εὖ]
      [Ζεῦς· δι' ἀστερόπα]ς γὰρ τάδε σαμ[άνει]
      [ὡς πάλιν ποτὰ κο]ῦφος μακά[ρων σδύγος]
      [δάμωι ''σται τὸ π]άροιθεν βαρυω[δύ]νωι.
      [νῦν δ' ἔγω Δίι τό]σσουτον ἐπεύ[χο]μαι·   5
      [μήκετι προσίδ]εσθ' ἀελίω φ[ά]ος
      [ἀράτων τινὰ τῶ]ν γε Κλεαναχτίδαν
      [ἦ τῶν Ὑρραδίων] ἦ 'ρχεαναχτίδαν,
      [καὶ Σώτηρι τότ' αὖ]τον μελιάδ[εο]ς
      [σπεῖσαί μ', ὡς βίοτον Μυρσί]λος ὤλ[εσεν]   10

Pap. Berol. nr. 9569 (Schubart-Wilamowitz, BKT. V 2) + Pap.
Aberdonensis (Reinach, Rev. ét. gr. 18, 1905, 413; Turner, Catal.
of the Greek and Latin Papyri, Aberdeen 1939, p. 10 (nr. 7).

Sorgen hielten mich fest, zwiespältig war mein Sinn,
was die kommende Zeit wohl uns noch bringen mag?
Tragt, Freund, was es auch sei, was der Kronide selbst,
der Allmächtige, schickt, wie er es wenden wird,
das Los menschlicher Not. Nicht ist ja ferne ihm
auch dies, daß er gesandt arger Verblendung Wahn
und zum Werke des Kriegs trieb, das viel Tränen sah,
auserlesene Schar unserer Edelen,
deren herrlicher Ruhm weit in die Lande drang.
Männer sind ja der Stadt trefflichster Schirm und Schutz.
Trutzig hielten sie stand, wie es der Gott gewollt.
Viele riß da hinweg dunkeles Todeslos
und ein Trauergewand tragen wir Lebenden.
Spät erst hat uns der Gott von der Gefahr erlöst.
So wohl war es sein Rat. Wenn du das siehst, vergiß
all dies Leid, und ich will sagen, was heilen mag:
wenn das Volk seinen Ruf bittend zu Zeus erhebt
und ein jeglicher Mann einstimmt in dies Gebet.

Wohl mag gnädigen Sinn's dieses Gebet auch Zeus
hören, denn durch den Blitz zeigt er Gewährung schon:
„Daß der Himmlischen Joch leicht wieder werden may"
„unserem Volk, das zuvor qualvolle Last ertrug."
Und dies Eine noch, Zeus, ist mein Gebet zu Dir:
laß nicht länger das Licht unserer Sonne schaun
auch nur einen von der Kleanaktiden Schar,
Archeanax' Geschlecht oder des Hyrras Sproß,
daß dem rettenden Gott ich von dem süßen Wein
spende, wenn seinen Tod Myrsilos endlich fand!

                              (Nach den Ergänzungen von H. Diels.)

Ἀσυ⟨ν⟩νέτημ⟨μ⟩ι τῶν ἀνέμων στάσιν,　　　　46a D.
τὸ μὲν γὰρ ἔνθεν κῦμα κυλίνδεται,
　　τὸ δ' ἔνθεν· ἄμμες δ' ὂν τὸ μέσσον
　　　　νᾶϊ φορή⟨μ⟩μεθα σὺν μελαίναι

χείμωνι μόχθεντες μεγάλωι μάλα·　　　　　5
πὲρ μὲν γὰρ ἄντλος ἰστοπέδαν ἔχει,
　　λαῖφος δὲ πὰν ζάδηλον ἤδη
　　　　καὶ λάκιδες μέγαλαι κὰτ αὖτο·

χάλαισι δ' ἄγκυρραι........

(I) (v. 1—9) Heraclit. alleg. Homer. 5 (p. 6 Oehmann); (II) Cocond.
π. τρόπ. (Rhet. gr. III 234 s. Spengel); (III) (v. 3) Apollon. Dysc. de
pron. 119b (I 93 Schneider)

· · · · · · · · · · · ·　　　　　　　　46b D.
· · · · · · · · · · · ·
　　πὰν φόρτι[ο]ν δ[‿ – ‿ – ‿]
　　　　δ' ὄττι μάλιστα σάλ[_ ‿ – ‿]

καὶ κύματι πλάγεισ[αν ἀλιρρόθωι]　　　　5
ὀμβρω⟨ι⟩ μάχεσθαι χε[ίματί τ' ἀγρίωι]
　　φαῖσ' οὔδεν ἰμέρρη[ν, ἀσάμωι]
　　　　δ' ἔρματι τυπτομ[έναν ῤάγημεν]

κήνᾶ μὲν ἐν τούτ[οισι κυλίνδεται]
τούτων λελάθων ὤφ[‿ ‿ – ‿ ‿]　　　　10
　　σύν τ' ὔμμι τερπ[..]α̣[‿]ά̣βαις
　　　　καὶ πεδὰ Βύκχιδος αὖ θ[‿ – ‿].

τὼ δ' ἄμμες ἐς τὰν ἄψερον ἀ̣[μέραν]
αἰ καί τις ἀφ[....]πάντα ι̣[‿ – ‿ ‿]
　　δείχνυντε[ς – ‿ – ‿ – ‿]　　　　15
　　　　[.............]

(I) P. Ox. X (1914) 1234 fr. 3; (II) P. Ox. XXI (1951) 2307 fr. 16,
cf. ib. fr. 14 I.

Nicht mehr begreifen kann ich der Winde Streit:
denn eine Woge wälzt sich von hier heran,
    von dort die andre. Wir inmitten
        treiben im Sturme auf schwarzem Schiffe.

Das Ungewitter bracht' uns in Todesnot.
Schon schlagen Wellen hoch über Bord und Deck,
    durchlöchert ist das ganze Segel,
        Fetzen nur flattern von ihm im Winde.

Die Anker halten nicht . . . .

. . . .
. . . .

    die ganze Fracht (ist über Bord schon),
        bös wirft der Seegang das leichte Fahrzeug,

und bricht die Sturzsee über das Schiff, so schwand
ihm jede Lust am Kampfe mit Sturm und Meer:
    man meint, die Klippe in der Tiefe
        schlägt es bald leck und zerbricht's in Trümmer.

In solchem Seesturm treibt unser Schiff dahin.
Vergiß die Unbill, Freund, ...
    mit euch erfreu- . . . .
        und neben Bykchis . . . .

So wollen wir hier noch bis zum nächsten Tag,
auch wenn da jemand . . . . . *alles* . . . . . ,
    (ihm) zeigen . . . .

        . . . .

τὸ δηὖτε κῦμα τῶ προτέρω 'νέμω   119/120/122 D.
στείχει, παρέξει δ' ἄμμι πόνον πόλυν
   ἄντλην, ἐπεί κε νᾶος ἔμβαι
      νή[ατα_]όμεθ' ἐ[∪ _ ⏑]

[......................]   5
[......................]
   φαρξώμεθ' ὡς ὤκιστα [_ ⌣]
      ἐς δ' ἔχυρον λίμενα δρό[μωμεν]

καὶ μή τιν' ὄκνος μόλθ[ακος ἀμμέων]
λάβῃ· πρόδηλον γὰρ μέγ' [ἀέθλιον]   10
   μνάσθητε τῶν πάροιθε μ[όχθων]
      νῦν τις ἄνηρ δόκιμος γε[νέσθω]

καὶ μὴ καταισχύνωμεν [ἀνανδρίαι]
ἔσλοις τόκηας γᾶς ὔπα κε[ιμένοις]
   [οἶ?] τᾶνδ[ε _ ⌣ _ ∪ _ ⌣]   15
      τὰν πολ[ιν _ ∪ ∪ _ ∪ _ ⏑]

ἔοντε[ς _ ⌣]· ἀπ πατέρων μάθος
τῶν σ[φῶν, ὄτ'] ἄμμος θῦμ[ος ὀρωρέναι]
   ἔοικε[ν ὡς ἴππ]ῳ ταχήαν
      ταῖ[σ' ἴσ]ον ἦτορ ἔνε[στ' ὀρέσθαι].   20

ἀλλ' [,ὦ φίλ', αἴσχρα]ς τᾶσδε παλ[ιμπόρω]
[φύγας λαθώμεθ',] οἶσ' ἀγέμ[ων πάτηρ]
         ]τοι[
   π[   ]συν[

μ[η]δ' ἄμμ[ι] λω[⌣ _ ∪ ∪ _ ∪ ⌣]   25
γέ[ν]ος μὲν ε[ὐ ⌣ _ ∪ ∪ _ ∪ ⌣]
   μοναρχίαν δὲ [_ ∪ _ ⏑]
      μηδὲ δεχώμ[εθα _ ∪ _ ⏑]

....]ιδ' ἢ 'μφο[
...]οισί τ' ὔποπ[30
...]αίνων·ἐκ[
   [..................]

(I) P. Ox. XV (1922), 1789, I, fr. 1, 15—26 + fr. 2,3 + fr. 12;
(II) P. Ox. XVIII (1941), 2166 c 4; (III) (v. 1—3) Heraclit. alleg.
Homer. 5 (p. 7 Oehmann); (IV) v. 17 = Alk. fr. 130 D²: Herodian,
π. μονηρ. λέξ. II 941, 28 Lentz

Die Woge kommt. Wir kennen des Windes Wehn!
Was unser harrt, ist Mühe und harte Not.
   Zu schöpfen gibt's, wenn Wasser eindringt!
     Leck sind die Planken vom Kampf der Wellen.

. . . .
. . . .

   Rasch, dichtet ab, und in den Hafen,
     der uns beschirmt, laßt uns eilig fahren!
Und keiner kenn ein weichliches Zögern jetzt!
Ein hartes Ringen wird es, das ist gewiß.
   Erinnert euch, was wir ertrugen!
     Was einer gilt, wird sich nun erweisen!
Wir wollen nicht als Feige den Eltern Schmach,
den edlen, antun, die schon der Erde Schoß
   hat aufgenommen . . . .
     . . . .

Ein wackrer Mann, der lernt von der Väter Tat.
Wenn in der Brust auch stürmisch mir pocht das Herz
   und jagt, wie rasche Rosse jagen,
     zügle den Sinn ich, den unbedachten.

(Vom Rest ist nur mehr sicher verständlich:)

Daß einer Herr ist, dulden wir nimmermehr

KAMPFLIEDER

...... ἄμμιν ἀθάνατοι θέοι   17 D.
νίκαν

Apollon. Dysc. de pron. 124 b (I 97 Schneider)

ὡς λόγος ἐκ πατέρων ὄρωρε   129 D.

Anon. II isag. I in Arat. (Comment. in Arat. rel. p. 126 Maass):
cf. translat. lat. eiusdem

       πατέρων ἄμμων   141 a D.

Apollon. Dysc. de pron. 121 c (I 95 Schneider)

       ἀμμετέρων ἀχέων   141 b D.

Apollon. Dysc. l. c.

Νῦν χρῆ μεθύσθην καί τινα πρὸς βίαν   39 D.
πώνην, ἐπεὶ δὴ κάτθανε Μύρσιλος

Athen. X 430 c

       ]χ[..]μ[43 D.
πρ[ώ]τωι τάδ' εἴπην ὁδ[.]υ[◡ ◡ _ ◡ ⌣]
  ἀθύρει πεδέχων συμποσίω γ[◡ ⌣]
    βάρμος· φιλώνων πεδ' ἀλεμ[άτων ◡ ⌣]
      εὐωχήμενος αὔτοισιν ἐπα[◡ ⌣]   5

χῆνος δὲ πᾱώθεις Ἀτρείδα[ν γάμωι]
  δαπτέτω πόλιν ὡς καὶ πεδὰ Μυρσ[ίλ]ω,
    θᾶς κ' ἄμμε βόλλητ' Ἄρευς ἐπὶ τεύχεα
      τρόπην· ἐκ δὲ χόλω τῶδε λαθοίμεθ' αὖ,

χαλάσσομεν δὲ τᾶς θυμοβόρω λύας   10
  ἐμφύλω τε μάχας, τάν τις Ὀλυμπίων
    ἔνωρσε, δᾶμον μὲν εἰς ἀυάταν ἄγων
      Φιττάκωι δὲ δίδοις κῦδος ἐπήρ[ατ]ον.

             (explicit)

P. Ox. X (1914) nr. 1234 fr. 2, 1—13

(wenn) . . . . *die Unsterblichen*
den Sieg uns (gäben) . . . .

So kam das Wort von den Vätern auf uns

— unserer Väter —

— unserer Leiden —

Jetzt soll man zechen, trinken nach Herzenslust,
ihr Freunde: tot ist endlich nun Myrsilos!

. . . .
(als erstem) dies zu sagen, doch er . . . .
    Da klingt Leierklang her, ist bei dem Mahl dabei,
        und unter schurkischen, eitlen Gesellen wird
            ihm, dem prahlenden Herrn, Beifall und Lied zuteil.

So mag er denn, erhöht durch die Atrideneh',
    würgen unsere Stadt wie einst mit Myrsilos,
        bis Ares einmal es will, daß die Waffen wir
            holen, daß man den Groll wieder vergessen kann.

Daß nachläßt einst der Streit, der unser Herz zermürbt,
    der Bruderkampf im Volk, den ein Olympier
        entfacht hat, als er die Bürger verblendete
            und dem Pittakos Macht, die er ersehnte, gab.

(Schluß des Liedes)

]άλ[48 D.
]δων εὔγε[
]πείν[..] προδεδ[ε]ίχμενον
ἀμβρ]ότοντας [α]ῖσχος   5
φέ]ρεσθ' ἀνάγκα

μέ]μναμ'· ἔτι γὰρ πάις
]ῳ σμῖκρ[ο]ς ἐπίσδανον·
]ν οἶδα τιμ[...]
] Πενθίληῳ[ς]   10

] νῦν δ' ὁ πεδέτροπ[ε]
]ν κακοπάτριδ[αι]
τ]υραννεύ-
[οντες............]

P. Ox. X (1914) nr. 1234 fr. 6

[⏓ – – ⏑]αραις ἔχηι·   118 D.
[⏓ ⏓ – ⏑ ⏑] εὖ πρὸς μακάρων θέων
[⏓ ⏓ – ⏑]νομ[..]τοισ[.]θαρος κ[⏑ ⏓]
[⏓ ⏓ –]ενέτω μηδὲ πονήμε[ν]οι   5
[ζαλλευόντο]ν ἀείκεα·

[⏓ ⏓ – ⏓ ⏓]τι[ς] κεκρ[ί]μενος γάμει
[⏓ ⏓ – ⏑ ⏑]κε ξυστοφο[ρή]με[νος]
[⏓ ⏓ – ⏑]τά κ' αὔταν γλυκέως [⏑ ⏓]
[⏓ – – βα]σίλευς ἔχην.

[⏓ ⏓ –]εκα πόλλας [.]πα[.]αμη[.]α[10
[⏓ ⏓ –]ιμένην· α[ἰ γὰ]ρ ἔμοι τότα
[⏓ ⏓ – ⏑ γέ]νοιτ', ὅππατα λ[.]μέ[..]γ
[⏓ – – ⏑ ⏑]λ̣ηι γάμον.

(explicit)

(I) P. Ox. XV (1922) nr. 1789, I, 1,1—14 + 2,22;
(II) P. Ox. XXI (1951) Add. p. 146

. . . .
. . . .
. . . . *vorher gezeigt*
wer das (?) verfehlt, dem Schimpf . . . . . .
. . . . *zu tragen die Not gebietet.*

. . . *ich erinnre mich: denn ein Knabe noch,*
ein kleiner, saß im (Schoß meiner Amme?) ich
. . . . *ich weiß* . . . .
. . . . *des Penthilos rechter Nachfahr (?)*

. . . . *nun hat er umgestürzt*
. . . . *eines Gemeinen Sohn*
. . . . *zum Tyrannen*
. . . .

. . . . *(törichten Sinnes ist)*
. . . . *recht   von den glückseligen*
Göttern . . . .
. . . . *soll, nicht aber sollen sie*
    liebedienern dem Schmählichen

. . . . *erwählt   durch seinen Ehebund*
. . . . *Leibwächter schützen ihn*
. . . . . . *(will er) sie, süß* . . . .
. . . . *als König haben*

. . . . *viel-* . . . .
. . . . *wenn mir doch dann fürwahr*
. . . . . . *geschäh',   wenn* . . . .
. . . . *Hochzeit nennt(?)*
        (Schluß des Liedes)
(Eingangs Spuren von mindestens 5 Versen)

KAMPFLIEDER

εν[..].λα[45 D.

λάβρως δὲ σύνστει[ψεν κελέβ]εϳά πα[ι],
πίμπλεισιν ἀκράτω [μάλ' ἐ]π' ἀμέραι,
   καὶ νύκτι παφλάσδει [λάτ]αχθεν,
      ἔνθα νόμος θάμ' ἔν[εστ' ὀρ]ίνην. 5

χῆνος δὲ τούτων οὐκ ἐπελάθετο
ὤνηρ, ἐπεὶ δὴ πρῶτον ὀνέτροπε·
   παίσαις γὰρ ὀννώρινε νύκτας·
      τῶ δὲ πίθω πατάγεσκ' ὁ πύθμην.

σὺ δὲ τεαύτας ἐκγεγόνων ἔχης 10
τὰν δόξαν, οἴαν ἄνδρες ἐλεύθεροι
   ἔσλων ἔοντες ἐκ τοκήων

· · · · · · · · · · · · ·

(I) P. Ox. X (1914) nr. 1234 fr. 2; (II) P. Ox. XVIII (1941) nr. 2166
c 30 (Add. p. 182)

λάταγες ποτέονται κυλίχναν ἀπὺ Τηίαν 24 D.

Athen. XI 481a

]ε[41 D.
οὐκ ἀ[πα]ταίσει

πρᾶυ λάβολον πάτερ' ἀγχ[
κᾆτι τ[ὸ]ν κήνω πάτερ' ἄ[νδρος
τωῦτ[ο δ'] ὠναίσχυντος ἐπ[εύξατ' ἄμμι] 5
μ[ῖ]σος ἄλιτρον.

(explicit)

(I) P. Ox. X (1914) nr. 1234 fr. 1,1—6; (II) P. Ox. XVIII
(1941) nr. 2166c, 1 et 38; (III) P. Ox. XXI (1951) Add. p.
130 nr. 40; (IV) Comm. in Alc. P. Ox. XXI 2307 fr. 1

Οὐ πάντ' ἦς ἀπ[◡ _ _ ◡ ◡ _ ◡ ⊻] 26 D.
οὐδ' ἀσύννετ[ο]ς, ἄμμοισι δ[◡ _ ◡ ⊻]
βώμω Λατο[ΐδ]α τοῦτ' ἐφυλάξα[το]
   μή τις τῶν κ[α]κοπατρίδαν
ἔσσεται φάνερ[ος] τ[οῖ]σιν ἀπ' ἀρχάω[5

P. Ox. XI (1915) nr. 1360 fr. 1,9—13

KAMPFLIEDER

. . . .

Er füllt die Becher bis an den Rand sich oft,
am hellen Tag gießt er sie voll reinen Weins,
    laut hört man nachts die Spritzer klatschen,
       immer aufs Neue wird nachgegossen.

Er ließ nicht einen einzigen Tag vergehn,
seit einmal er als Großer sich geben konnt',
    er zechte Nacht um Nacht: der Boden
       dröhnte bald dumpf an dem leeren Fasse.

Von solchem Volke stammst du und maßt dir an
den Ruhm, der freien Männern allein gebührt,
    die edelem Geschlecht entsprossen
      . . . .

     und aus Teischen Bechern
     spritzt laut klatschend der Wein herab.

    . . . .
    täuscht er gewiß nicht;

mild den Steinigungswerten, den Vater . . .
noch dazu den Vater des Mannes . . . .
Dieses gleiche Los hat der Schurke uns als
    Rache beschlossen (?).

      (Schluß des Liedes)

Nicht war gänzlich er . . . .
auch nicht unklug, er hat mit meinen (?) . . . .
am Altar des Apoll sich durch den Schwur verwahrt
    daß nicht einer der Niederen
Ehr' und Würde erreich' unter altedler Schar.

KAMPFLIEDER

[⌣ _]ποτ' ὕβριν καὶ μεγαθειπ[..]ει[.]   10 47 D.
[⌣ _]τά τ' ἄνδρες δραῖσιν ἀτάσθαλ[οι]
   [⌣ _]ν κεν ῆσ[[x]] ὄνεκτον [..]δη[.]
      [καί πο]τε πόλλακις ἐ[σ]φάλη[με]ν·
  [αὖτις δ' ὀ]ν[ω]ρθώθημε[ν ⌣ _ ⌣ ⌣]

P. Ox. X (1914) 1234 fr. 4 et 5

Ἦρ' ἔτι Διννομένηι τῶι τ' Ὑρρακήιωι   40 D.
τάρμενα λάμπρα κέοντ' ἐν Μυρσι⟨λ⟩ήωι;

Hephaest. Ench. XV 10 (p. 50 Consbruch). (Carminis initium)

ἐκ δὲ ποτήριον πώνης Διννομένηι παρίσδων   34 D.

Athen. XI 460 d

]πωσ[31 D.
.]ειλας ἐργασι[
ὤνηρ οὖτος ὀ μαιόμενος τὸ μέγα κρέτος
ὀντρέψει τάχα τὰν πόλιν· ἀ δ' ἔχεται ῤόπας

(I) Aristoph. Vesp. 1234 s.; (II) Schol. Aristoph. Vesp. 1227 s.;
(III) Schol. Aristoph. Thesm. 162; (IV) P. Ox. XXI (1951), 2295
fr. 2

⌣ ⌣ _ ⌣ ⌣ νῦν δ' οὖτος ἐπικρέτει   33 D.
κινήσαις τὸν ⟨ἀ⟩π Ἴρας πύκινον λίθον

(I) Eust. in Jl. 633,61; (II) Eust. in Od. 1397, 31

οἶδ' ἦ μὰν χέραδος μὴ βεβάως ἐργάσιμον λίθον   89 D.
κίνεις, καί κεν ἴσως τὰν κεφάλαν ἀργαλέαν ἔχοι

Schol. Gen. Jl. O 319 (I 203 Nicole)

     _ ⌣ _ ⌣ _ ⌣ νόο⟨ν⟩ δ' ἐαύτωι   145 D.
        πάμπαν ἀέρρει

Apollon. Dysc. de pron. 103a (I 80 Schneider)

        ἄμμεσιν πεδάορον   18 D.

Apollon. Dysc. de pron. 123c (I 97 Schneider)

.... *Hybris und Groß-* ....
Verrucht ist, was die frevelnden Männer tun

. . . .
            oftmals schon sind wir zu Fall gekommen,
doch wieder aufrecht standen wir ....

(Eingangs Reste von 9, am Schluß von 2 Versen)

            Hängt noch des Dinnomenes und Hyrrasohnes
            glänzender Waffenschmuck dort im Myrsileïon?

...*und den Becher du leerst, dem   Dinnomenes zur Seite,*

. . . .
Dieser Mann, der so große Gewalt zu erringen sucht,
stürzt bald unsere Stadt ins Verderben: sie wankt ja schon.

            .... *jetzt hat alle Macht nur er,*
            der von Hira(?) den Fels plötzlich ins Rollen bracht'

Weiß es wohl: wer den Stein,
        ihn zu behaun, droben am Kar bewegt
ohne sicheren Griff,
        spüret vielleicht Schmerzen am Kopfe hernach.

            .... *läßt seinen Sinn sich*
                    maßlos erheben.

    — in unsrer Mitte den Aufgeblähten (?) ...

τριβώλετερ· οὐ γὰρ ᾿Αρκάδεσσι λώβα   93

Hephaest. Ench. XI 3 (p. 36 Consbruch)

δάκηι τῶν σικύων   143

Athen. III 73e

τὸν κακοπατρίδα⟨ν⟩   87
Φίτταχον πόλιος τᾶς ἀχόλω καὶ βαρυδαίμονος
ἐστάσαντο τύραννον μέγ᾿ ἐπαίνεντες ἀόλλεες

(I) Aristot. Polit. 1285a, 35 ss.; (II) Plut. amat. 18

Ζεῦ πάτερ, Λύδοι μὲν ἐπα[σχάλαντες]   42
συμφόραισι δισχελίοις στά[τηρας]
ἄμμ᾿ ἔδωκαν, αἴ κε δυναίμεθ᾿ ἴρ[αν]
    ἐς πόλιν ἔλθην

οὐ πάθοντες οὐδάμα πῶσλον οὐ[δ᾿ἒ]ν   5
οὐδὲ γινώσκοντες, ὁ δ᾿ ὡς ἀλώπα
ποικ[ι]λόφρων εὐμάρεα προλέξα[ις]
    ἤλπ[ε]το λάσην

(I) P. Ox. X (1914) nr. 1234 fr. 1,7—14; (II) P. Ox. XVIII (1941)
nr. 2166c 1,7; (III) Comm. in Alc. P. Ox. XXI (1951). 2307 fr. 1

αἰ δέ κ᾿ ἄμμι Ζεῦς τελέση⟨ι⟩ νόημ⟨μ⟩α   38

Apollon. Dysc. de pron. 124b (I 97 Schneider)

ἔγω μὲν οὐ δέω τάδε μαρτύρεντας   64

(I) Et. Gen. AB in δέω (Reitzenstein, ind. lect. Rostock II, 1891/92,
p. 14); (II) Et. Magn. 264, 19

⏑ ⏑ – ⏑ ἔμ᾿ αὔτωι παλαμάσομαι   132

Apollon. Dysc. de pron. 103a (I 80 Schneider)

ἀργάλεον Πενία κάκον ἄσχετον, ἇ μέγαν   142
δάμναι λᾶον ᾿Αμαχανίαι σὺν ἀδελφέαι

Stobaeus, Ecl. IV 32, 35 (V. 792 Wachsmuth-Hense)

du Burzeldornvertilger, — bei den Arkadern ist das ja kein
Schimpf —

— mag er knabbern an den Feigen —

Eines Unedlen Sohn, Pittakos, ward unserer alten Stadt
zum Tyrannen gesetzt! All ihren Groll hat, vom Dämon verführt,
sie vergessen, und laut riefen sogar alle ihm Beifall zu!

    Vater Zeus, die Lyder hat all das Unglück
    arg geschmerzt: sie gaben zweitausend Taler
    uns, daß in die heilige Stadt wir wieder
        heimkehren könnten.

    War ja nie Erfolg unsrem Tun beschieden,
    nie auch nur bedacht, was der rechte Plan sei.
    Er jedoch vermeint', wie ein Fuchs durch glatte
        Worte zu täuschen.

    Ob wohl Zeus erfüllt unsres Sinnes Wünschen

    ich finde niemand, der das bezeugen will

    . . . .mit mir   selbst komm ich schon zurecht!

    Unerträgliche Last ist die Armut: sie knechtet das
    große Volk mit der Ratlosigkeit, ihrer grausamen
    Schwester, im Bund . . . .

KAMPFLIEDER

οὐδέ τι μυνάμενος ἄλλοι τὸ νόη⟨μ⟩μα...   138 D.

(I) Schol. Od. φ 71; (II) Eust. in Od. 1901, 52;
(III) Et. Magn. 594,55

Ἀχνάσδημι κάκως· οὔτε γάρ οἱ φίλοι   24b + 131 D.
οὐ[_ _ ◡ ◡ _ _ ◡ ◡ _ ◡ ⌣ ⌣]ν
οὐδ᾽ αὖτος δα.[◡ _ _ ◡ ◡ _ ◡]ων.
χοίλαν τε[◡ ◡ _ _ ◡ ◡ χ]ορδίαν

(I) P. Ox. XVIII (1941), 2165 fr. 1 + 2 col. I 33—69, col. II 1—8 (v.
1—16); (II) v. 1 = fr. 131 D. Et. Gen. B 57 Miller; Et. Magn. 180, 44

ὡς γὰρ δή ποτ᾽ Ἀριστόδα-   101 D.
    μον φαῖσ᾽ οὐκ ἀπάλαμνον ἐν Σπάρται λόγον
εἴπην· ᾽χρήματ᾽ ἄνηρ᾽, πένι-
    χρος δ᾽ οὐδ᾽ εἷς πέλετ᾽ ἔσλος οὐδὲ τίμιος.

(I) Diog. Laert. I 31; (II) Schol. Pind. Isthm. 2, 17; (III) Suid.
in χρήματα; (IV) Zenob. VI 43 (I 173 Leutsch-Schneidewin)

    ἔπταζον ὥστ᾽ ὄρνιθες ὦκυν   52 D.
    αἴετον ἐξαπίνας φάνεντα

    Herodian. π. μονηρ. λέξ. I 23 (II 929 Lentz)

    ◡ ◡ _ μηδ᾽ ὀνίαις τοῖς πέλας ἀμμέων   137 D.
    παρέχην.....

    Apollon. Dysc. de pron. 121c (I 95 Schneider)

            ὄττινες ἔσλοι   147 D.
    ὐμμέων τε καὶ ἀμμέων.

    Apollon. Dysc. de pron. 122b (I 96 Schneider)

            τὸ γὰρ   61 D.
    Ἄρευι κατθάνην κάλον.

    Choerob. in Theodos. καν. ἀρσεν. ī (I 214 Hilgard)
    = Herodian. II 674 Lentz

— und nicht durch irgendeinen Vorwand seine Gedanken
in eine andre Richtung wendet

Tief bekümmert bin ich: weder der Freunde Schar,
nicht —
noch ich selbst —
und (der Kummer macht müd') in meiner Brust das Herz
(Reste von 12 weiteren, stark verstümmelten Versen)

      Dies nicht unkluge Wort sprach einst
        der Lakone Aristodamos, wie es heißt:
      „Geld, Geld, — das macht den Mann!" Noch nie
        galt ein Armer als edel oder angesehn.

      Fort huschten sie, wie Vögel, wenn der
      Adler in blitzschnellen Fluge auftaucht.

und nicht Kummer zu bereiten allen denen,
die uns nahstehn

        . . . . *wer von den Euren*
      edel ist und den Unseren,

                    fallen
        durch Ares ist ein schöner Tod.

IN DER FREMDE

Ἔβρε, κ[άλ]λιστος ποτάμων πὰρ Ἄ[ινον]   77 D.
ἐξί[ησθ' ἐς] ποφφυρίαν θάλασσαν
Θρᾱιϰ[ίας ἐρ]ευγόμενος ζὰ γαίας
  [.]ιππ[....]ι·

ϰαί σε πόλλαι παρθένιϰαι 'πέπ[οισι]   5
[ϰάπά]λων μήρων ἀπάλαισι χέρ[σι]
[χρῶτ]α θέλγονται τὸ [σ]ὸν ὡς ἄλει[ππα]
    θή[ιο]ν ὕδωρ

(I) P. Ox. X (1914) 1233 fr. 9.9 + fr. 18 + fr. 3,8—15: (II) P. Ox.
XVIII (1941) 2166b 2; cf. Schol. Theocr. VII 112 (ad v. 1—3)

Πρῶτα μὲν Ἄντανδρος Λελέγων πόλις _ ∪ ∪ _ ⏓   124 D.

Strabo XIII 606

    ὄρνιθες τίνες οἴδ'   135 D.
        ὠϰεάνω γᾶς ἀπὺ πε⟨ρ⟩ράτων
    ἦλθον πανέλοπες,
        ποιϰιλόδε⟨ρ⟩ροι, τανυσίπτεροι;

(I) Aristoph. Av. 1410; (II) Schol. ad. l.; (III) Schol.
Aristoph. Thesmoph. 162

⏓ ⏓ _ ∪ ∪ _ ∪ _ γαίας ϰαὶ νιφόεντος ὠράνω μέσοι   55 D.

Apollon. Dysc. de pron. 610 (I 197 Schneider), cf. 588 s. (I 177 Schneider)

τετραβαρήων πλίνθων ϰαὶ τάγματα   149 D.

Hesych. in τετραβαρήων

πάμπαν δ' ἐτύφωσ', ἐϰ δ' ἕλετο φρένας   125 D.

(I) Harpocrat.; (II) Photius; (III) Suidas in τετύφωμαι; (IV) Schol.
Demosth. Timocr. 158 (p. 121 Baiter-Sauppe)

    ⏓ _ ∪ _ γᾶς γὰρ πέλεται σέος   53 D.

    Et. Gen. AB in σείω (Reitzenstein, ind. lect. Rostock II, 1891/
    92, p. 14; Et. Gen. B 264 Miller)

IN DER FREMDE

Hebros, allerschönster von allen Flüssen,
hier bei Ainos gleitest du breiten Laufes
durch der Thraker roßreiches Land dich brechend
purpurnem Meer zu.

Viele Mädchen suchen dich auf, mit weichen
Armen schöpfen sie von dem klaren Wasser,
das wie Salböl rinnt, ihrer weichen Hüften
Haut zu benetzen.

Anntandros liegt da zunächst, von den Lelegern ist es besiedelt

Was für Vögel wohl sind's?
Bunt ist der Hals, wie bei den Enten fast,
fittichstreckenden Flugs
zogen sie her fern von der Erde Rand.

— · mitten zwischen der Erde und dem schneereichen Himmel
. . . . sie

— · von viermalschweren Ziegeln und Schichten (?)

Jannz blind macht' er und raubt' die Besinnung ganz

— ein Beben der Erde ist's

λόφον τε σείων Κάρικον   58

(I) Strabo XIV 661; (II) Eust. in Jl. 367,25

Ἄρευος στρατιωτέροις   60

Choerob. in Theodos. καν. ἀρσεν. ī (I 214 Hilgard)
= Herodian. II 674 Lentz

Νῶ μέν κ᾽ ἔννεχ᾽ ἐ[75
κ[α]ὶ σὺν γεράνοισιν ἐ[
ἦλθον χλαῖναν ἔχω[ν
τᾶ[ι] πρωταλίαι ᾽πίθεις [
τ[έ]αυτ᾽. ὦδε δὲ μὴ π[5
[. . . . .]ὶ μηδὲ τ[
[. . . . .]λαμέν[
[   ]

P. Ox. X (1914) 1233 fr. 2, col. 2,17—23

. . . καὶ Σκυθίκαις ὑπαδησάμενος . . .   21

(I) Harpocrat. 168 Bekker = I 277 Dindorf;
(II) Suid.; (III) Phot. s. v. Σκυθικαί

ἔνδυ⟨ι⟩ς σίσυρναν [τὰν φέρον οἱ Σ]κύθ[αι]   28a D. = 128

P. Ox. XVIII (1941) 2166c fr. 2 + 1360 fr 21; (II) Et. Magn.
118,54; Et. Gen. AB (Reitzenstein, Ind. lection. Rostock 1890/91
p. 16)

⏑ – ⏑ οὐδέπω Ποσείδαν   51
      ἄλμυρον ἐστυφέλιξε πόντον

Herodian. π. μονηρ. λέξ. I 10 (II 916 Lentz)

. . . . βλήχρων ἀνέμων ἀχείμαντοι πνόαι   22

(I) Schol. Jl. Θ 178; (II) An. Ox. ed. Cramer I 95; (III) Eust. in
Jl. 705, 61 Cf. Et. Magn. 200, 13; Zonar., Phot. cod. Zavardensis.
Suid. s. v. βληχρόν

— und den karischen Helmbusch schüttelnd—

— kriegerischere als Ares—

Wir beide(?) wegen—
und mit den Kranichen —
kam ich, angetan mit einem Mantel —
den ich übergeworfen hatte (als Schutz) bei der Seefahrt
       in der frühen Jahrsezeit
   — so möge nicht —
   — noch auch —

   . . . .

und unter die Füße gebunden hatte ich skythische (Schuhe)

— bekleidet mit einem sykthischen Ziegenpelz —

nicht hatte aufgewühlt Poseidon
zornig des salzigen Meeres Wogen.

. . . . ein kraftloses Wehn von schwachen Winden

]τε κατθάνη[70
]ις δόμοις
   ]αν
δέ]κεσθαι

]ον οὐδέ τοι   5
]ωμένω
]πει
]σης

]ν ἀρύστηρ' ἐς κέραμον μέγαν
]μόχθεις τοῦτ' ἔμεθεν σύνεις   10
]μητω "ξαυος, ἄλλως
]μοι μεθύων ἀείση⟨ι⟩ς

[νῦν γὰρ θα]λάσσας φειδόμεθ' ὡς κ['.]ρον
]νοείδην αἶθρον ἐπήμενοι
ὀνσ]τάθεντες ὡς τάχιστα   15
]άδαν καμάκων ἔλοντες

]ύσαμεν πρό τ' ἐνώπια
]ποντες καί κ' ἰθαρώτεροι
[πώνωμ]εν ἰλλάεντι θύμωι
[αἴπερ ἀ]μύστιδος ἔργον εἴη   20

]τ' ὀνάρταις χέρρ' ἀπύ μ' ἐμμάτων
].[.].φ[...]τωκάραι
]εις τίθησιν
]ϸεταιδ' ἀοίδα

]ἄγι ταῦτά μοι   25
]⁺ αττε πῦρ μέγα
]ϯίθησθα

. . . .
P. Berol. 9810 (BKT. V 2, p. 6 ss.)

. . . . . . *zu sterben*
   —Häuser

. . . .

  — aufzunehmen

  — und nicht
 — des (?)—

. . . .

. . . .

. . . . . *hinein die Kelle ins große Faß*
. . . .*auch in Not meinen Rat befolgst,*
. . . .*ganz trocken, oder (?)*
. . . .*mir trunken sängest.*

Dem Meere geben gerne wir Ruh': wie Gips (?)
von körn'gem(?) Reif ein Kleid ist uns umgelegt.
Rasch, steht doch auf . . . .
. . . . die Stangen nehmend

. . . . vor die Bordwand hin(?)
. . . . und heiterer
wir zechen unbeschwerten Sinnes.
Meint ihr, es wird uns der Wein nicht munden?

. . . . . *gestreckt(?) die Hand von den Kleidern mir*
. . . . *dem Kopf(?)*
. . . . *macht*
. . . . *mit diesem Liede(?)*

  —, wohlan, mir das
  — das Feuer hoch
  — du machest(?)
   . . . .

Ἦλθες ἐκ περάτων γᾶς ἐλεφαντίναν   50 [
λάβαν τῶ ξίφεος χρυσοδέταν ἔχων,
τὸν ἀδελφὸν 'Αντμενίδαν... φησὶν 'Αλκαῖος Βα-
βωλωνίοις συμμαχοῦντα τελέσαι
ἄεθλον μέγαν, ἐρρύσαο δ' ἐκ πόνων
κτένναις ἄνδρα μαχαίταν βασιληίων   5
παλάσταν ἀπυλείποντα μόναν ἴαν
παχέων ἀπὺ πέμπων —

(I) (v. 1—2) Hephaest. Ench. X 3 (p. 93 Consbruch); cf. Liban. or.
XIII 5 (II 64 Foerster); (II) (v. 3 ss.) Strabo XIII 617; (III) fort.
(v. 1) P. Ox. XXI (1951), 2305

Ἰόπλοκ' ἄγνα μελλιχόμειδε Σάπφοι   63 ►

Hephaest. Ench. XIV 4 (p. 45 Consbruch)

ἔπετον Κυπρογενήας παλάμαισιν   68 ►

(I) An. Ox. ed. Cramer I 144; (II) Et. Magn. 666, 51. — cum fru-
stulis fr. 35 L. = fr. 51b LP. coniunxit Edmonds

Δέξαι με κωμάσδοντα, δέξαι, λίσσομαί σε, λίσσομαι   65 ►

(I) Hephaest. Ench. V 2 (p. 16 Consbruch); (II) Schol. B in Hephaest.
Ench. 7 (p. 268 Consbruch); (III) Schol. Aristoph. Plut. 302; (IV)
Arsen. — Apostol. 98d (Paroemiogr. gr. II 363 Leutsch-Schneidewin)

WEINLIEDER

Ὕει μὲν ὁ Ζεῦς, ἐκ δ' ὀράνω μέγας   90 ►
χείμων, πεπάγαισιν δ' ὑδάτων ῥόαι
[........ἔνθεν...........]
[.................]

κάββαλλε τὸν χείμων' ἐπὶ μὲν τίθεις   5
πῦρ, ἐν δὲ κέρναις οἶνον ἀφειδέως
μέλιχρον, αὐτὰρ ἀμφὶ κόρσαι
μόλθακον ἀμφι⟨βάλων⟩ γνόφαλλον.

(I) Athen. X 430a, b; (II) Pap. Bouriant 8, 20 (v. 2—3, cf. Lobel,
ΑΓΠ. 10, 1932, 3)

An den Bruder Antimeneidas

Von den Grenzen der Welt kamst du: aus Elfenbein
war der Griff deines Schwerts, zierlich in Gold gefaßt.
s' war ein tüchtiger Strauß! Den Babyloniern
warst du Helfer im Kampf, du hast die Not gewandt.
Von des Königs Gefolg' schlugst du im Kampfe tot
einen Kämpen, der maß fast fünf Ellen, es fehlt'
eine Handbreite nur . . . .

An Sappho

Du veilchenlockige, reine, lieblichlächelnde Sappho!

durch die Ränke der Kyprosgeborenen kam ich zu Fall...

Laß ein mich! Hör mein Ständchen! Laß mich ein! Ich flehe,
flehe dich

WEINLIEDER

Der Himmel regnet, Sturm schickt uns Zeus herab,
zu Eis erstarrt vor Frost ist der Flüsse Lauf,
. . . . *von dort* . . . .
. . . .

Vertreib die Kälte, schüre das Feuer nach,
und geiz nicht, wenn du heute den Trunk mir mischst
von süßem Wein, und in den Nacken
lege mir, Knabe, ein weiches Kissen.

Πῶνε [καὶ μέθυ᾽, ὦ] Μελάνιππ᾽, ἄμ᾽ ἔμοι, τί [φαῖς]
†ὄταμε[...] διννάεντ᾽ ᾽Αχέροντα, μέγ[αν πόρον]
ζάβαι[ς, ἀ]ελίω κόθαρον φάος [ἄψερον]
ὄψεσθ᾽; ἀλλ᾽ ἄγι μὴ μεγάλων ἐπ[ιβάλλεο]
καὶ γὰρ Σείσυφος Αἰολίδαις βασίλευς [ἔφα]   5
ἄνδρων πλεῖστα νοησάμενος [θάνατον φύγην]
ἀλλὰ καὶ πολύιδρις ἔων ὑπὰ κᾶρι [δὶς]
διννάεντ᾽ ᾽Αχέροντ᾽ ἐπέραισε· μ[έγαν τίθει]
[α]ὔτω⟨ι⟩ μόχθον ἔχην Κρονίδαις βα[σίλευς κάτω]
μελαίνας χθόνος. ἀλλ᾽ ἄγι μὴ τα[◡ – ◡ ⌣]   10
[σύν] τ᾽ ἀβάσομεν· αἴ ποτα κἄλλοτα γ[– ◡ ◡̄]
[φέρ]ην, ὄττινα τῶνδε πάθην τα[◡ – ◡ ◡̄]
[⌣ ⌣ – ἄνε]μος Βορίαις ἐπι[μαίνεται]
[⌣ ⌣ – ◡ ◡ –] πόλιν εἰς ἀ[◡ – ◡ ◡̄]
[⌣ ⌣ – ◡ ◡]ις κιθαρίσδ[◡ ◡ – ◡ ◡̄]   15
[⌣ ⌣ – ὑ]πωροφίων [◡ ◡ – ◡ ◡̄]
[⌣ ⌣ – ◡ ◡]ω πεδεχ[– ◡ ◡ – ◡ ◡̄]
[   ]

(I) P. Ox. X (1914) 1233 fr. 1, col. 2, 8—20; (II) P. Ox. XVIII (1941) 2166b 1; (v. 13ss.) (III) P. Heidelb. ap. Diehl, Add. p. 227

[οὔτε πα]ρφάσι[ες – ◡ ◡ – – ◡ ◡ – ◡ ⌣]
[οὔτε χλ]εμματα τοῦτ᾽ αὐτ[◡ ◡ – – ◡ ◡ – ◡ ⌣]
[⌣ ⌣] εὖτέ με γῆράς τε [νόσοι τ᾽ ὠλόμεναι κίχον]

[⌣ ⌣ –] τὸ λάθε[σθ]αι χ[α]ρ[◡ – – ◡ ◡ – ◡ ⌣]
[⌣ ⌣]δων ἀπάλων σ᾽ ὔμν[ον ◡ – – ◡ ◡ – ◡ ⌣]   5
[⌣ ⌣]ται πολιάταν ὄλιγον σφ[– ◡ ◡ – ◡ ⌣]
[⌣ ⌣ –] τὸ γὰρ ἐμμόρμενον οὔ[– ◡ ◡ – ◡ ⌣]
[πάρφ]αις ἄνδρεσι τοῖς γεινο[μένοισιν θάνατον φύγην]

[αἰ πάντ]ᾳ σόφος ἦ⟨ι⟩ καὶ φρέσι πύκνα[ισι κεχάσμενος]

[νήπιο]ς, παρὰ μοῖραν Δίος οὐδὲ τρίχ[ες ἔρρυεν]   10
        ]όντες ἄσαις με[
        ]φέρεσθαι βάθυ[

P. Ox. X (1914) 1233 fr. 8

Trink und zech, Melanippos, mit mir! Denn was meinst du wohl,
wenn wir beide des Acheron Fluten, den großen Strom,
überquert, ob wir dann noch den Sonnenglanz wiedersehn,
diesen reinen? So laß doch das Jagen nach fernem Ziel!
Hat doch Sisyphos selbst einst, des Aiolos Sohn, gemeint,
weil er mehr als die anderen wußte, vermöchte er
auch dem Tod zu entgehen. Doch, so klug er auch war, zweimal
holt' ihn über des Acheron Strömung der Tod hinab,
und es ließ der Kronide, der König, ihn arge Pein
leiden unter der Erde. Doch denk nicht ans Schattenreich!
Jung sein wollen wir beide! So wahr es bisher auch schon
Schweres gab zu ertragen,. . . . .
Wie der Nordsturm auch wütet mit wildem Wehn,

> *— die Stadt in —*
> *— Leier erkling —*
> *— unterm Dach —*
> *— teilhat —*

— weder täuschende Reden —
— noch Listen . . . . . dies wieder —
wenn das Alter und die bösen Krankheiten mich eingeholt
haben
— vergessen zu müssen der lieblichen —
— (wenn) du (nicht mehr) ein Lied von zarten —
— der Bürger gering —
— denn dem Schicksal ist nicht (zu entfliehen), (wer aber)
den Menschen, den geborenen, einredet, man könne dem
Tod entfliehn,
wenn man in allem weise sei und begabt mit einem tüchtigen
Verstand,
ein Tor ist der: ohne des Zeus Willen fallen nicht einmal
die Haare vom Haupt
— die Leiden —
(ehe wir) getragen werden über den tiefen (Acheron?)

Κὰτ τᾶς πόλλα παθοίσας κεφάλας χέε μοι μύρον   86 I

καὶ κὰτ τῶ πολίω στήθεος [‒ ‒ ⏑ ⏑ ‒ ⏑ ⏒]

πωνόντων· κάκα [‒ ‒ ⏑ ⏑ ‒ ‒ ⏑ ⏑ ‒ ⏑ ⏒]

ἔδοσαν· πεδὰ δ' ἄλλω[ν ⏑ ⏑ ‒ ‒ ⏑ ⏑ ‒ ⏑ ⏒]

[ἀ]νθ[ρ]ώπων, ὸ δὲ μὴ φ[‒ ⏑ ⏑ ‒ ‒ ⏑ ⏑ ‒ ⏑ ⏒]   5

[κ]ῆν[α] φαῖσθ' ἀπολ[‒ ‒ ⏑ ⏑ ‒ ‒ ⏑ ⏑ ‒ ⏑ ⏒]

P. Ox. X (1914) 1233 fr. 32. Ad v. 1 s. cf. Plut. quaest. conv. III 1,3

Οὐ χρῆ κάκοισι θῦμον ἐπιτρέπην·   91 I
προκόψομεν γὰρ οὖδεν ἀσάμενοι,
    ὦ Βύκχι, φάρμακον δ' ἄριστον
       οἶνον ἐνεικαμένοις μεθύσθην.

Athen. X 430 b, c

Τέγγε πλεύμονας οἴνωι· τὸ γὰρ ἄστρον περιτέλλεται,   94 I

ἀ δ' ὤρα χαλέπα, πάντα δὲ δίψαισ' ὐπ⟨ὰ⟩ καύματος,
ἄχει δ' ἐκ πετάλων ἄδεα τέττιξ [⏑ ⏑ ‒ ⏑ ⏒],
ἄνθει δὲ σκόλυμος· νῦν δὲ γύναικες μιαρώταται,

λέπτοι δ' ἄνδρες, ἐπεὶ ⟨καὶ⟩ κεφάλαν καὶ γόνα Σείριος   5
ἄσδει.

(I) Procl. in Hes. Op. 584 (v. 1—6); (II) Athen. I 22 a; (III) id. X 430 b
(v. 1—2); (IV) Plut. Quaest. conv. VII 1,1; (V) Gell. N.A. XVII 11;
(VI) Macrob. Sat. VII 13; (VII) Eust. in Od. 1612,14; (VIII) id. in Jl.
693,5 et (IX) 890,47; cf. Plin. H.N. XXII 43

Gieß aufs Haupt mir, das so-
vieles an Leid
sehen mußt', duft'ges Öl,
auf die Brust, die schon grau,

. . . .

. . . .

Trinkt! Gefahren . . . .

. . . .

. . . .

haben sie uns beschert,
andren zugleich

. . . .

Menschen. Was aber nicht

. . . .

. . . .

das nur ist ein Verlust,
glaubt es . . . .

. . . .

Nicht soll den Sinn man hängen an Not und Leid.
Was fruchtet es, ob du dich auch sorgst und härmst?
Das beste Mittel, Freund, bleibt immer,
Wein sich zu holen und froh zu zechen.

Netz die Kehle mit Wein! Weißt ja, der Stern zieht seines
Kreises Bahn.
Alles dürstet und lechzt matt in der Glut. Schwer ist die Zeit
im Jahr.
Von den Bäumen nur süß aus dem Gezweig tönt der Zikade Lied.
Disteln blühen am Rain. Heiß wie noch nie sind jetzt die
Fraun, doch schlaff
alle Männer, das Haupt schwer, und die Knie dörret des
Hundsterns Glut.

Πώνωμεν, τί τὰ λύχν' ὀμμένομεν; δάκτυλος ἀμέρα,　　96 D

κὰδ δ' ἄερρε κυλίχναις μεγάλαις, ἄϊτα, ποικίλαις·
οἶνον γὰρ Σεμέλας καὶ Δίος υἶος λαθικάδεα
ἀνθρώποισιν ἔδωκ'. ἔγχεε κέρναις ἕνα καὶ δύο
+πλέαις κὰκ κεφάλας· ⟨ἀ⟩ δ' ἀτέρα τὰν ἀτέραν κύλιξ　　5
ὠθήτω......

(I) Athen. X 430c, d; (II) id. XI 480f, 481a; (III) id. X 429f, 430a

Πώνωμεν· τὸ γὰρ ἄστρον περιτέλλεται　　95 D
Athen. I 22f

Τίς τ', ὦ πον[‿ ‿ ‿ ∪ ∪ ‿ ∪ ‿]　　117 D
εἴπῃ[ν ∪ ‿ ‿ ‿ ∪ ∪ ‿ ∪ ‿]
　　παρέσκεθ' ὠ[‿ ‿ ∪ ‿ ‿]
　　　δαίμον' ἀναίτιο[ν ‿ ∪ ‿ ‿]

δεύοντος οὐδέν· καὶ [γὰ]ρ ἀνοιτ[ας]　　5
τᾶς σᾶς ἐγ[.]υχ[´]σ', ἀλλ' ἔμ[ε]θεν σύ[νεις]
　　παύσαι· κάκων δε[.....]όντω[ν]
　　　αἴ τι δύναι κατεχ[......]ọ·

σοὶ μὲν [γ]ὰρ ἤ[δ]η περβέβα[τ]αι χρό[νος]
[κ]αὶ κάρπος, ὄσσ[ο]ς ἦς, συνα[γ]άγρετ[αι],　　10
τὸ κλᾶμμα δ' ἐλπώρα, κάλον γά[ρ],
　　[ο]ὺκ ὀλ[ί]γαις σταφύλαις ἐνείχη[ν].

[ἀλλ' ὀ]ψ[ι]· τοιαύτας γὰρ ἀπ' ἀμπέ[λω]
[βότρ]υ⟨ι⟩ς γ[εώμορο]ι σκοπιάμ[ενοι]
　　[τά]ρβημ⟨μ⟩ι, μὴ δρόπ[ω]σιν αὔταις　　15
　　　[ὄμφ]ακας ὠμοτέραις ἐοίσαις.

[οὔ] τοι γὰρ οἱ τὰ πρόσθε πονήμ[ενοι]
[ἄρ]εσχ[ον], οὐδὲ π[...]τ[...]ψτ[∪ ‿]
　　[...]ηχε· καρτε[‿ ∪ ‿ ‿]
　　　[διπλ]ασίαν παρεχε[∪ ‿ ‿]　　20

(I) P. Ox. XV (1922) 1788 fr. 15; (II) P. Ox. XXI (1951) Add. p. 143

Trinken wir! Denn wozu warten auf Licht? Spannenlang ist
noch der Tag!

Reich mir Becher zum Trunk, dort jene buntgleißenden,
großen her!

Denn der Semele Sohn gab ja den Wein einst den Menschen,
damit

man vergäße das Leid: Mische mir recht einen und zwei dazu!

Füll sie bis an den Rand! Dann aber soll Becher um
Becher flink

kreisen . . . .

Trinken wir, denn der Stern   zieht seines Kreises Bahn

Wer hat, du Böser, so deinen Sinn verwirrt,
zu sagen, daß die Ernte ein Gott verdarb?
Ein Vorwand ist's, ihr laßt entgelten
alles den Gott, der doch keine Schuld hat.

Nichts fehlte dir, obwohl es dein Unverstand
nicht wahrgehabt und nie einen Dank ich sah.
Gib Ruh! Daß von der Übel Menge
du dir das kleinere noch erwählest!

Die Zeit der Reife, sieh doch, sie ist vorbei
für dich: die Frucht ist lange geerntet schon.
Das junge Reis, das schöne, hofft man,
trägt bald in Fülle die dunklen Beeren.

Vergebens: solchen Rebstockes Früchte sucht
des Winzers Aug' zumeist, und ich fürchte sehr,
er schneidet ab, bevor der Reife
Süße ihr ward, die noch grüne Traube!

Denn hätten jene, die sich zuerst um dich
gemüht, dir einst gefallen, nicht stünd so schlimm
es jetzt, doch wer einst starren Sinnes, —
doppelte Qual muß der heute schaffen!

Ἦρος ἀνθεμόεντος ἐπάϊον ἐρχομένοιο   98 [

· · · · · · · · · · · · · ·

ἐν δὲ κέρνατε τῶ μελιάδεος ὅττι τάχιστα
κράτηρα

Athen. X 430a—b

. . . . τερέ⟨ν⟩νας   69 [
ἄνθος ὀπώρας

An. Ox. ed. Cramer I 413 (bis)

· · · · · · · · · · · · ·
      ].ας ἐπη[ρά]τοι[ς   109/110 [
      ] ἴμερτον ὀρη[.]ένα
      κ]ούφω δ᾽ ὑπίης δρόμω   6
      ]εσπ[..]δασαι.[.]εται·
χλώρ]αις κολοκύνταις ὑπὰ [.]ωμματος
ἐβ]άϲταϲδε[ν] ἐο[ίσα]ις ἀπαλωτέραις·
      ]αι· [...] δ᾽ ὑπ[...]νυχοι[.]   10
      ]αναψα.[....]α[... ἐ]λείβ[ετ]ο̣
      ο]ὐ̣κ ἄγαθος· ταὶ [....]α̣[...].α
      οὐ]δάμα πω[.].[....].ἀπ[ώλ]εσα[.]
      ]μέν με[...]η[.]κέρδεο[ς
      ]ἄ[........]τιδ[15
      ] Δίο[ς] καὶ μ[α]κά[ρων θέων]
      ]γίω κερρ[.]μ[
      ]γὰρ[.]σ[.]αισε[
          ]εν ἆς τὼ[........]ε,
          ]ντε[ς] ἐχα[20
          ]ς νᾶα ποήμενοι
      ο]υταϲδ᾽ οὐ γὰρ ἔγω[γ᾽] ἔχω
      ] ἐπόνησας καταραμένα
      ]ις καὶ πόλλα χαρις[σ ‿ ⌣]
      ]δοις· τοὶς δ᾽ ὑπίσω [‿ ⌣]   25

Frühling, blumengeschmückter, — sein Nahen hab heut ich
vernommen!

. . . .

Von dem Wein, der wie Honig so süß, gießt mir in den Misch-
krug!

. . . . . . *des kurzen*
Spätsommers Blüte

(Eingangs Reste von 4 Versen)

. . . . *geliebte* . . . .
. . . . *liebreizend anzuschaun*
du läßt im flinken Lauf nach . . . . . .
. . . .
. . . . . . *grüne Kürbisse unter (?)* . . . . .
. . . *sie, die recht weich sind, betastete*
. . . . *nachts* . . . .
. . . . *vergoß*
. . . . *kein rechter;* . . . .
. . . . *nirgendwo* . . . . *verloren sie*
. . . . *des Gewinnes*
. . . .
. . . . *des Zeus und der seligen Götter*
. . . . *des* . . . *Töpfers (?)*
. . . . *denn* . . . .
. . . .
. . . .
. . . .
. . . . *die ein Schiff gebaut*
. . . . *denn ich hab das nicht*
. . . . . . *und dein Fleiß   galt der Verfluchten (?) nur*
. . . . *und   oft ihr (?) zu Willen sein*
. . . . *doch seine Nachfahr'n (läßt?)*

72   WEINLIEDER

                    ]ται· πόρναι δ' ὃ κέ τις δί̣δ̣[ωι]
        [ἴσ]α κά[ς] πολίας κῦμ' ἄλ[ο]ς ἐσβ[ά]λην
        [.]πε[..]ε.ις οὐκ οἶδεν· ἔμοι π[ί]θην
        [ὃ]ς π[όρν]αισιν ὀμίλλει, τάδε γίνε[τ]α[ι]·
        δεύε[ι] μά[λ'] αὔτω τῶ χρήματος [ἄψερο]ν   30
        [α]ῖσχος κα[ὶ κα]κό[τατ'] ὠλ̣ο̣μέν[αν ἔχων]
        πόλλαν [.....]ἰτων, ψεύδη δε[.....]σαι
        [..]αι[.]λέπ.[....] κάκων ἔσχατ[α
        [....]γδεμ[.]λη ψύχαν ἀκατ[
        [χλ]αίει δάκ[ρυσι]ν, ἆ δ' οὐ[δ]ὲ σο[35
        [....]αϊη[....]δ' ἄλλος [
        [ὃ]ττις δεπ[....]εραι· γ[
        [..]ρει κῦμ[α....] ψῦχρ[ο]ν [
        [.]χωρέοντ[....]μμεγ[
        [ἤ]περ Σίσυφο[ς ἄρ]ατον ἄ[πεις λίθον.]   40
                    (explicit)

(I) P. Ox. XV (1922) 1788 fr. 4. 6. 11. 15, 1; (II) P. Ox. XXI (1951)
Add. p. 140ss.; (III) ad v. 35 in. cf. fr. adesp. 65 Bergk

Κέλομαί τινα τὸν χαρίεντα Μένωνα κάλεσσαι,   90 D
αἰ χρῆ συμποσίας ἐπ' ὄνασιν ἔμοι γε γένεσθαι

(I) Hephaest Ench. VII 6 (p. 23 Consbruch); (II) Schol. B in Hephaest.
Ench. 9 (p. 274 Consbruch); (III) Epit. Hephaest. 3 (p. 359 Consbruch)

            ἀλλ' ἀνήτω μὲν περὶ ταῖς δέραισι   92 D
        περθέτω πλέκταις ὑπαθύμιδάς τις
        κὰδ δὲ χευάτω μύρον ἆδυ κὰτ τῶ
                    στήθεος ἄμμι

Athen. XV 674c, d (v. 1—2), XV 687 d (v. 3—4)

Μῆδεν ἄλλο φυτεύσηις πρότερον δέδνρ(ε)ον ἀμπέλω   97 D
(I) Athen. X 430c; (II) Eust. in Jl. 1163,11

— — *und wer sein Geld   Dirnen verschenkt, der tut*
grad als würf' er es fort   weit in die graue See.
Wers selbst noch nicht erlebt,   schenk meinem Rat Gehör:
Gibst mit Dirnen dich ab?   Höre, was dann geschieht:
Es fehlt dir selbst an Geld   späterhin, bald genug.
Schimpf und Schande und Spott   hast du dafür getauscht,
im Überfluß sogar.   Ausflüchte sucht man dann,
Lügen, — aber es naht,   das was das Schlimmste ist:
. . . . die Seele; . . . .
klagt er weinend . . . sie aber nicht . . . .
. . . . ein andrer . . . .
wer . . . .
. . . . . Welle . . . . kühle . . . .
. . . . .
so wie Sisyphos fort-wirft(?) den verwünschten Stein.

(Schluß des Liedes)

Ei, so ruf' mir doch einer den liebreichen Menon, ob nicht er
mir zu Liebe und Freude an unserem Gastmahle teilnimmt.

Von Aniskraut möge doch um die Nacken
jemand uns gewundene Kränze legen,
und auf Brust und Haupt möge niederträufeln
duftendes Öl uns!

Keinen anderen Baum   pflanze und heg' mehr als der Rebe
Reis!

[φάρμαχον μελιάδε' οἶνον εὖ] ⁺οἶδα⁺   102

    ἄρισ[τον ἔο]ν μέν, ἄϊ[τα,]

[π]όνω[ν· αἴ] δέ κεν η[. . . . .] πεδά[σηι]

    φρένας οἶνος, οὐ διώξιος·

κάτω γὰρ κεφάλαν κατίσχε[ι] τὸν Ϝὸν

    θάμα θῦμον αἰτιάμενος

πεδαλευόμεν⟨ο⟩ς τ' ἄ κ' εἴπη⟨ι⟩ τὸ δ'

    οὔκετι [. . . . .]λεν πε[δ]αγ[ρέ]τω⟨ι⟩·

Demetr. Lac. π. ποιημάτ. β' col. 64 (p. 93 de Falco, cf. p. 95). Vogliano, Acme I, 1948, 262

    Οἶνος, ὦ φίλε παῖ, καὶ ἀλάθεα   66

    Schol. Plat. Symp. 217e, cf. Theocr. XXIX 1

    οἶνος γὰρ ἀνθρώποις δίοπτρον   104

    Tzetz. in Lycophr. Alex. 212

    ἄλλοτα μὲν μελιάδεος, ἄλλοτα   100

    δ' ὀξυτέρω τριβόλων ἀρυτήμενοι.

    (I) Athen. II 38e; (II) Eust. in Od. 1910,18

    . . . . .σὺ δὲ σαύτωι τομίαις ἔσηι   19

    Apollon. Dysc. de pron. 103a,b (I 80 Schneider)

    ἀλλὰ σαύτωι πεδέχων ἄβας πρὸς πόσιν   20

    Apollon. Dysc. l.c.

    χαῖρε καὶ πῶ τάνδε.   105a

    Et. Magn. 698,52, Et. Gen. B 258 Miller

Wein, ich weiß es, mein junger Freund,
treibt die lästigen Sorgen fort, ganz schnell und leicht,
wenn er gut ist: jedoch wenn nicht(?)
und wenn er deine Sinne ganz gefangen hält,
nicht ist er dann begehrenswert!
Und es senkt sich herab das Haupt, man gibt die Schuld
seinem eigenen Sinn, bereut,
was man sprach, — doch die späte Einsicht änderts nicht.

Denn der Wein, lieber Knabe, heißt Wahrheit auch

Ein Spiegel ist der Wein den Menschen

Manchesmal ist er wie Honig süß, manchesmal
schenkt ihr mir Wein ein, der schärfer als Dornen ist.

. . . .
       du aber wirst
            selbst dir der Mundschenk sein

schenke dir ein!
       Noch hast du teil
            an der Jugendzeit!

Sei froh und leere diesen Becher!

δεῦρο σύμπωθι.   105b I

Et. Magn. 698, 52

Ἔμε δείλαν, ἔμε παῖσαν κακοτάτων πεδέχοισαν,   123
[◡ ◡ _ _]δόμον ὀ[
[◡ ◡ _]ει μόρος αῖσχ[ρος
ἐπὶ γὰρ πᾶρος ὀνίατον ἰκ⟨ά⟩νει[
ἐλάφω δὲ βρόμος ἐν στήθεσι φύει φόβερός ⟨μοι⟩   5
[◡ ◡ _ μ]αινόμενον[
[◡ ◡ _ _] ἀυάταισ' ὠ[

(I) P. Ox. XV (1922) 1789 fr. 29 + 16; (II) v. 1: Hephaest. Ench. XII 2
(p. 38 Consbruch, cf. p. 65. 66); v. 4: Herodian, π. μονηρ. λέξ. 36 (II 941
Lentz); v. 5: Schol. Soph. Oed. R. 153; (III) v. 6—7: P. Ox. XXI (1951)
2166e fr. 12

μὴ μέγαν περὶ κνάφον ⁺περιστείχειν ἔνα κύκλον⁺   143 I

(I) Et. Magn. 521, 35; (II) Et. Gen. B 190 Miller; (III) Et. Gud.
s. v. κνάμψω

SPRÜCHE

φίλος μὲν ἦσθα κἀπ' ἔριφον κάλην   44
καὶ χοῖρον· οὔτω τοῦτο νομίσδεται

(I) P. Ox. X (1914) nr. 1234 fr. 2 col. I 14 s.; (II) Comm. in Alc.
P. Ox. (1951) nr. 2166c fr. 41

πάλιν ἀ   σῦς παρορίννει   140 I

(I) Simplic. in Arist. de caelo I 4 (p. 156 Heiberg); (II) Mantissa
proverbiorum II 46 (II 765 Leutsch-Schneidewin, cf. I 318, II
705)

⁺ταχαλιτινὸν⁺ ἄρκος ἔσσηι   126 D

Et. Gud. in ἄρκτος (p. 198 de Stefani) = Anecd. Par. ed.
Cramer IV 61

καί κ' οὖδεν ἐκ δένος γένοιτο   23

(I) Et. Magn. 639, 34, Et. Gen. B 320 Miller; (II) Schol. Marc.
in Dion. Thrac. § 12 (p. 381 Hilgard)

Komm, trink mit!

Des Mädchens Klage

Weh, ich Arme, wie so gänzlich bin dem Unglück ich verfallen!
— *Haus* —
— *ein grausam Los* —
eine unheilbare Blindheit kommt . . . .
und im Herzen, in dem zagen, wächst des Hirsches wildes Röhren
— *wie von Sinnen* —
— *(durch's) Verhängnis* —

— nicht um das große Walkergestell in einemfort im Kreise
zu gehen —

SPRÜCHE

Du warst ein Freund, der, wie man zu sagen pflegt,
zu Lamm und Ferkel gerne geladen wird.

Lenkt die Sau doch wieder vom Weg ab!

(bald) wirst du
. . . . Schutz sein

Aus nichts könnt' nie etwas entstehen.

αἴ κ' εἴπηις, τὰ θέλης,   134 ᾽
⟨καί κεν⟩ ἀκούσαις, τά κ⟨εν⟩ οὐ θέλοις.

Procl. in Hes. op. 719 (III 322 Gaisford)

αἰ γάρ κ' ἄλλοθεν ἔλ-   136 Γ
θηι, σὺ δὲ φαῖ⟨ς⟩ κῆνοθεν ἔμμεναι.

Herodian, π. μονηρ. λέξ. 27 (II 933 Lentz)

INDIREKT ÜBERLIEFERTES

...'Αλκαῖος 'Ηφαίστου καὶ πάλιν 'Ερμοῦ (γονὰς ὕμνη-   308 a L᾽
σεν)

Menand. διαίρ. τ. ἐπιδειχτ. p. 39 Bursian

'Αλκαῖος δὲ καὶ τὸν 'Ερμῆν εἰσάγει αὐτῶν (sc. τῶν θεῶν)   447 L᾽
οἰνοχόον, ὡς καὶ Σαπφώ...

Athen. X 425c

καὶ 'Αλκαῖος δὲ (κατὰ τὰ αὐτὰ τῷ 'Αχουσιλάῳ Schol.   441 L᾽
Paris.) λέγει τοὺς Φαίακας ἔχειν τὸ γένος ἐκ τῶν σταγό-
νων τοῦ Οὐρανοῦ

Schol. Ap. Rhod. IV 992

τὴν "Υδραν δὲ 'Αλκαῖος μὲν ἐννεακέφαλόν φησι, Σιμωνί-   443 L᾽
δης (fr. 569 Page) πεντηκοντακέφαλον

Schol. Hes. Theogon. 313

εἰ δέ τινες καὶ ἄλλοι παραβοῶντες ῥητορικὴν ψέγουσι,   437 L᾽
μᾶλλον δὲ τονθορύζοντες, ἐκ τοῦ σκότου (cod. E; ψόφου
rell. codd., ψέφους Lobeck, ζόφου Jacobs) τοξεύοντες
κατὰ 'Αλκαῖον, κτλ.

Ael. Aristid. XIV ad fin. (II 155 Dindorf)

χαρίεν γὰρ ἅμα ταῖς ἡδοναῖς συνεκλιπεῖν τὰς ἐπιθυμίας,   434 L᾽
ἃς μήτε ἄνδρα φησὶν 'Αλκαῖος διαφυγεῖν μήτε γυναῖκα

Plut. de divit. am. 5

τοῦτο δὲ καὶ παροιμιακῶς λέγεται, ὅτι ὁ θυμὸς ἔσχατον   442 L᾽
γηράσκει· λέγεται δὲ διὰ τοὺς πρεσβυτέρους. ὅσῳ γὰρ γη-
ράσκουσι τὸν θυμὸν ἐρρωμενέστερον ἔχουσι. καὶ 'Αλκαῖος
ὡς λεγομένου κατὰ τὸ κοινὸν αὐτοῦ μιμνήσκεται.

Schol. Soph. O. C. 934. Suid. s. v. θυμὸς ἑπταβόειος.

Sagst du stets, was du willst,
   hörst du gar bald das, was du nicht gewollt.

Käm' von dort er daher,
   sagst du gewiß, daß er von hier erschien.

INDIREKT ÜBERLIEFERTES

Alkaios hat die Geburt des Hephaistos und auch die des Hermes besungen.

Alkaios läßt, ebenso wie Sappho, auch den Hermes den Göttern Wein einschenken.

Auch Alkaios sagt, ebenso wie Akusilaos (Mythograph, Anfang d. 5. Jhdts.), daß die Phäaken von den Tropfen des Uranos abstammen.

Die Hydra nennt Alkaios neunköpfig, Simonides jedoch (Lyriker, 6./5. Jhdt.) fünfzigköpfig.

Wenn nun auch manche andre ein Geschrei erheben und die Rhetorik tadeln, öfter aber nur etwas undeutlich brummen, (und) wie Alkaios sagt, aus dem Dunkel(?) mit dem Bogen schießen, . . .

Angenehm ist es, daß zugleich mit der Lust auch die Begierden aufhören, denen, wie Alkaios sagt, weder Mann noch Frau entfliehen kann.

Es ist das auch eine sprichwörtliche Redensart, „der (rasche) Sinn altert zuletzt". Das sagt man, weil die älteren Menschen, je älter ise werden, einen um so unnachgiebigeren Sinn haben. Auch Alkaios erwähnt diesen Satz als einen allgemeingebräuchlichen.

τὸν λόγον ὃν πάλαι μὲν 'Αλκαῖος ὁ ποιητὴς εἶπεν.....   426 L
ὡς ἄρα οὐ λίθοι οὐδὲ ξύλα οὐδὲ τέχνη τεκτόνων αἱ πόλεις
εἶεν, ἀλλ' ὅπου ποτ' ἂν ὦσιν ἄνδρες αὐτοὺς σῴζειν
εἰδότες ἐνταῦθα καὶ τείχη καὶ πόλεις.

Ael. Arist. ὁ. τ. τᴇᴛᴛ. 207 (II 273 Dindorf) = Phot. Biblioth. p. 430a Bekker

οὐδ' ἑλκοποιὰ γίγνεται τὰ σήματα. ταῦτα παρὰ ⟨τὰ⟩   427 L
'Αλκαίου. οὐ τιτρώσκει τὰ ἐπίσημα ὅπλα οὐδὲ αὐτὰ καθ'
ἑαυτὰ δύναμιν ἔχει, εἰ μὴ ἄρα ὁ φέρων αὐτὰ ἐὰν ᾖ [[ὁ]]
γενναῖος.

Schol. M in Aeschyl. Sept. 398 (385) (I 148 Wecklein)

TESTIMONIA

...οἷον ἐν Μυτιλήνῃ τοὺς Πενθιλίδας Μεγακλῆς πε-
ριιόντας καὶ τύπτοντας ταῖς κορύναις ἐπιθέμενος μετὰ
τῶν φίλων ἀνεῖλεν, καὶ ὕστερον Σμέρδις Πενθίλον πληγὰς
λαβὼν καὶ παρὰ τῆς γυναικὸς ἐξελκυσθεὶς διέφθειρεν.

Aristoteles, Politik 1311b 26

Πιτάνη εἰμί· αὕτη παρ' 'Αλκαίῳ κεῖται. λέγεται δὲ κατὰ   439 L
τῶν πυκναῖς συμφοραῖς χρωμένων ἅμα καὶ εὐπραξίαις,
παρ' ὅσον καὶ τῇ Πιτάνῃ τοιαῦτα συνέβη πράγματα. ὧν
καὶ Ἑλλάνικος μέμνηται. φησὶ γὰρ αὐτὴν ὑπὸ Πελασγῶν
ἀνδραποδισθῆναι καὶ πάλιν ὑπὸ 'Ερυθραίων ἐλευθερω-
θῆναι.

Hellanikos fr. 93 Jacoby (Fragmente der griech. Historiker I 131)

καὶ ἐν Λέσβῳ δὲ ὁ 'Απόλλων μυρίκης κλάδον ἔχει· ὅθεν   444 L
καὶ Μυρικαῖος καλεῖται. καὶ 'Αλκαῖός φησιν +ἐν+ (del.
Welcker) τοῖς περὶ 'Αρχεανακτίδην καὶ τὸν πρὸς 'Ερυ-
θραῖον (κατὰ τὸν πρὸς 'Ερυθραίους Welcker, Bergk,
Lobel) πόλεμον φανῆναι τὸν 'Απόλλωνα καθ' ὕπνους
ἔχοντα μυρίκης κλῶνα.

Schol. Nicand. Ther. 613 (p. 48 Keil)

Das Wort, das in alten Zeiten der Dichter Alkaios gesagt hat ..... daß also nicht Steine oder Holz oder Baumeisterkunst die Städte bildeten, sondern daß überall da auch Mauern und Städte sind, wo es Männer gibt, die sich zu schützen wissen.

„Nicht Wunden schlagen können Bilder auf dem Schild." Das ist dem Ausspruch des Alkaios nachgebildet. Nicht die mit bildlichen Darstellungen versehenen Waffen verwunden oder vermögen als solche etwas, es sei denn der, der sie trägt, wäre ein wackerer Mann.

BIOGRAPHISCHE ZEUGNISSE

(Auch aus Rache für körperliche Mißhandlungen sind manche, sogar Amtspersonen und Angehörige der Königsgeschlechter, beseitigt worden), wie z.B in Mytilene Megakles die Penthiliden, die umhergingen und mit ihren Keulen die Leute schlugen, im Verein mit seinen Freunden überfiel und beseitigte, und später Smerdis den Penthilos, von dem er geschlagen und von dessen Frau er hinausgeworfen worden war, tötete.

„Ich bin Pitane": das kommt bei Alkaios vor. Man gebraucht den Ausdruck von Leuten, die häufig Mißgeschick erleben, zugleich aber auch glückliche Fügungen, in dem gleichen Maße, wie (die Stadt) Pitane solche Wechselfälle erleben mußte, von denen auch Hellanikos (von Lesbos, Genealoge und Historiker, Ende d. 5. Jhdts.) berichtet. Er sagt nämlich, Pitane sei von den Pelasgern versklavt und dann von den Erythräern wieder befreit worden.

Auch in Lesbos hat Apollon den Zweig einer Myrike (= Tamariske): daher heißt er auch Myrikaios. Und Alkaios erzählt in den Liedern, die von dem Archeanaktiden handeln und von dem Krieg gegen den (die?) Erythräer (bzw.: daß während des Krieges gegen die Erythräer), daß Apollon in den Träumen erschienen sei mit einem Zweig der Myrike in der Hand.

"Ανδρας δ' έσχεν (Μυτιλήνη) ἐνδόξους τὸ παλαιὸν μὲν Πιττα- 50
κόν, ἕνα τῶν ἑπτὰ σοφῶν, καὶ τὸν ποιητὴν Ἀλκαῖον καὶ τὸν
ἀδελφὸν Ἀντιμενίδαν, ὃν φησιν Ἀλκαῖος Βαβυλωνίοις συμμαχοῦντα τελέσαι μέγαν ἆθλον καὶ ἐκ πόνων αὐτοὺς ῥύσα-
σθαι κτείναντα ἄνδρα μαχαίταν βασιληίων παλαίσταν (ὡς
φησιν) ἀπολείποντα μόνον ἴαν παχέων ἀπὺ πέμπων.
    συνήκμασε δὲ τούτοις καὶ ἡ Σαπφώ, θαυμαστόν τι
χρῆμα.....
    ἐτυραννήθη δὲ ἡ πόλις κατὰ τοὺς χρόνους τούτους ἀπὸ
πλειόνων διὰ διχοστασίας, καὶ τὰ στασιωτικὰ καλούμενα
τοῦ Ἀλκαίου ποιήματα περὶ τούτων ἐστίν· ἐν δὲ τοῖς
τυράννοις καὶ ὁ Πιττακὸς ἐγένετο. Ἀλκαῖος μὲν οὖν
ὁμοίως ἐλοιδωρεῖτο καὶ τούτῳ καὶ τοῖς ἄλλοις, Μυρσίλῳ
καὶ Μελάγχρῳ [[καὶ]] τοῖς Κλεανακτίδαις καὶ ἄλλοις
τισίν, οὐδ' αὐτὸς καθαρεύων τῶν τοιούτων νεωτερισμῶν.
Πιττακὸς δὲ εἰς μὲν τὴν τῶν δυναστειῶν κατάλυσιν ἐχρή-
σατο τῇ μοναρχίᾳ καὶ αὐτός, καταλύσας δὲ ἀπέδωκε τὴν
αὐτονομίαν τῇ πόλει.
Strabo XIII 617

    Σαπφώ.....Λεσβία ἐξ Ἐρεσσοῦ, λυρική, γεγονυῖα
κατὰ τὴν μβ' Ὀλυμπιάδα, ὅτε καὶ Ἀλκαῖος ἦν καὶ
Στηρσίχορος καὶ Πιττακός.
Suidas s. v. Σαπφώ

Ol. 45. 2 Sappho et Alcaeus poetae clari habebantur.
Euseb. ap. Hieronymum

ἐν τούτοις ὁ Ἑρμησιάναξ σφάλλεται συγχρονεῖν οἰόμενος
Σαπφὼ καὶ Ἀνακρέοντα, τὸν μέν κατὰ Κῦρον καὶ Πολυκρά-
τη γενόμενον, τὴν δὲ κατ' Ἀλυάττην τὸν Κροίσου πατέρα.
Athenaeus XIII 599c

Ep. 35 ἀφ' οὗ Ἀ[λυάττη]ς Λυδῶ[ν ἐβα]σίλευσ[εν, ἔτη Η]
        Η[Η]ΔΔΔΔΙ, ἄρχοντος Ἀθήνησιν Ἀριστοκλέους.
Ep. 36 ἀφ' οὗ Σαπφὼ ἐγ Μυτιλήνης εἰς Σικελίαν ἔπλευσε
        φυγοῦσα[ἄρχο]ντος Ἀθήνησιν μὲν Κρι-
        τίου τοῦ προτέρου, ἐν Συρακούσαις δὲ τῶν γαμόρων
        κατεχόντων τὴν ἀρχήν.
Marmor Parium

*An berühmten Männern hat Mytilene in alten Zeiten den Pitta-
kos gehabt, einen der Sieben Weisen, und den Dichter Alkaios
und dessen Bruder Antimenidas. Von diesem berichtet Alkaios,
daß er im Kampf auf seiten der Babylonier eine große Helden-
tat vollbracht und die Babylonier aus der Bedrängnis gerettet
habe, indem er einen der Kämpen des (feindlichen) Königs
tötete, dem, wie er sagt, von 5 Ellen nur 1 Handbreite fehlte.*
*In die gleiche Zeit mit diesen Männern fällt die Blütezeit
Sapphos, der Einzigartigen ...*
*Die Stadt geriet in jenen Zeiten infolge der Parteikämpfe
unter die Gewaltherrschaft verschiedener Tyrannen: davon
handeln auch die sogenannten „Rebellenlieder" (Stasiotiká) des
Alkaios. Zu den Tyrannen zählte auch Pittakos. Alkaios hat
jedenfalls unterschiedslos ihn ebenso wie die übrigen, den
Myrsilos und Melanchros [[und]], die Kleanaktiden, und manche
andere, geschmäht, obwohl er doch selbst nicht frei war von der-
artigen umstürzlerischen Bestrebungen. Pittakos jedoch übte die
Alleinherrschaft wohl auch selbst aus, um den Dynastien ein
Ende zu bereiten; als das erreicht war, gab er aber der Stadt
die Autonomie wieder.*

*Sappho .... eine Lesbierin, aus Eressos, lyrische Dichterin,
blühte um die 42. Olympiade (612/09), zur gleichen Zeit als auch
Alkaios lebte und Stesichoros und Pittakos.*

*Im zweiten Jahre der 45. Olympiade (= 598 v. Chr.): Blütezeit
der Dichterin Sappho und des Dichters Alkaios.*

*Hierin irrt sich Hermesianax, wenn er meint, Sappho und
Anakreon wären Zeitgenossen, wo doch Anakreon in der Zeit
des Kyros (558—529) und Polykrates (537—522), Sappho in
der Zeit des Alyattes (ca. 610—560), des Vaters des Kroisos, lebte.*

Ep. 35. Seit Alyattes die Königsherrschaft über die Lyder an-
604/603 *trat, 341 Jahre, als Aristokles Archon in Athen war.*

Ep. 36. Seit Sappho, aus Mytilene verbannt, nach Sizilien
603/595 *fuhr [   ], als Kritias der Ältere Archon
in Athen war, in Syrakus aber die Gamoren die
Herrschaft in Händen hatten.*

Πιττακὸς Ὑρραδίου Μυτιληναῖος· φησὶ δὲ Δοῦρις
(FGrHist 76 F 75 Jacoby) τὸν πατέρα αὐτοῦ Θρᾶκα
εἶναι. οὗτος μετὰ τῶν Ἀλκαίου γενόμενος ἀδελφῶν Μέ-
λαγχρον καθεῖλε τὸν τῆς Λέσβου τύραννον.

Diog. Laertios I 74

κατὰ τὴν φυγὴν τὴν πρώτην, ὅ[τ'] ἐπὶ Μυρσίλον κατα-   Scho
σκευασάμ(εν)οι ἐπιβουλὴν οἱ π(ερὶ) τὸν Ἀλκαῖον, κ(ατα)-   87 Γ
φαν[ε]ίσ[η]ς δ(ὲ) π(ρο)φθάσα[ν]τες πρὶν ἢ δίκη[ν] ὑπο[σ]-
χεῖν ἔφ[υ]γον [εἰ]ς Πύρρ[α]ν.

    πολὺ γὰρ ἑκά[στῳ ἐγγυτέ]ρω ἐν ᾗ αὐτός τις οἰκεῖ ἢ ἐν
ᾗ οἱ πρόγονοι αὐτοῦ ᾤκ[ησαν, τοῖς δ]ὲ ἐξ ἐμοῦ γενησο-
μένοις ἡ αὐτὴ αἰτία καὶ πολὺ δικα[ιοτέρα τὴν] ἐμὴν
ἀναγκαίαν ἐνδιαίτησιν πατρίδα ποιεῖν,.[.].[.]αδ[.ὅτι?
με καλῶ]ς ὑπεδέξατο φεύγοντα. τοῦτο ὁ Λέσβιος Ἀλκαῖος λέγει ἀ[νὴρ πε]ρί [γ]ε τὴν πατρίδα φιλοστοργό-
τατος, καίτοι αἰεὶ ἐς [.]ουσαρχα[..τὸ] αὐτοῦ γένος
ἀναφέρων καὶ ὅλης τῆς πατρίδος.

Favorinus π. φυγῆς Col. IX 1 ss. (Vitelli-Norsa, Studi e testi 53, 1931)

εοιχ[.].[.]ίλη μεταξὺ Πύρρας χα[ὶ] Μυ[τιλήνης   Scho
    τ]ῶν δορυφ[ό]ρων τινὰς π[αραινεῖ(?)   46b Γ
    ].ρ[..].φησὶ τῷ Βύκχιδι[.
    ]..ρεγ γὰρ ὁ Μυρσίλ[ος

(vgl. fr. 46bD, oben S. 40 und fr. *60 LP.)

Ἀλκαιος εν ενατω [..].λιε[.]τ αλισκονται   321 LΡ

Unbekannter Grammatiker, Pap. Bouriant nr. 8, col. VI 5f

    καθά φησιν Ἀριστοτέλης ἐν τρίτῳ περὶ ποιητικῆς,
ἐφιλονείκει..... Πιττακῷ Ἀντιμενίδας καὶ Ἀλκαῖος.

Aristoteles fr. 75 Rose (= Diog. Laert. II 46)

Pittakos, Sohn des Hyrradios, aus Mytilene. Duris (von Samos, Historiograph und Literarhistoriker, 4. bis Anfang des 3. Jh.s) sagt, sein Vater sei ein Thraker. Dieser Pittakos hat im Verein mit den Brüdern des Alkaios Melanchros, den Tyrannen von Lesbos, getötet (angeblich i. Jahre 612).

. . . während der ersten Flucht, als die Leute um Alkaios gegen Myrsilos einen Anschlag vorbereitet hatten, als er aber verraten wurde, nach Pyrrha flüchteten, ehe man sie zur Verantwortung ziehen konnte.

Viel näher ist doch jedem die Stadt, in der jemand selbst wohnt, als jene, in der seine Vorfahren wohnten. Meine Nachfahren werden eben diesen Grund und einen noch viel berechtigteren haben, den Ort, an dem ich notgedrungen Aufenthalt nahm, als Vaterstadt anzuerkennen, [. . . . . weil man mich], den Verbannten, [freundlich] aufnahm. Das sagt der Lesbier Alkaios, — ein Mann, der wie kaum einer seine Vaterstadt von Herzen lieb hatte —, obwohl er stets bis zu den Alten sein Geschlecht und die Herkunft seiner ganzen Heimatstadt hinaufzuverfolgen pflegt.

[Penth]ile(?) scheint zwischen Pyrrha und Mytilene [. . . wo] er einige der Speerträger [ermahnt]. Denn zu [. . . . .] fordert er den Bykchis auf, da Myrsilos [tot?] ist(?).

Alkaios sagt im neunten Buch: ,,Und (Städte?) werden erobert."

Wie Aristoteles im dritten Buch ,,Über die Dichtkunst" berichtet, hat . . . . . den Pittakos Antimenidas und Alkaios oftmals verspottet.

τοῦτον (sc. τὸν Πιττακὸν) Ἀλκαῖος σαράποδα μὲν καὶ   429 L
σάραπον ἀποκαλεῖ διὰ τὸ πλατύπουν εἶναι καὶ ἐπισύρειν
τὼ πόδε· χειροπόδην δὲ διὰ τὰς ἐν τοῖς ποσὶ ῥαγάδας, ἃς
χειράδας ἐκάλουν· γαύρηκα δὲ ὡς εἰκῆ γαυριῶντα· φύσ-
κωνα δὲ καὶ γάστρωνα ὅτι παχὺς ἦν. ἀλλὰ μὴν καὶ ζοφο-
δορπίδαν ὡς ἄλυχνον· ἀγάσυρτον δὲ ὡς ἐπισεσυρμένον
καὶ ῥυπαρόν.

Diog. Laertios I 81, cf. Plut. Quaest. conv. VIII 6,3 et lexicogr.

Ἀλκαῖος δὲ.....ἀγέρωχον τὸν ἄκοσμον καὶ ἀλαζόνα   402 L
οἶδεν.

Eustathios in Jl. 314,43

[.....] ἐπιγαμίαν σχών· οἱ γ(ὰρ) π(ερὶ)[...] Ἀ⟨τ⟩ρέως   Sch
ἀπόγονοι δι[ασ?]παι[...] ὡς κ(αὶ) πρώην μ(ετὰ) το[ῦ   43,6ss.
Μυρ]σίλ(ου)......

(vgl. 43 D. oben S. 44)

εὐγενεστέρα γὰρ αὐτῷ οὖσα ἡ γυνή, ἐπειδήπερ ἦν Δρά-
κοντος ἀδελφὴ τοῦ Πενθίλου, σφόδρα κατεσοβαρεύετο
αὐτοῦ.

Diog. Laertios I 81

τὸ δὲ πλείοσι στόμασιν ἐκδιδόναι (sc. ὥσπερ ὁ Νεῖλος),   432 L
κοινὸν καὶ πλειόνων, ὥστ' οὐκ ἄξιον μνήμης ὑπέλα-
βε.....καθάπερ οὐδ' Ἀλκαῖος, καίτοι φήσας ἀφῖχθαι
καὶ αὐτὸς εἰς Αἴγυπτον.

Strabo I 37

Ἀλκαῖος .... ὁ μελοποιὸς μετέωρόν φησι .... νή-   433 I
χεσθαι τὸν λάβρακα.

Athen. VII 311a

*Ihn (d. h. den Pittakos) nennt der Dichter Alkaios „Schlepp-
fuß" (in Wahrheit „Spreizfuß"), weil er Plattfüße hatte und
die Füße nachschleppte, „Schrundfuß" (oder vielmehr „Hand-
fuß"), weil seine Füße Risse hatten: „Prahlhans", weil er
darauf los prahlte, „Fettwanst" und „Schmerbauch", weil er
dick war, außerdem noch „Dunkelfresser", weil er die Lampe
sparte: „Schlampe", weil er unordentlich und dreckig war.*

(Übers. nach Bruno Snell, Leben u. Meinungen der Sieben Weisen ², 21)

*Alkaios aber verstand unter dem Wort „agerochos" einen un-
gesitteten und prahlerischen Menschen.*

*(Pittakos) ... hat über seinen Stand geheiratet, denn die
(Penthiliden) sind Nachkommen des Atreus. (Die Stadt auszu-
plündern) wie auch schon kurz zuvor mit Myrsilos...(legt
Alkaios dem Pittakos voller Ironie nahe).*

*Seine (d.h. des Pittakos) Frau war von vornehmerem
Geschlecht als er — war sie doch eine Schwester des Drakon,
eines Sohnes des Penthilos —, und hat ihn äußerst hochmütig
behandelt.*

*Daß ein Fluß in mehreren Mündungen ins Meer fließt (wie
der Nil), findet man häufig und bei mehreren Flüssen, so
daß es auch gar nicht für erwähnenswert befunden wurde,
... wie auch Alkaios davon nicht spricht, obwohl er sagt,
auch er sei nach Ägypten gekommen.*

*Der Lyriker Alkaios berichtet, der Meerwolf schwimme durch
die Luft.*

'Αρταχία κρήνη περὶ Κύζικον, ἧς καὶ 'Αλκαῖος μέμ-   440 L
νηται καὶ Καλλίμαχος (fr. 109 Pf.), ὅτι τῆς Δολιονίας
ἐστίν.

Schol. Ap. Rhod. 1,957

καὶ 'Αλκαῖος δέ φησι τὸν Κήτειον ἀντὶ τοῦ Μυσόν.   413 L

Schol. Od. λ 521

ἦρχον δ' οἱ μὲν (sc. αἰσυμνῆται) διὰ βίου τὴν ἀρχὴν
ταύτην, οἱ δὲ μέχρι τινῶν ὡρισμένων χρόνων ἢ πρά-
ξεων, οἷον εἵλοντό ποτε Μυτιληναῖοι Πιττακὸν πρὸς
τοὺς φυγάδας, ὧν προειστήκεσαν 'Αντιμενίδης καὶ
'Αλκαῖος ὁ ποιητής. δηλοῖ δὲ 'Αλκαῖος ὅτι τύραννον εἵ-
λοντο τὸν Πιττακὸν ἔν τινι τῶν σκολιῶν μελῶν· ἐπιτιμᾷ
γὰρ ὅτι κτλ.

Aristoteles, Politik 1285 a 32

ἐπολέμεον γὰρ ἔκ τε 'Αχιλληίου πόλιος ὁρμώμενοι   49 b
καὶ Σιγείου.....Μυτιληναῖοί τε καὶ 'Αθηναῖοι. πο-
λεμεόντων δέ σφεων παντοῖα καὶ ἄλλα ἐγένοντο ἐν τῇσι
μάχῃσι, ἐν δὲ δὴ καὶ 'Αλκαῖος ὁ ποιητὴς συμβολῆς γε-
νομένης καὶ νικώντων 'Αθηναίων αὐτὸς μὲν φεύγων
ἐκφεύγει, τὰ δέ οἱ ὅπλα ἴσχουσι 'Αθηναῖοι καί σφεα
ἀνεκρέμασαν πρὸς τὸ 'Αθήναιον τὸ ἐν Σιγείῳ· ταῦτα
δὲ' 'Αλκαῖος ἐν μέλει ποιήσας ἐπιτιθεῖ ἐς Μυτιλήνην
ἐξαγγελλόμενος τὸ ἑωυτοῦ πάθος Μελανίππῳ ἀνδρὶ
ἑταίρῳ.

Herodot V 95

Πιττακὸς δ' ὁ Μυτιληναῖος.....πλεύσας ἐπὶ τὸν Φρύ-   49 a
νωνα στρατηγὸν (τῶν 'Αθηναίων) διεπολέμει τέως
διατιθεὶς καὶ πάσχων κακῶς· ὅτε καὶ 'Αλκαῖός φησιν
ὁ ποιητὴς ἑαυτὸν ἔν τινι ἀγῶνι κακῶς φερόμενον τὰ
ὅπλα ῥίψαντα φυγεῖν· λέγει δὲ πρός τινα κήρυκα κελεύ-
σας ἀγγεῖλαι τοῖς ἐν οἴκῳ· 'Αλκαῖος σόος "Αρει ⁺ἔνθαδ'
οὐ χυτὸν ἀληκτορὶν⁺ ἐς γλαυκώπιον ἱρον ὀνεκρέμασσαν
'Αττικοί.

Strabo XIII 600

Artakia, eine Quelle bei Kyzikos (Stadt auf der gleichnamigen Insel in der Propontis): Alkaios spricht von ihr und Kallimachos, daß sie im Lande der (thrakischen) Dolioner ist.

Auch Alkaios gebraucht (ebenso wie die Odyssee) das Wort „Keteer" für „Myser".

Dieses Amt bekleideten manche Aisymneten lebenslänglich, manche zeitlich begrenzt oder bis zur Durchführung bestimmter Aufgaben, wie sich einst die Mytilenäer den Pittakos (zum Aisymneten) wählten gegen die Verbannten, an deren Spitze Antimenides (der Bruder des Alkaios) und der Dichter Alkaios standen. Alkaios sagt in einem Skolion, daß sie sich dem Pittakos als Tyrannen gewählt hätten: er tadelt nämlich, daß . . . . .
(folgt fr. 87 D, vgl. oben S. 52)

Es lagen nämlich miteinander im Krieg die Mytilenäer und die Athener, von der Stadt Achilleion und Sigeion aus vorrückend. Während dieses Krieges ereignete sich in den Schlachten mancherlei, und unter anderem hat auch der Dichter Alkaios in einem Treffen, in dem die Athener siegten, selbst sich zwar durch die Flucht gerettet, seine Waffen aber haben die Athener erbeutet und in dem Athenaheiligtum in Sigeion aufgehängt. Das hat Alkaios in einem Lied berichtet und läßt dies Erlebnis einem Freunde, Melanippos, nach Mytilene melden.

Pittakos von Mytilene . . . zog gegen Phrynon, den Feldherrn der Athener und führte den Krieg zu einem erfolgreichen Abschluß, obwohl er zuzeiten in arger Bedrängnis war und Niederlagen erlitt. Dabei hat der Dichter Alkaios, wie er von sich selbst erzählt, in einer Schlacht die Waffen, die ihn behinderten, fortgeworfen und ist geflohen. Zu einem Herold spricht er und läßt den Seinigen daheim melden:
Alkaios ist wohlbehalten hier, behütet durch Ares(?): „seinen schützenden (?) Schild aber haben die Attiker im Tempel der eulenäugigen (Athena) aufgehängt."

90 TESTIMONIA

καὶ περὶ τῆς Ἀχιλλείτιδος χώρας μαχομένων Ἀθηναίων καὶ Μυτιληναίων ἐστρατήγει ⟨Μυτιληναίων⟩ μὲν αὐτός (sc. Πιττακός), Ἀθηναίων δὲ Φρύνων παγκρατιστὴς Ὀλυμπιονίκης......καὶ κτείνας (αὐτὸν) ἀνέσωσε τὸ χωρίον. ὕστερον μέντοι φησὶν Ἀπολλόδωρος ἐν τοῖς χρονικοῖς διαδικασθῆναι τοὺς Ἀθηναίους περὶ τοῦ χωρίου πρὸς τοὺς Μυτιληναίους ἀκούοντος τῆς δίκης Περιάνδρου, ὃν καὶ τοῖς Ἀθηναίοις προσκρῖναι. τότε δ᾽ οὖν καὶ τὸν Πιττακὸν ἰσχυρῶς ἐτίμησαν οἱ Μυτιληναῖοι καὶ τὴν ἀρχὴν ἐνεχείρισαν αὐτῷ. ὁ δὲ δέκα ἔτη κατασχὼν καὶ εἰς τάξιν ἀγαγὼν τὸ πολίτευμα κατέθετο τὴν ἀρχὴν καὶ δέκα ἐπεβίω ἄλλα.

Diog. Laertios I 74 s. (Apollod. F gr H 244 F 27)

(Πιττακὸς) ἤκμαζε μὲν οὖν περὶ τεσσερακοστὴν δευτέραν ὀλυμπιάδα, ἐτελεύτησε δ᾽ ἐπὶ Ἀριστομένους τῆς πεντηκοστῆς δευτέρας ὀλυμπιάδος, βιοὺς ὑπὲρ ἔτη ἑβδομήκοντα.

Diog. Laertios I 79

ἧδε μὲν Ὀλυμπιάσι τὴν Ἱέρωνος δόξαν πρὸς λύραν ὁ   448 l.
Πίνδαρος, ἧδε δὲ ὁ Ἀνακρέων τὴν Πολυκράτους τύχην
Σαμίων τῇ θεᾷ πεμπόντων (Schenkl, πέμπουσαν cod.)
ἱερά, καὶ Ἀλκαῖος ἐν ᾠδαῖς εἶχε Θαλ[[λ]]ῆν, ὅτε καὶ
Λέσβος πανήγυριν......

Himerios or. 30, fr. 39 Schenkl (Hermes 46, 1911, 420) = or. 28,2 Colonna

(ἐν τῷ Ἀνδρίων οἴκῳ)
ξύλινα· _ _ _ τρίγωνον θήκην ἔχουσαν βυβλία Ἀλκαίου.

Inscr. de Délos nr. 1400,7 (cf. nr. 1409 Ba II 39)

Als die Athener mit den Mytilinäern um die Achilleitis (= Sigeion) Krieg führten, führte Pittakos deren Heer, das der Athener aber Phrynon, der Olympiasieger im Pankration. ...Pittakos tötete ihn (durch eine List) und rettete Sigeion. Später aber, so berichtet Apollodoros in seiner Chronik (= fr. 27 Jacoby), fingen die Athener mit den Mytilinäern dieses Platzes wegen einen Rechtsstreit an, in dem Periander (Tyrann von Korinth, etwa 625—585) Schiedsrichter war: der soll Sigeion den Athenern zugesprochen haben. Damals aber ehrten die Mytilinäer den Pittakos gewaltig und übertrugen ihm die Herrschaft. Zehn Jahre lang übte er sie aus, ordnete das Staatswesen und legte dann sein Amt nieder. Zehn weitere Jahre hat er danach noch gelebt.

Die Blütezeit des Pittakos war um die 42. Olympiade (612/9 v. Chr.). Er starb unter Aristomenes (Archont von Athen) in der 52. Olympiade (genauer wohl um das Jahr 570/69) im Alter von über 70 Jahren.

Besungen hat zum Klang der Lyra Pindar den Ruhm des Hieron in den Olympiaden (vielleicht gemeint: in den „Olympischen Liedern"), besungen hat Anakreon die Glückhaftigkeit des Polykrates, als die Samier ihrer Göttin Opfer schickten, und Alkaios hat in seinen Liedern von Thales gesprochen, als auch Lesbos die Panegyris (= Festversammlung) .....

(Inschrift aus Delos nach 166 v. Chr.)

Inventar im Hause der Andrier:
Aus Holz: (u. a.) dreieckiger Behälter,
enthaltend Bücher des Alkaios.

LITERATUR

Die mit * bezeichneten Publikationen habe ich nicht gelesen

AUSGABEN

Siehe Seite 200 ff.

ÜBERSETZUNGEN

Hausmann, M., in: Antike und Abendland II, 1946, 164 ff.; ders., Das Erwachen. Lieder u. Bruchstücke aus d. griech. Frühzeit, 1949

Rüdiger, H., Griechische Lyriker, 1949

ANTIKE ZEUGNISSE

zur Geschichte der Insel Lesbos siehe Inscriptiones Graecae (IG) XII, suppl., S. 52 ff.

KARTE

Lesbos. IG XII 2, tab. 2

ARCHÄOLOGIE, NUMISMATIK

Koldewey, R., Die antiken Baureste der Insel Lesbos, Berlin 1890

Kiechle, F., Literatur-Überblicke der griech. Numismatik, Jahrb. f. Numism. 10, 150 ff., 1959/60

NACHSCHLAGEWERKE

Pauly-Wissowa, Realenzyklopädie der klass. Altertums-wiss. (RE), Artikel Alkaios (Kaibel) 1885—Hyperboreer (Daebritz) 1916—Melanchros (Kahrstedt) 1931—Myr-silos (Schwahn) 1933—Mytilene (Herbst) 1935—Pitta-kos (Schachermeyr) 1950—Sappho (Aly) 1920—Tyran-nis (Lenschau) 1943

Schmid, W., Geschichte der griechischen Literatur I, 1929

Lesky, A., Geschichte der griechischen Literatur, 1957/58

ALLGEMEINVERSTÄNDLICHE DARSTELLUNGEN

Pfeiffer, R., Gottheit und Individuum in der frühgriech. Lyrik, Philologus 84, 137ff., 1929 [Wiederabdruck jetzt in: Ausg. Schr. 42ff., 1960]

Fränkel, H., Die Zeitauffassung in der archaischen griech. Literatur, Beilageheft z. Zeitschr. f. Ästhetik u. allg. Kunstwiss., Bd. 25, S. 97ff., 1931 (zit. Fränkel, Zeitauff.) [jetzt in: Wege u. Formen frühgr. Denkens, 1ff., 1955]

Schadewaldt, W., Lebensalter und Greisenzeit im frühen Griechentum, Antike 9, 282ff., 1933 (zit. Schadewaldt) [jetzt in: Hellas u. Hesperien, 41ff., 1960]

Jacoby, F., Die geistige Physiognomie der Odyssee, Antike 9, 159ff., 1933 [= Kl. phil. Schr. I, 107ff., 1961]

Jaeger, W., Paideia, Bd. I, 1934 (zit. Jaeger)

Snell, Br., Das Erwachen der Persönlichkeit in der frühgriech. Lyrik, Antike 17, 5ff., 1941 = Entdeckung des Geistes, 2. Aufl. 1948. 57ff. (zit. Snell, Entd. d. G.) [3. Aufl. 1955, 83ff.]

Snell, Br., Leben und Meinungen der Sieben Weisen, 2. Aufl. 1943 (zit. Snell, 7 Weise)

Gundert, H., Archilochos und Solon, Das neue Bild d. Antike I 130ff., 1942

Harder, R., Bemerkungen zur griech. Schriftlichkeit, Antike 19, 86ff., 1943 (zit Harder) [= Kl. Schr. 57ff., 1960]

Schadewaldt, W., Homer und seine Welt, 2. Aufl. 1951

Gigon, O., Der Ursprung der griechischen Philosophie, 1945

Harder, R., Eigenart der Griechen, 1949 [= Kl. Schr. 1ff., 1960]

Schadewaldt, W., Sappho, die Entdeckerin der Liebe 1950

Fränkel, H., Dichtung und Philosophie des frühen Griechentums (Publ. of the American Phil. Association, New York), 1951 [2. Aufl. München 1962]

Treu, M., Sappho (Tusculum-Bücher), 1954, 2. Aufl. 1958, 3. Aufl. 1963

Stoeßl, F., Aus dem Leben und der Dichtung der lesbischen Lyriker des 6. Jh.s v. Chr., Das Altertum 5, 79 ff.,
1959

Treu, M., Archilochos (Tusculum-Bücher), 1959

LITERATURGESCHICHTLICHE UNTERSUCHUNGEN

v. Wilamowitz-Moellendorff, U., Sappho und Simonides, 1913 (zit. Wil., S. u. S.)

Jaeger, W., Solons Eunomie, Sitzber. d. Preuß. Ak. d.
Wissensch., Phil.-hist. Kl., Nr. 11, 1926 (zit. Jaeger, Sol.)

Bowra, C. M., Greek Lyric Poetry, 1936 (zit. Bowra)

Gallavotti, C., Storia e poesia di Lesbo nel VII—VI
secolo a.C., Alceo di Mitilene, 1949 (zit. Gall., Storia)

Page, D. L., Sappho and Alcaeus, 1955 (zit. Page, Comm.)

RELIGION

v. Wilamowitz-Moellendorff, U., Hephaistos, Nachr. d.
Kgl. Ges. d. Wiss. zu Göttingen, Phil.-hist. Kl., 217 ff.
= Kl. Schriften, V 2, 1895 (zit. Wil., Heph.)

Shields, A. L., The cults of Lesbos, 1917

v. Wilamowitz-Moellendorff, U., Der Glaube der Hellenen, 2 Bde., 1931/33 (zit. Wil., Gl. d. H.)

Dirlmeier, Fr., Apollon. Gott u. Erzieher des hellenischen
Adels, Archiv f. Religionswiss., 36, 227 ff., 1939

Nilsson, Martin P., Geschichte der griech. Religion I,
1941

Picard, Ch., La triade Zeus-Hera-Dionysos dans l'Orient
hellénique d'après les nouveaux fragments d'Alcée,
Bulletin de Correspondence Hellénique 70, 455 ff., 1946

Will, E., Autour des fragments d'Alcée récemment re-
trouvés: trois notes à propos d'un culte de Lesbos, Revue
Archeologique 6e s. 39, 156 ff., 1952

Gallavotti, C., La triade lesbia in un testo miceneo, Rivista di filologia ed istruzione classica, NS 34, 225 ff.,
1956

Stella, L. A., Gli dei di Lesbo in Alceo fr. 129 LP., La Parola del Passato fasc. 50, 321ff., 1956

Robert, L., Inscriptions de Lesbos, Revue des Études Anciennes 62, 285ff., 1960 (zit. L. Robert)

Quinn, J. D., Cape Phocas, Lesbos — Site of an Archaic Sanctuary for Zeus, Hera and Dionysos? American Journal of Archaeology 65, 391ff., pl. 128—129, 1961 (zit. Quinn)

GESCHICHTE

Busolt, G., Griechische Geschichte I und II, 2. Aufl. 1893—95.

Beloch, K. J., Griechische Geschichte I, 1 und I, 2, 2. Aufl. 1912—13

Meyer, Ed., Geschichte des Altertums II, 1. Aufl. 1893, 2. Aufl. 1937

Bengtson, H., Griechische Geschichte, 1950, 2. Aufl. 1960

Berve, H., Griechische Geschichte I, 2. Aufl. 1951; ders., Das Athen des Peisistratos, Bericht üb. d. VI. intern. Kongreß für Archäologie in Berlin 1939, 431ff., 1940; ders., Wesenszüge der griech. Tyrannis, Historische Zeitschrift 177/1, 1ff., 1954

Pugliese Carratelli, G., Sul la storia di Lesbo nell'età di Alceo, Rivista di fililogia ed istruzione classica, NS 21, 13ff., 1943

Mazzarino, S., Per la storia di Lesbo nel VI. secolo A. D., Athenaeum 21, 38ff., 1943 (zit. Mazzarino); ders., Fra oriente e occidente, Firenze 1947 (zit. Mazzarino[2])

Lurje, S. J., Nowyje papirusnyje swidjeteljstwa is istorii Mitileny w natschale VI. weka naschei ery (d. h. neue Papyruszeugnisse aus der Geschichte Mytilenes zu Beginn d. VI. Jh.s unserer Zeitrechnung), Westnik drewnej istorii 1946 fasc. 1 187ff., 1946

Mantzouranis, Dem. P., ΠΙΤΤΑΚΟΣ Ο ΜΥΤΙΛΗΝΑΙΟΣ, Mytilene 1948; ders., ΟΙ ΠΡΩΤΕΣ ΕΓΚΑΤΑΣΤΑΣΕΙΣ ΤΩΝ ΕΛΛΗΝΩΝ ΣΤΗ ΛΕΣΒΟ, Mytilene 1948

Mihailov, G., Alcée et la lutte des classes à Lesbos aux
    VII. et VI. siècles, Annuaire Univ. Sofia, Faculté hist.-
    philol. 46, 1949/50
Will, E., Alcée, Sappho, Anacréon et Hérodote, note de
    chronologie littéraire, Revue de Philologie 25, 178ff.,
    1951 (vgl. auch Gall., Storia und Page, Comm.)
Benedetto, V. di, Pittaco e Alceo, La Parola del Passato
    fasc. 41, 97ff., 1955

TEXTGESCHICHTE, ANTIKE KUNSTTHEORIE

v. Wilamowitz-Moellendorff, U., Textgeschichte der
    griechischen Lyriker, Abh. d. Kgl. Ges. d. Wissensch. zu
    Göttingen, Phil.-hist. Kl. IV 3, 1900 (zit. Wil., TGL.)
Färber, H., Die Lyrik in der Kunsttheorie der Antike, 1936

PAPYRUSFUNDE

Martin, V., La poésie lyrique et la poésie dramatique
    dans les découvertes pyparologiques des trente dernières
    années, Museum Helveticum 4, 74ff., 1947
Pack, R. A., The Greek and Roman Literary Texts from
    Greco-Roman Egypt, Michigan 1952

SPRACHE

Gerstenhauer, A., De Alcaei et Sapphonis copia verborum,
    Diss. Hal., 1892
Bechtel, Fr., Die griech. Dialekte I, 1921
Specht, F., Aeol. κεμήλιον. — Aeol. φύσγων? Aeol. εὔδειλος,
    Zeitschr. f. vergl. Sprachf. 68, 145. 150. 190, 1943—1944
Risch, E., Sprachliche Bemerkungen zu Alkaios, Museum
    Helveticum 3, 253ff., 1946
Gallavotti, C., La lingua dei poeti eolici, 1948
Pisani, V., φύσγων, Acme I 292 und das. 263 zu ΔΙΩΞΙΟΣ,
    1948; ders., A proposito di un nuovo frammanto di
    Alceo (zu 24c D, v. 18 λυκαιμίαις) Paideia 4, 401, 1949
Braun, A., Il contributo della glottologia al testo critico
    di Alceo e Saffo, Studi Triestini a cura dell' Università
    di Trieste, XX, Ser. I 94pp., 1950

Mastrelli, C. A., La lingua di Alceo, Firenze 1954; ders., Un aspetto arcaico dell'eolico, Studi italiani di fil. cl. 27/28, 272ff., 1956

Hamm, E.-M., Grammatik zu Sappho und Alkaios, Abh. d. Akad. d. Wiss. Berlin, Kl. f. Sprachen, Lit. u. Kunst, Jahrg. 1951 H. 2, 1957 (zit. Hamm)

*Kazik-Zawadzka, J., De Sapphicae Alcaeicaeque elocutionis colore epico, Wrocław 1958

STIL

Fränkel, Herm., Eine Stileigenheit der frühgriech. Literatur, Nachr. d. Göttinger gelehrten Ges., 63ff., 105ff., 1924 (zit. Fränkel) [jetzt in: Wege u. Formen 40ff., 1955]

Sellschopp, J., Stilistische Untersuchungen zu Hesiod, Diss. Hamburg, 1934

Dietel, K., Das Gleichnis in der frühen griech. Dichtung, Diss. München, 1939

Treu, M., Von Homer zur Lyrik. Wandlungen des Weltbildes im Spiegel der Sprache, 1955

Harvey, A. E., Homeric Epithets in Greek Lyric Poetry, Classical Quarterly NS VII, 206ff., 1957

METRIK

Rupprecht, K., Griechische Metrik, 2. Aufl. 1933

Gentili, B., Nota metrica a un nuovo frammento di Alceo, Maia I 62ff., 1948

Rupprecht, K., Abriß der griech. Verslehre, 1949

Gallavotti, C., Revisione metrica di frammenti eolici, Rivista di filol. cl. NS. 28, 97ff., 1950

Snell, Br., Griechische Metrik, 1955

Irigoin, J., Colon, vers et strophe dans la lyrique monodique grecque, Revue de Philologie 31, 234ff., 1957 (vgl. auch Page, Comm. 318ff.)

HORAZ UND ALKAIOS

Wil., S. u. S., 305ff.

Pasquali, G., Orazio lirico, 1920

Büchner, K., Horaz (Literaturbericht in „Bursians Jahres-
berichte über die Fortschritte der Altertumswissen-
schaft", Suppl., Bd. 267, 1 ff.) 1939

Alfonsi, A., Note ad Alceo, Aegyptus 24, 113 ff., 1944

Treu, M., Zu Alkaios 82 D. (32 L.) und Horaz c. I 26,
Würzburger Jahrbücher f. d. Altertumsw. 4, 219 ff., 1949/
50

Alfonsi, L., Il nuovo Alceo e Orazio, Aegyptus 34, 215 ff.,
1954

Fraenkel, Ed., Horace, 1957 (zit. Ed. Fraenkel, Hor.)

KRITISCHE UNTERSUCHUNGEN ZU EINZELNEN FRAGMENTEN

v. Wilamowitz-Moellendorff, U., Neue lesbische Lyrik,
Neue Jahrbücher f. d. klass. Altertum 33, 225 ff. = Kl.
Schriften I 384 ff., 1914 (zit. Wil.)

Diels, H., De Alcaei voto, 1920

Fränkel, Herm., Rezension von Lobels Alkaiosausgabe,
Göttinger Gelehrter Anzeiger, 258 ff., 1926 (zit. Fränkel²)

*Flaccomio, D., Alceo di Mitilene, 1930

Pfeiffer, R., Rezension von Lobels Alkaiosausgabe, Gnomon 6, 316 ff., 1930 (zit. Pfeiffer)

Bowra, C. M., Zu Alkaios und Sappho, Hermes 70, 238 ff.,
1935 (zit. Bowra, Herm.)

*Perrotta, G., Alceo, Atene e Roma 38, 222 ff., 1936

Körte, A., Rezension der 2. Aufl. von Diehls ALG.,
Gnomon 15, 316 ff., 1939.

Ferrari, W., Alceo fr. 63 Diehl (im Aufs. „Due note su
ἀγνός"), Studi ital. di fil. class. 17, 38 ff., 1940 (zit. Ferrari)

v. Blumenthal, A., Bemerkungen zu griech. Texten IV,
Hermes 77, 105 f., 1942

Gallavotti, C., Studi sulla lirica greca 5: Nuovi carmi
di Alceo da Ossirinco, Rivista di filol. cl. NS. 20, 161 ff.,
1942 (zit. Gall.)

Deubner, L., Zu den neuen Bruchstücken des Alkaios,
Abh. d. Preuß. Ak. d. Wissensch., Phil.-hist. Klasse,
Nr. 7, 1943 (zit. Deubner)

Theander, C., Lesbiaca, Eranos 41, 139 ff., 1943 (zit. Theander)

Préaux, Claire, Deux nouveaux poèmes d'Alcée, Bull. de l'Académie Belgique, cl. des Lettres, tome XXIX 147 ff., 1943; dies., Nouveaux poèmes d'Alcée, Chronique d'Égypte 18, 279 ff., 1943 und 19, 271 ff., 1944

Vogliano, A., Per il nuovissimo Alceo, Athenaeum 21, 125 f., 1943

Collart, P., Nouveaux fragments d'Alcée sur papyrus, CR. acad. d'inscr. et belles lettres 344 ff., 1944

Cantarella, R., Gli epodi di Strasburgo, Aegyptus 24, 1 ff., bes. 86 ff., 1944

Goossens, R., Notes sur quelques papyrus litteraires (zu 42 D.), Chronique d'Égypte 19, 265 ff., 1944

Snell, Br., Zu den Fragmenten der griech. Lyriker, Philologus 96, 282 ff., 1944 (zit. Snell '44)

Ardizzoni, A., Alceo (POxy. 2165, 1—24), Riv. di filol. NS. 22—23, 16 ff., 1944/45; *ders., Su un nuove carme di Alceo (32 pp.), 1946

Colonna, A., Alceo: Pap. Oxyrh. 2165, col. I 1—32, Studi ital. di fil. cl. 21, 30 ff., 1946

Gallavotti, C., Postilla a nuovi carmi di Saffo e di Alceo, La Parola del Passato I 119 ff., 1946 (zit. Gall. '46)

Gentili, B., Alceo POxy. 2165, Col. I, v. 21, Studi ital. di fil. cl. 22, 105 ff., 1947

Kamerbeek, J. C., De novis carminibus Alcaei, Mnemosyne ser. III 13, 94 ff., 161 ff., 1947 (zit. Kamerbeek)

Latte, K., Zu den neuen Alkaiosbruchstücken (P. Oxy. 18, 2165), Museum Helveticum 4, 141 ff., 1947 (zit. Latte)

Luria, S., Annotationes Alcaicae, La Parola del Passato II, 79 ff., 1947

Schubart, W., Bemerkungen zu Sappho, Alkaios und Melinno, Philologus 97, 311 ff., 1948

Theander, C., Ad Sapphus et Alcaei poemata adnotatiunculae quaedam, Humanitas, hrsg. v. d. Univ. Coimbra in Portugal, Bd. II 33 ff., 1948

Vogliano, A., Alceo Fr. 102 Diehl (Lobel p. 56), Acme I 261 ff., 1948

Ardizzoni, A., Ancora sul nuovo Alceo, Studi ital. di fil. cl. 23, 223 ff., 1949

Gentili, B., Ancora sul nuovo Alceo, ebda. 229 ff., 1949

Steffen, V., De duobus Alcaei carminibus novissimis, Traveaux de la Societé de sciences et de lettres de Wroclow, Ser. A, 29 pp., 1949

Treu, M., Una testimonianza di Alceo sulla sua vocazione di poeta, Maia 2, 232 ff., 1949

Luppino, A., Per l'interpretazione del nuovo Alceo, La Parola del Passato 5, fasc. 15, 206 ff., 1950

Righini, L., Saffo e Alceo in Efestione, Studi ital. di fil. cl. 24, 65 ff., 1950

Koster, W. J. W., Ad Alcaei carmen recens inventum, Mnemosyne ser. IV, 4, 9 ff., 1951

Vogliano, A., Il nuovo Alceo, Roma 1952

Rez. von Treu, Alkaios, 1952: F. Dirlmeier, Welt u. Wort 1952, 251; D. P. Mantzouranis, ΠΛΑΤΩΝ 1952, 352 ff.; A. R(ostagni), Rivista di fil. cl. 1952, 283 f.; J. C. Kamerbeek, Mnemosyne 1953, 236 f.; K. Latte, Gnomon 1953, 348 ff.; R. Muth, Anzeiger f. d. Altertumsw. 1953, 75 f.; V. Pisani, Paideia 1953, 212 ff.; C. Gallavotti, Giornale italiano di filologia 1954, 170 f.; M. Hombert, L'Antiquité Classique 1954, 458; D. L. Page, Journal of Hellenic Studies 1954, 237; W. Plankl, Gymnasium 1954, 370 f.; J. Th. M. F. Pieters, Erasmus 1955, 625 f.

Gallavotti, C., Auctarium Oxyrhynchium, Aegyptus 33, 159 ff., 1953

Kamerbeek, J. C., Alcaica quaedam, Mnemosyne ser. IV, vol. 6, 98 ff., 1953

Snell, Br., Der Anfang eines äolischen Gedichts, Hermes 81, 118 f., 1953

Hamm, E.-M., Rez. von P. Ox. vol. XXI ed. Lobel. Gnomon 26, 453 ff., 1954

Colonna, A., Note al testo dei poeti eolici, Paideia 10, 307ff., 1955

Treu, M., Nachlese zu Alkaios, Corolla Linguistica, Festschr. F. Sommer 221ff., 1955 (zit. Corolla Ling.)

v. Weber, O., Die Beziehungen zwischen Homer u. den älteren griech. Lyrikern, Diss. Bonn 1955

Eisenberger, H., Der Mythos in der äolischen Lyrik, Diss. Frankfurt/M., 1956 (zit. Eisenberger)

Latte, K., Rez. von Lobel-Page, Poetarum Lesbiorum fragmenta (PLF), Göttinger Gelehrte Anzeigen 210, 91ff., 1956

Merkelbach, R., Literarische Texte etc., Archiv für Papyrusforschung 16, 82ff., 1956 (zit. Merkelbach)

Pieraccioni, D., Recenti edizioni di Saffo e di Alceo, Maia NS I, 56ff., 1956

Setti, A., Note a un nuovo frammento di Alceo, Studi it. di fil. cl. 27/28, 519ff., 1956

Stark, R., Bemerkungen zu 2 Alkaios-Fragmenten, Rheinisches Museum f. Philol. 99, 172ff., 1956

Treu, M., Rez. von Lobel-Page, PLF und Page, Sappho and Alcaeus, Gymnasium 63, 435ff., 1956

Gomme, A. W., Interpretations of some Poems of Alkaios and Sappho, Journal of Hellenic Studies 77, 255ff., 1957

Kakridis, J. Th., Ο ΜΥΘΟΣ ΣΤΗΝ ΑΡΧΑΙΚΗ ΛΥΡΙΚΗ ΠΟΙΗΣΗ ΤΩΝ ΕΛΛΗΝΩΝ, Rektoratsrede Thessalonike 1958

Snell, Br., Dionysos oder Hephaistos? Zu einem Hymnos des Alkaios (fr. 9—10 D.), Festschr. E. Kapp, 15ff., 1958

Treu, M., P. Ox. 2378 = Alkaios, Philologus 102, 13ff., 1958

Trumpf, J., Studien zur griechischen Lyrik, Diss. Köln 1958 (zit. Trumpf)

*Steffen, W., Die neuen Papyruskommentare des Alkaios, Philol. Vorträge, hrsg. v. Irmscher u. a., Wroclaw 1959

*Luria, S., Die Belagerung von Jerusalem bei Alkaios, Acta Antiqua Hung. 8, 265f., 1960

Luppino, A., Sul carme di Alceo in esilio, Rivista di filol. cl. NS 40, 34ff., 1962

Broccia, G., Per l'esegesi di Sapph. 31 LP (= 2 D.), Annali del liceo classico „Dettori" di Cagliari, I 5ff., 1962—1963

Wirth, P., Neue Spuren eines Sappho-Bruchstücks, Hermes 91, 115ff., 1963

Treu, M., Die Struktur von Sappho fr. 48,3 und 120 D., Rheinisches Museum f. Philol. (im Druck) 1963

BIBLIOGRAPHIEN, FORSCHUNGSBERICHTE

Das von Marcel Hombert redigierte Bulletin papyrologique gibt die vollständigste Bibliographie (vgl. auch Marouzeau, L'année philologique). Es erscheint fortlaufend in der Revue des Études grecques (REG.), zuletzt Bulletin pap. XXII (1947 et 1948) (REG. 62, 360ff.), 1949 und Bulletin pap. XXIII (1949) (REG. 64, 217ff.), 1951.

Treu, M., Neuere Literatur z. aeol. Lyrik, Würzburger Jahrbücher 3, 426ff., 1948 (zit. Würzb. Jhb.)

Bulletin pap. XXIV (1950) (REG 65, 383ff.), 1952; Bulletin pap. XXV (1951) (REG 66, 295ff.), 1953; Bulletin pap. XXVI (1952) (REG 67, 411ff.), 1954; Bulletin pap. XXVII (1953) (REG 70, 133ff.), 1957.

Bibliographische Nachträge aus der Zeit nach 1963 werden nicht gegeben.

DER DICHTER UND SEIN WERK

Es gehört zum Schicksal vieler Dichter, daß in der
Folgezeit von ihrem Gesamtwerk gerade nur das herausgegriffen
wird, was man jeweils als besonders zeitnah und
wesensverwandt empfindet. Schon im Altertum ist es mit
dem Nachleben des Alkaios nicht anders gewesen. Im demokratischen
Athen des 5. Jh.s sang man seine Trinklieder
(Skolien) wie die des Anakreon[1]). An seine Liebeslieder
knüpft im 3. Jh. Theokrit an, der Meister tändelnder, idyllischer
Dichtung[2]). Für ein Weiterleben seiner Kampf-
und Rebellenlieder (Stasiotiká) war weder in der Demokratie
Athens noch unter dem monarchischen Regiment der hellenistischen
Staaten der Boden gegeben. Gewiß, wenn man
in epigrammatischer Kürze einen charakteristischen Wesenszug
seiner Dichtung hervorheben wollte, dann sprach man
wohl vom „Schwert" des Alkaios oder von dem „schwankenden
Staatsschiff" — einem berühmten allegorischen Bilde
seiner Kampflieder[3]). Die Zeit aber, da diese Lieder einst
eine Waffe gewesen waren in den politischen Kämpfen
seiner Heimatstadt Mytilene, lag fern. Wer waren jene
Leute, die er in seinen Liedern erwähnte? Das mußte man
erklären. Und so schrieb man denn an den Rand seines
Liederbuches gelehrte Sacherklärungen und Kommentare
(Scholien). Bei Sappho bedurfte man deren kaum. Sie blieb
allezeit verständlich, wenn sie auch mitunter gröblich verkannt
und mißdeutet wurde. Für antiquarische Gelehrsamkeit
war dafür Alkaios ein geeigneteres „Objekt", und wo
diese sich eines Klassikers bemächtigt, da ist es mit seinem
Nachleben nicht immer zum besten bestellt.

Allein das umfassende Kunstverständnis des Horaz zeigt
uns doch, daß solche einseitige Wertung einer Dichterpersönlichkeit
keineswegs unvermeidlich ist. Was ihn als
ersten Römer zu dem Werk gerade dieses frühgriechischen
Sängers führte, war gewiß nicht der Hinweis eines gelehrten

---

[1]) Vgl. Aristophanes Δαιταλῆς fr. 223 K.
[2]) Vgl. Theocr. XXVIII, XXIX, XXX. Auf Papyrus gefundene Reste
eines vierten Gedichtes in äolischem Dialekt sind in den neuen Theokrit-Ausgaben,
z. B. von Latte [und Gow, 1952], abgedruckt (nr. XXXI).
[3]) Vgl. A. P. IX 184 (ca. 100 v. Chr.), v. 23f. καὶ ξίφος Ἀλκαίου τὸ πολλάκις
αἷμα τυράννων ἔσπεισεν πέτρης θέσμια ῥυόμενον. Vgl. Färber a. O. 25 und
II 7 = test. 54 Gall.

Grammatikers[4]), wodurch er sich angesprochen und berührt fühlte, war gewiß kein einzelner Wesenszug dieses
Dichters; nicht die rhythmische Vielfalt — sie gilt für
Horaz nur als Weiterentwicklung der Versmaße des Archilochos von Paros, des großen, so andersgearteten Vorgängers
des Alkaios —, nicht die männlich-herbe Entschlossenheit —
die bei Archilochos noch eine viel entschiedenere war —,
nicht der Tyrannenhaß — kein Thema für einen Mann wie
Horaz, der nun, nach mehr als zehnjährigem kritischen
Abseitsstehen immer mehr innerlich dazu bereit ward, die
augusteische Ordnung als sittliche Erneuerung des Römer-
tums zu bejahen —, erst recht nicht der Aufruf zu sorglosem Lebensgenuß — der bei Anakreon und seinen Nach-
folgern in viel reinerem Maße zu finden gewesen wäre —:
was Horaz an dem äolischen Liede des Alkaios fand, muß
das Ganze gewesen sein, der „volle Klang", zu dem all
diese einzelnen Akkorde sich vereinigten, und mancher
andere dazu: vor allem auch jenes letztlich Unerklärbare,
Wunderbare wahrer Poesie: daß sie den Menschen zu lösen
vermag von Not, Schmerz, Sehnsucht, Trauer: daß das Lied
ein „dulce lenimen laborum" ist, wie Horaz sagt[5]), aber
auch Alkaios es unausgesprochen uns nachempfinden läßt.

Das will nun freilich nicht recht passen zu dem bisher
verbreiteten Bilde von Alkaios[6]), dem lebensderben, ro-
busten, der unzählige poetische Möglichkeiten verwirt-
schaftet, dem Junker, der nichts wirklich empfunden hat
außer dem Durst, dem Verteidiger der Adelsoligarchie gegen
die Ansprüche des Volkes und seiner Führer, dem Ritter,
der nie an das Gesamtwohl gedacht und an das, was weiter
lag als das Heute — zu all solchen Urteilen über Alkaios
paßt das freilich schlecht. Allein, die neugefundenen Lieder

---

[4]) Dies gegen Schmid (416). Von einer anderen Voraussetzung war s. Zt.
auch Wilamowitz ausgegangen, nämlich daß Alkaios „kein Stern erster Größe
gewesen ist: sonst hätte Horaz ihn nicht so geliebt und wäre ihm nicht so nahe
gekommen" (Heph. 221). Vgl. aber Wil., S. u. S. 305ff. — Horaz, Episteln I
19,28f. *temperat Archilochi musam pede mascula Sappho, temperat Alcaeus, sed
rebus et ordine dispar;* ebda. v. 32 *hunc ego non alio dictum prius ore Latinus
volgavi fidicen;* Oden II 13,26f. *et te sonantem plenius aureo, Alcaee, plectro dura
navis, dura fugae mala, dura belli.*
[5]) Horaz, Oden I 32, 14f., vgl. I 16 u. ö. Daß das Lied das Leid vergessen
läßt, hatte schon Hesiod (Th. 102f.) gesagt.
[6]) Die Urteile stammen von Wilamowitz, Schadewaldt, H. Fränkel, Schmid.
Doch vgl. die Charakteristik, die Bowra gibt (161): „A. was occasionally forced
into opinions that belonged to the new age which he resisted and despised. He
stood at the turning-point between the assured rule of the old nobility and the
new ambitions and beliefs of the sixth century", vgl. 162: „A. saw the changes
with unsympathetic eyes, but it is to his credit that he saw them and partly
understood their significance." — Vgl. auch Kamerbeek (179ff.) und Gallavotti,
Storia e poesia (passim).

sind ein unmittelbares, authentisches Zeugnis. Dem nach-
zugehen, was sie uns sagen, ist unser vordringlichstes An-
liegen, und hieße es, die Urteile bester Kenner des griechischen Altertums in Frage stellen.

Auch für eine geschichtliche Betrachtung sind die Lieder
des Alkaios die Primärquelle, denn was sich sonst noch
etwa an Zeugnissen bei Historikern, Biographen, Rhetoren,
Chronographen findet, geht letztlich ebenfalls auf solche
Selbstzeugnisse des Dichters zurück. Um uns die Umrisse
der geschichtlichen Welt zu verdeutlichen, in der Alkaios
gelebt und gekämpft hat, müssen wir freilich auch noch
andere Zeugnisse aus dieser Frühzeit heranziehen — solche
aus der Geschichte Athens etwa, archäologische, sprachliche
Hinweise u. a. m. [7]). Dann erweist sich jene archaische Epoche
als eine Zeit, die noch fern ist von klassischer Klarheit, die
aber, stürmisch und leidenschaftlich erregt wie sie war,
fruchtbar wie keine andere werden sollte für die Keime einer
reichen Saat. In manchem Lebensbereich ist bereits die Ent-
scheidung getroffen worden, zumeist aber zeichnet sie sich
ab als eine Zeit starker Spannungen. Gegensätzliches stößt
aufeinander, dicht nebeneinander sieht der Blick des rück-
schauenden Betrachters verschiedene Möglichkeiten sich ab-
zeichnen, deren jede in ihrer Zeit doch als gültige Wahrheit
erlebt worden ist. Eine Zeit ist das, die den Zusammenbruch
einer ganzen Welt erlebt mit ihren Ordnungen, Bindungen,
Gemeinsamkeiten, Selbstverständlichkeiten. Das Wort „Gefahr" kommt in dieser Zeit im Griechischen auf [8]). Zugleich
ist es eine Zeit der Entdeckungen, vor allem der Persönlichkeit, des eigenen Ich: die Sprache prägt den Ausdruck „ich
bin mir bewußt" [9]). Bald folgt die Entdeckung und wissen-
schaftliche Erforschung der äußeren Welt. Zuvor aber —
was sich ebenfalls an dem Sprachgebrauch nachweisen läßt
— vertieft sich der Blick für die Menschen und Dinge dieser
Welt: näher als früher ist man nun der Natur und empfindet
mit, hat teil an ihr. Ein neues Körper- und Oberflächengefühl
kommt hinzu, zugleich eine seelische Verwundbarkeit. Von
den Göttern sieht sich der Mensch geschieden [10]). Sie sind
nun nicht mehr die „Stärkeren", sie sind sittlich vollkommen

---

[7]) Ein anregender Versuch, die archaische Zeit unter einem einheitlichen
Gesichtspunkt zu erfassen, bei Heuß, Die archaische Zeit Griechenlands als geschichtliche Epoche (Antike u. Abendland 2, 1946, 26 ff.).

[8]) Solon 1, 65 D.; Sappho p. 63 fr. 68 L. [= 184 LP.]; Alkaios 179 L.
[= *415 LP.]

[9]) Snell, Entd. d. G. 85, Anm. 1, Fränkel 87.

[10]) Pfeiffer, Phil. 84, 1929, 177 ff. Schadewaldt. Semonides fr. 1, 15 D., dazu
Wil., S. u. S. 272 Anm. 3, Römisch, Studien z. älteren gr. Elegie, Frankf. 1933, 51.

und daher wesentlich andersgeartet. Alter und Tod werden
aus einer Selbstverständlichkeit zu einer qualvollen und er-
schütternden Not, die manchen in den Selbstmord getrieben
hat. Und doch erlebt man in tiefer Gläubigkeit die Epi-
phanie der Götter, die sich lächelnd zu einem neigen, und
die menschliche Lebenszeit lernt man erkennen als Teil
einer großen Ordnung, für die man nur das Wort „Natur"
noch nicht kennt[11]): eine selbstsichere Zeit, und zugleich
eine von tiefer Verlorenheit. Als Vereinzelter sieht sich der
Mensch in eine unendliche Verlassenheit und Ausweglosigkeit
(amēchania) hineingestellt[12]) — und doch wird jetzt gerade
wieder auch der Mut zum Leiden, die „tlēmosyne", in ihm
wachgerufen und gestählt. Der Gegenwart lebt diese Zeit
wie keine andere, dem Jetzt: „die Muse aber kündet nicht
nur das Gegenwärtige, überall kehrt sie ein und hält Ernte"[13]).
Auch die mythische Vergangenheit bleibt, als eine andere
Schicht der Wirklichkeit, gegenwärtig. Und in die Zukunft
reicht ein Wort, das zum Teil anstelle des alten stolzen
Wortes „Ruhm" tritt: das Wort „Erinnerung", „Gedenken".

Gegensätze mußten naturgemäß vor allem auf einem
Gebiet mit allergrößter Schärfe aufeinanderstoßen, auf dem
politisch-sozialen. An Tatsachen ist das abzulesen. Am
Anfang dieser Kämpfe steht das Niederreißen des alten
Königtumes, der „homerischen" Welt, am Ausgang die
Schaffung der griechischen Polis als eines Rechtsstaates.
Ehe aber dieses Ziel, zu dessen Erreichung die Aufzeich-
nung und öffentliche Aufstellung des Gewohnheitsrechtes
ein erster Schritt war[14]), in der Gleichheit der Bürger vor
dem Gesetz erreicht werden konnte, hieß es noch, der Tyrannis Herr werden. Es galt, die Willkürherrschaft einzelner
adeliger Großer zu brechen, die, gefördert durch den nun
aufkommenden Individualismus nach der Beseitigung des
Königtums, aus den gegenseitigen Fehden der Adelssippen
um die Vorherrschaft als neue Herrschaftsform vielerorts
in der griechischen Welt entstanden war[15]). Die politischen
und materiellen Ansprüche minderberechtigter, nun aber
zur Mitbetätigung am staatlichen Leben drängender Volks-
schichten, des Demos, wurden dabei von jenen Usurpatoren
weitgehend für ihre eigenen Zwecke ausgenutzt, verliehen

---

[11]) Über den griech. Naturbegriff vgl. z. B. Diller, NJhb. 1939, 241 ff.
[12]) Vgl. Pfeiffer, Snell, Gundert.
[13]) Stesichoros fr. 25 a D., vgl. Wil., S. u. S. 160 f., Fränkel 125.
[14]) Vgl. Harder. Bei Alkaios ließe sich die letzte Strophe in fr. 24 a D. (mit
Lattes Ergänzungen) hierfür als Beleg anführen (s. S. 18 und 141).
[15]) Zur vielbehandelten Frage über die Entstehung der Tyrannis sei hier
nur auf Mazzarino (bes. 72) verwiesen.

aber der ganzen Bewegung eine nicht geringe Dynamik, wie sie sich überall da einstellen muß, wo unverbrauchte Volkskräfte durch eine Zeit der materiellen Not einen unaufhaltsamen Auftrieb erhalten. Kräfte waren das, die über die Tyrannis hinauswuchsen und denen die Zukunft gehörte, wie ja auch auf wirtschaftlichem Gebiet mit dem Eindringen der Geldwirtschaft eine Entwicklung eingesetzt hatte, die sich nicht aufhalten ließ, wenn auch wirtschaftsgeographische Gründe ihr, je nach dem Charakter und der Lage des Landes, früher oder später mildernd und ausgleichend entgegenwirken mußten.

Vor diesem zeitgeschichtlichen Hintergrund hebt sich das Leben des Alkaios ab: Kampf gegen die Tyrannis, Verschwörung und, als diese verraten wird, Flucht; Rückkehr, erneute Verbannung, ein Leben in der Fremde, dann endlich die Heimkehr nach Mytilene, seiner Vaterstadt. Nichts aber ist für die Zeitlage bezeichnender, als daß gerade in dieser Generation, zu der Alkaios gehört, die Tyrannis in Mytilene aufkommt und auch schon überwunden wird, überwunden durch den Entschluß des Volkes, einen „Schlichter" (Aisymneten) zu wählen. Auch an anderen Orten der griechischen Welt war um die gleiche Zeit die Sache des Volkes bereits entschieden [16]); schon vor 600 gibt es eine Demokratie auf der Insel Chios, 594 wird sie in Athen durch Solon verwirklicht. Wir aber werden wohl, wenn wir die Lieder dieses Mannes lesen, uns dessen erinnern müssen, daß er mitten in den Stürmen einer Kampfzeit gestanden hat. Nicht wundern wird es uns dann, daß die Leidenschaft solcher erbitterter Kämpfe sich in seiner Dichtung widerspiegelt, um so mehr aber werden wir auf all jene Züge zu achten haben, durch die sein Dichtertum Adel und Weihe wahrer Poesie erhält, auf all das, worin Alkaios mehr gewesen ist als nur ein Mensch seiner Zeit und ihr Sprecher.

Nur zu gerne wüßte man nun auch etwas über die Eigenart der Verhältnisse auf der Insel Lesbos; aber es ist nur wenig, was von ihrer Frühgeschichte erschlossen werden kann. Von Nordwestgriechen aus Thessalien war die Insel im Zuge der großen Wanderungen — vermutlich im 11. Jh. — besiedelt worden. „Aioler" nannten hier sich diese, später auch auf die kleinasiatische Küste übersetzenden Griechen, erinnerten sich aber sehr wohl noch dessen, daß sie eigentlich

---

[16]) Vgl. die Inschr. aus Chios (Wilamowitz, Nordionische Steine, 1909, 64 ff. Hoffmann b. Collitz-Bechtel, Sammlung griech. Dialektinschriften, IV, S. 873, zuletzt bei M. N. Tod, A Selection of Greek Historical Inscriptions I, 1933, nr. 1).

„Pelasger" wären wie die Bewohner Thessaliens[17]). Als
Oikist von Lesbos, d.h. als Führer der Siedler, wird von der
Legende ein Nachkomme des Orestes genannt[18]). Von diesem,
Penthilos, hat das Königshaus in Mytilene, die Penthiliden,
seine Herkunft und seinen Namen abgeleitet. Gelegentlich
wird von schonungslosen Kämpfen einer lesbischen Stadt
gegen die andere berichtet: so sind die Einwohner von
Arisbe[19]) von den Methymnäern versklavt worden. Mytilene
aber hat vor allen anderen Städten dieser von der Natur
gesegneten Insel bald eine Blüte erreicht, die ihr eine be-
deutende Stellung als Seemacht verlieh. Von der Beseitigung
der Herrschaft der Penthiliden[20]) hören wir sodann, die Be-
zeichnung „Basileus" wird aber auch noch später[21]) für den
adeligen Herrn beibehalten. Von der Ermordung eines Penthilos, vermutlich des letzten Königs, berichtet ebenfalls
Aristoteles. Das alles müssen Ereignisse gewesen sein, von
denen Alkaios als Knabe vernommen hat. Sodann hören
wir von einem Kriege gegen das ionische Erythrai[22]); auch
hiervon wissen wir äußerst wenig. Ein äolischer Umschlag-
platz an der kleinasiatischen Küste, die Stadt Pitane, ist in
diesem Krieg mehrfach von einer Hand in die andere über-
gegangen und schließlich an die Erythräer gefallen; Herodot
kennt freilich Pitane wieder als äolische Stadt. Die geographische Lage legt die Vermutung nahe, daß die Erythräer
die Angreifer gewesen waren. In diesem Krieg hat offensichtlich ein Adeliger aus Mytilene, ein Mann aus dem Geschlecht
der Archeanaktiden[23]), den Frieden zu erreichen gewußt
durch die Erzählung einer Traumerscheinung Apollons:
dieser ionerfreundliche Archeanaktide wird also wohl nicht

---

[17]) Vgl. *Alc. 121, 6 D.]Πελάσγων Αἰολ[; Beloch I² 1, 45ff.; 89; 134 m.
Anm. 1. Wie die Erinnerung an die alte Heimat fortlebt, zeigt für die Kolo-
phonier Mimnermos fr. 9 D.
[18]) Vgl. Beloch I², 2, 104f.
[19]) Über Arisbe vgl. Herodot I 151.
[20]) Aristoteles, Polit. 1311b 26 (s. S. 80 und 193); Gall., Storia 13f.
[21]) Das Wort z.B. Sappho 130a D.
[22]) Krieg gegen Erythrai: fr. 209 L.; 204 L. [= 444 und 439 LP.] (s. S. 80
und 193) — Pitane: Herodot I 149.
[23]) Ein Archeanax hat, wie Strabo XIII 38 p. 599 berichtet, s. Zt. Sigeion
befestigt. Ob dagegen die bosporanischen Archeanaktiden (Diodor XII, 31, 1),
die ersten Archonten von Pantikapaion (480—438/37), mit den lesbischen ver-
wandt sind, wird man bezweifeln dürfen. (Der Name Archeanax ist z. B. auch
für Milet belegt, auf der Stephanephorenliste f. d. J. 516/15, vgl. Rehm, Milet
III 122ff.). Über sie vgl. Shebelew, Das Bosporanische Reich (russ.), CR. de l'Ac.
de UdSSR., 1930, 788ff. Nicht zugänglich war mir Schkorpil, Die Archeanaktiden (russ.), Iswestija der taurischen archäol. Komm. 54, 1917. [vgl. jetzt R.
Werner, Historia '55, 415ff., D. Welt als Gesch. '57. 256ff.] — Melanchros und
Myrsilos sind vielleicht Brüder (Bowra), Dinnomenes ist ein Archeanaktide
(Diels, Bowra) oder Kleanaktide (Mazzarino).

der Hauptanführer in diesem Kriegszug gewesen sein; das war eher ein Penthilide. Von diesem Kriege hat jedenfalls Alkaios berichtet, aber auch dieses Ereignis mag längere Zeit zurückliegen und die Traumerscheinung des Gottes mit dem Tamariskenzweig ist bereits eine Legende.

In der Zeit des Alkaios aber haben anfangs innere Kämpfe in Mytilene vorgeherrscht, wenn wir hier zunächst von dem Kampf mit den Athenern um Sigeion absehen. Von mehreren Adelsgeschlechtern erfahren wir, die sich gegenseitig den Rang streitig machen: von den bereits genannten Archeanaktiden und den Kleanaktiden vor allem — alles Namen, die einerseits zwar den alten und ruhmreichen Adel dieser Geschlechter hervorkehren, andererseits aber doch zeigen, daß ihr eponymer Ahnherr nicht als einer der Herzöge der Wanderungszeit sich ausgezeichnet hatte, sondern als seßhafter Grundherr (griech. anax) Ruhm und Ansehen genoß. Auch die Namen der einzelnen Tyrannen hören wir: Melanchros (vermutlich ein Kleanaktide), dann Myrsilos, ein Kleanaktide, Dinnomenes (vielleicht ein Archeanaktide) und der vom Volke später zum Aisymneten gewählte Pittakos, Sohn des Hyrras. Melanchros ist von den Brüdern des Alkaios im Verein mit Pittakos beseitigt worden; vielleicht ist Alkaios selbst damals noch zu jung gewesen, um sich an dem Anschlag zu beteiligen, doch bleibt das unsicher. Da ist aber keiner unter diesen Tyrannen, gegen den Alkaios nicht zum Kampf aufgerufen hat, gleich ob sie zum einheimischen Adel von Mytilene gehörten oder vielleicht von anderswo in die Stadt gekommen [24]) (Melanchros?) waren oder, wie Pittakos, der Sohn eines vornehmen, sicherlich weitgehend hellenisierten Thrakers, durch eine vornehme Heirat [25]) sich die fehlende Legitimation als Volksführer zu verschaffen suchten. Man sieht, Adel der Geburt und, wo dieser fehlt, die Verschwägerung mit ihm vermag — selbst im Kampf gegen die Adelsherrschaft — noch am ehesten den Schein der Legitimität zu verleihen. Das Wort, das Alkaios dem spartanischen Weisen Aristodamos zuschreibt [26]) und das gerade in dieser Zeit der wirtschaftlichen und sozialen Umschichtungen oft gebraucht worden ist, daß „das Geld den Mann mache", hat noch nicht überall und noch nicht uneingeschränkt Geltung.

[24]) Vgl. fr. 29 (s. S. 36 und 157 f.).
[25]) Zur „Atridenehe" vgl. fr. 43 und Diog. Laertios I 81 (s. S. 44, 86, 164), Snell, 7 Weisen ² 18 f. Über die Abstammung des Pittakos vgl. vor allem Mazzarino, der nachgewiesen hat, daß P. nicht niedriger Herkunft gewesen sein kann (vgl. die Bespr. Würzb. Jhb. 1948).
[26]) fr. 101 D. (s. S. 54 und 172).

Aber Alkaios hat sich nicht darauf beschränkt, Rufer im
Streit zu sein gegen die Tyrannen; er hat sich mit seinen
Brüdern an einer weiteren Verschwörung, nun aber gegen
Myrsilos, beteiligt[27]), ja, er muß trotz seiner Jugend zu
ihren Führern gehört haben. Die Verschwörung ist verraten worden durch Pittakos, der anfänglich selbst an ihr
beteiligt gewesen war. Auch er, so hat man mit Recht aus
seiner Zugehörigkeit zur Schar dieser jungen adeligen Ver-
schwörer gefolgert, ist ein Mann von Adel gewesen und hat
als solcher gegolten. Wenn Alkaios ihn immer wieder einen
„Kakopatridas", den Nachkommen eines unedlen Vaters,
nennt und ihn verhöhnt, so darum, weil für den altein-
gesessenen Griechenadel ein Mann halb thrakischer, halb
griechischer Abstammung eben doch nicht als ganz eben-
bürtig galt. Plebejer ist Pittakos sowenig gewesen wie sonst
einer der Tyrannen. Als die Verschwörung entdeckt war,
hat Alkaios mit seinen Brüdern und vertrauten Freunden
die Vaterstadt unverzüglich verlassen[27a]). Nach Pyrrha, der
Nachbarstadt Mytilenes, hat er sich begeben; die Macht
des Tyrannen von Mytilene reichte offenbar nicht bis dahin.
Immerhin hat Alkaios die Aufnahme, die er in Pyrrha fand,
mit besonderer Dankbarkeit empfunden und muß dazu allen
Grund gehabt haben. Was weiter geschah, wissen wir nicht.
Wir hören erst wieder, daß Myrsilos [der die Stadt verlassen
hatte, dann aber wieder zurückgekehrt war] tot ist: voll Jubel
verkündet das ein Lied des Alkaios[28]). Manchen modernen
Leser hat dieser hemmungslose Freudenausbruch anläßlich
des Todes eines Widersachers erschreckt; mit Recht verweist man darauf, wieviel zurückhaltender das Horazlied ist,
das an diese Alkaiosverse anknüpft und den Sieg bei Actium
(31 v. Chr.) feiert, dabei aber doch die Seelengröße der ver-
ruchten und gefährlichen Feindin Kleopatra anerkennt, die
diese im Tode wenigstens bewiesen hat. Wir werden aber
eins mit Sicherheit sagen können: nicht Alkaios allein hat
so frohlockt, als Myrsilos tot war, und noch manches andere
ließe sich wohl sagen, wenn wir anstelle der beiden Anfangs-
verse das ganze Lied vor uns hätten.

Alkaios ist in seine Heimatstadt zurückgekehrt, aber
noch einmal hat er sie als Verbannter verlassen und seinen
Gegnern weichen müssen: seinem Todfeind Pittakos vor
allem, der sich nun an Dinnomenes angeschlossen zu haben

---

[27]) Schol. 37 D., fr. 24a D., Favorin. π. φυγῆς col. IX 1 ff., Schol. 46 b D. (s.
S. 84 und 195).
[27a]) [Die neuesten Funde lehren, daß die Verschworenen sich zunächst in
der Stadt hatten behaupten können.]
[28]) fr. 39 D., vgl. Horaz, Oden I 37 (s. S. 44 und 163 f.).

scheint[29]). Wir erinnern uns daran, daß ja auch Sappho, wie eine inschriftlich erhaltene Chronik des 3. Jh.s v. Chr., das sog. Marmor Parium[30]), bezeugt, verbannt worden ist und ihre Heimat hat verlassen müssen (zwischen 604 und 590 v. Chr.). Alkaios hat auswärtige Hilfe bei dem Großreich der Lyder gesucht, zu denen der griechische Adel der kleinasiatischen Küstenstädte und der griechischen Inselwelt mannigfache Beziehungen unterhalten hatte. Für lydische Schmuckerzeugnisse[31]) waren diese lebensfrohen griechischen Herren allezeit kauffreudige Abnehmer gewesen, mehr noch als die des Mutterlandes. Die Lyder jedoch, wiewohl durchaus an dem weiteren Bestehen dieser Handelsbeziehungen interessiert und daher gegen ein nach außen haushälterisches Regiment der Tyrannen eingestellt, waren keineswegs zu einer kriegerischen Intervention in Lesbos bereit. Sie beschränkten sich auf eine materielle Beihilfe von 2000 Stateren, vermutlich zum Anwerben von Söldnern. Wieder wissen wir das Weitere nicht: ein Feldzug ist aber jedenfalls nicht zustande gekommen; es scheint, daß Pittakos verhandelt hat. Feststeht erst wieder, daß Pittakos schließlich vom Volk in Mytilene zum Aisymneten gewählt wird mit dem Auftrag, Schlichter zu sein gegenüber den Verbannten, deren Führer Alkaios und sein Bruder Antimenidas waren[32]). Wahrscheinlich noch ehe diese Wahl erfolgte, waren sie verbannt worden, wobei ihr Besitz, wie es scheint, der Enteignung anheimfiel: jetzt, nach der Wahl des Pittakos zum Aisymneten, haben Alkaios und sein Bruder ferne Länder aufsuchen müssen. Antimenidas hat im Heer der Babylonier[33]) Dienst genommen, Alkaios sich nordwärts begeben,

---

[29]) fr. 34 D. (s. S. 50).

[30]) Marmor Parium ep. 36 (s. S. 82 und 194).

[31]) fr. 42 D., vgl. 41 L. [= 63 LP.] (S. 52 und 170 f.). Lydische Mitren auch schon bei Alkman (1, 67 f.), dagegen hat Sapphos Mutter in ihrer Jugend keine getragen, wie das Mailänder fr. zeigt (98 a D.³). Vgl. dazu Mazzarino 57 ff., dessen hist. Folgerungen etwas zu weit gehen.

[32]) Arist. Polit. 1285 a 32 m. Alk. fr. 87 D. (s. S. 88 und 196). Gewürdigt ist das Zeugnis — nach Pugliese Carratelli (167) und Bowra (435), von Mazzarino und Kamerbeek. — Auch Schachermeyr erkennt an, daß Pittakos wohl mit einem bestimmten Auftrag gewählt wurde, nimmt jedoch an, daß die zweite Verbannung des Alkaios und des P. Aisymnetie gleichzeitig sind (1869). Das πρὸς τοὺς φυγάδας läßt er somit nicht gelten. Gall., Storia 28 faßt es als „defendere la città dal ritorno degli esuli", fährt dann aber fort: „e per recolare pacificamente la costituzione mitilinese".

[33]) Vgl. das Lied an Antimenidas, fr. 50 D. (s. S. 62 und 179 f.). Das „heilige Babylon" und „Askalon" ist auch in den Resten von fr. *82 D. zu lesen. Diehls Annahme (Add. zu 50), daß in den Scholien von 37 L. [= *59 b LP.] auch Jerusalem genannt wäre, ist durch die Neufunde widerlegt: vgl. Würzb. Jhb. 427 zu LGrcd. S. 13; ebda. 1949/50 zu *82 D.

nach der mytilenäischen Pflanzstadt Ainos[34]) an der thrakischen Küste, an der Mündung des Hebros (j. Maritza),
wohl auch nach Kyzikos an der Propontis. Dagegen läßt sich
kaum sagen, wann Alkaios nach Ägypten gekommen ist,
und, nicht anders als Solon, dieses Land besucht hat. Nicht
ohne Stolz scheint er von seinen Reisen berichtet zu haben,
und einzelne kurze Bruchstücke zeigen das wache Interesse
dieses Mannes für verschiedene Seltsamkeiten wie fliegende
Fische, Erdbeben, Sandsturm usw. Vom griechischen Fest-
land hat Alkaios jedenfalls Delphi[35]) besucht, wogegen er
Thessalien nicht näher gekannt zu haben scheint, auch
nicht Böotien, die Heimat Hesiods. Das Werk freilich dieses
Dichters und Bauern, der so entschlossen sein Recht gegen
bestechliche adelige Richter vertreten hatte, ist dem Alkaios
wohlbekannt gewesen[36]). Man sieht, wie gering soziale
Schranken für die Wirkung eines Dichterwerkes sind. Auch
Archilochos von Paros[37]), an dessen Werk Alkaios in mehr
als einer Hinsicht anknüpft, war ja keineswegs ein Vertreter
der Adelswelt gewesen.

„Il esilio è amico della poesia" (Mazzarino). Für Alkaios
trifft das in der Tat zu. Aber doch nur deshalb, weil sein
Blick nicht durch Haß verdüstert, sein Herz nicht durch
Leid gebrochen war, weil sein Lied nicht nur von der Härte
der Kämpfe, von Gefahren und Leid zu sagen wußte, nicht
nur von den „dura navis, dura fugae mala, dura belli"
berichtete[38]), weil er nicht nur „Parteikämpfer" gewesen

---

[34]) Kyzikos: fr. 205 L. [= 440 LP.] (s. S. 88). Ainos: fr. 77 D. (s. S. 56 und
173f.). Ägypten: fr. 197 L. [= 432 LP.] (s. S. 86), vgl. Solon fr. 6 D. Thaumasia:
198 L [= 433 LP.] (s. S. 86 und 169); 149 D.; 125 D.; 53 D. (s. S. 56 und 177).
[35]) Delphi: vgl. 1 D., 72 L. [= 307 LP.]; Böotien: 190 L. [= 425 LP.]
(s. S. 26 und 148).
[36]) Über Hesiod und Alkaios vgl. Rzach RE VIII 1176f., einiges Allgemeine
auch Mantzouranis a. O. 24ff. Auf die Gefahr hin, auch Stellen zu bringen, die
nichts beweisen, sei hier einiges aufgeführt, was in der Hesiod-Ausgabe von
Rzach, ed. maior, nicht steht:
Erga 210 (v. Aristarch athetiert) ~ Alk. 24 C., v. 12, vgl. dazu H. Fränkel
93f. Anm. 1. Erga 267 ~ Alk. 221 L. [= inc. a. 4 LP.], Erga 496f. ~ Alk. 142 D.
Erga 507ff., 519, 522f. ~ Alk. 77 D. Erga 536ff. ~ Schol. Alk. *28a 11. Erga
541f. ~ Schol. Alk. *28a 9f., s. Diehl, LGred. 20. Erga 568f. ~ Sappho 86 D.,
121 D. ~ Alk. 98 D., vgl. Sim. 46 D. Erga 582ff. ~ Sappho 89 D. ~ Alk. 94 D.,
cf. [Hes.] Scutum 393ff., Plin.n.h. XXII 22,86; dazu Rzach a. O., Wil., S. u.
S. 61f., Fränkel 77, Bowra 164ff. Hes. Th. 25 = 52 ~ Alk. 11 D. Hes. Th.
62 ~ Alk. 2 D. Hes. Th. 155 ~ Alk. 8 D., v. 1. Hes. fr. 171,5 Rz. ~ Alk. 11 D.
In manchen der letztgenannten Fälle bieten freilich auch die homerischen
Hymnen Vergleichbares. Zu Sappho und Hesiod vgl. auch Sappho 207 LP.
die seltsame Nachricht, daß auch sie den Pandora-Mythos erwähnt hat.
[37]) Über Archilochos und Alkaios vgl. Schmid 391 Anm. 5; 395 Anm. 3; Cantarella (90, Anm. 1) vergleicht: Alk. 32 ~ Arch. 55; Alk. 17 ~ Arch. 57; Alk. 33 ~
Arch. 70; Alk. 42, 6 f. ~ Arch. 81, 6 f.; Alk. 52 ~ Arch. 98; Alk. 46 b, 3 ~ Arch. 79, 2;
Alk. 44 ~ Arch. 79, 14; Diehl, LGred. (4) auch Alk. 24 a, 22 f. ~ Arch. 79, 13 f.
[38]) Die Horazstelle bereits Anm. 4 genannt.

war und Eiferer und Geiferer im Kampf „gegen das Volk
und seine Führer", wie etwa die herrschende Ansicht über
ihn lautet[39]), nicht bloß ein Junker, der nur den Durst
empfand und sonst nichts, lebensderb und robust in den
Tag lebend, sondern — nun, ein neues Bild des Alkaios läßt
sich noch nicht in lückenloser Geschlossenheit aufzeigen.
Einiges nur sei herausgegriffen, und hier, wo von dem
äußeren Leben und politischen Kampf die Rede war, sei
es denn zunächst das politische Moment, auf das wir achten
wollen.

Das eine der neuen Lieder[40]) überrascht durch seinen,
fast könnte man sagen, modernen Zug, der den Anbruch
einer neuen Zeit verrät. Wir hören, wie Alkaios sich nicht
nur danach sehnt, was seiner Väter Ehrenrecht gewesen
war, das Recht, an Rat und Versammlung teilzunehmen;
und dann heißt es: „zusammen mit den Bürgern, die ein-
ander Übles tun". Man stutzt unwillkürlich: dies Wort hätte
bei Solon kaum überrascht. Nun aber finden wir bei Alkaios
ein Zeugnis dafür, daß man sich nach dem Zusammensein
mit den törichten und verblendeten Leuten sehnen muß,
weil es die Bürger der Heimatstadt sind. Und weiter hören
wir, daß es ein Kampf für das Volk ist, den die jungen
Adeligen dieser Hetairie, Alkaios, seine Brüder und Freunde,
zu dem ihren gemacht hatten. Kein Zweifel, daß auch die
Tyrannen, die entwurzelten adeligen Herren, während ihres
Kampfes um die Machtergreifung eben dieses zu ihrer Losung
gemacht hatten. Man hat denn auch in alten und neuen
Zeiten[41]) mitunter gemeint, Alkaios habe nichts anderes
angestrebt als sie. Das Urteil des Historikers dürfte aber
wohl eine Tatsache dabei nicht außer acht lassen: Alkaios
hat im Banne des Orakels von Delphi gestanden, das be-
kanntlich alles andere als tyrannenfreundlich war. Man
braucht sich daher wohl nicht mit der negativen Feststellung
zu begnügen, daß weder die Tyrannen noch Alkaios und
seine Leute ein politisches Programm gehabt haben. Nicht
nach dem Programm, nach der Gesinnung fragen wir bei
Alkaios, der ein politischer Kämpfer, aber kein Staats-
mann war. Hier kommt es darauf an, zu erkennen, daß die
Polis als Gegebenheit neben dem adeligen Ideal des Vor-
kämpfers[41a]) in der Gedankenwelt dieser jungen Eidgenossen
als zweiter, nahezu gleichberechtigter Faktor ihren Platz

---

[39]) So Schmid (410).
[40]) fr. 24c D. (s. S. 20 und 144 ff.).
[41]) Strabo XIII 617 (s. S. 82 und 193 f.), in neuer Zeit Mazzarino.
[41a]) [Dieses Wort jetzt P. Ox. XXI, 2295 fr. 48,5 = *186 LP.].

hat. Wohl liegt bereits über dem älteren homerischen Epos,
der Ilias, die „Polisatmosphäre" gebreitet [42]), und die Odyssee
ist weitgehend „durchpolitisiert": hier aber vereinigen sich
Polisideal und Adelsethik. Nicht eine ihnen zugefügte
Schmach, ein selbsterlittenes Unrecht zu rächen haben ja
diese Männer geschworen, sondern „den Demos aus seinen
Leiden zu befreien". Gewiß, verächtlich erscheint in einem
anderen Lied dem Alkaios die „grollvergessene" Stadt [43]):
ein Vorwurf, der anderen Menschen gegenüber schon von
Archilochos, aber auch noch in nacharistotelischer Zeit als
schwerwiegender Tadel erhoben wird. Daneben hören wir
bei Alkaios aber auch etwas anderes, in der Kampfdichtung
noch nicht Dagewesenes. Nicht nur die Bitte, die Götter
möchten den Sieg verleihen, auch den Wunsch, daß einst die
Zeit käme, wo man den Groll vergessen könnte und der
Bruderkampf ein Ende fände, in den ein Daimon das ver-
blendete Volk getrieben hat [44]). Nicht Haß ist es, der so
spricht, und auch nicht müder Verzicht, sondern ein neues,
vertieftes politisches Bewußtsein, wie wir es noch reiner
und deutlicher bei Solon finden, dem Zeitgenossen des Alkaios.
Es ist auch nicht allein Heimattreue und Verbundenheit mit
der Vaterstadt, ihren Häusern, Mauern und Gassen. Nicht
auf diese, auf die Menschen allein kommt es an [45]). Dies
Wort hat weitergelebt durch die Jahrhunderte. Thukydides
läßt den athenischen Feldherrn Nikias in einer verzweifelten
Situation ähnliche Worte zu den Soldaten sprechen; so
soll bereits Themistokles die Athener bei der Räumung der
Stadt vor den anrückenden Persern getröstet haben und
Jahrhunderte später dann Pompeius seine Getreuen, als er
im Jahre 49 v. Chr. Italien verließ. Und wenn es nicht die
gleichen Worte waren, die Gesinnung hat weitergelebt.

Jedoch zurück zu Alkaios und zu der ganz nüchternen
Frage, wann er gelebt hat und wann diese Kämpfe in
Mytilene stattgefunden haben. Diese Frage ist zu einer

---

[42]) Vgl. Jacoby (162, 167f.).
[43]) Alk. 87 D., Archil. 96 D. Vgl. dazu Jaeger 172. Ein Versuch, den Archilo-
chosvers in den Zusammenhang einer Tierfabel einzuordnen, jetzt bei Lasserre,
Un nouveau fragment d'Archiloque, Museum Helveticum 5, 1948, 6ff., bes. 9.
[44]) fr. 43, 9ff. (s. S. 44 und 164). [Sogar als Warner vor dem endlosen Krieg
sehen wir den Dichter jetzt.]
[45]) 191 L. [= 426 LP.], welcher Satz (s. S. 80) freilich auch für eine bloße
Paraphrase von 35, 10 D. erklärt worden ist (z. B. von Fränkel² 266): doch vgl.
Sophokles, König Ödipus 56f., Thuc. VII 77,7 (Rede des Nikias) und hierzu
Bowra (162, m. Anm. 2). Themistokles: Cicero, ad Att. VII 11,3: Justin 2,12,14.
— Rede des Pompeius im Senat am 17. Jan. 49: Cic. a. O., Appian II 37, 147. —
Auch die Camillus-Rede bei Livius 5, 54, 2, den Ausspruch des Augustus b. Cass.
Dio 56, 5, 3, die Otho-Rede bei Tacitus, Hist. 1, 84 könnte man vergleichen.

Streitfrage der Gelehrten geworden[46]). Um 600, sagen die
einen und folgen damit den Angaben der antiken Chronographen, die anderen aber, Beloch vor allem, berufen sich
auf ein Herodotzeugnis[47]), der Alkaios in der Zeit des Peisistratos, nicht in der Solons, gegen die Athener bei Sigeion
kämpfen lasse, um 550 also. Ist es nun, so könnte man zu
fragen versucht sein, für das Verständnis der Gedanken und
Schönheiten eines Kunstwerkes nicht gleichgültig, ob es
40—50 Jahre früher oder später geschaffen wurde? Nein,
es ist keineswegs belanglos, ob Alkaios der Zeitgenosse des
Solon oder des Anakreon, des Thales oder des Xenophanes
gewesen ist, so wenig es gleichgültig ist, ob Archilochos die
Odyssee gekannt hat oder der Odysseedichter den Archilochos. Als geistesgeschichtliche Leistung muß in dieser
Frühzeit das Werk auch des Dichters betrachtet werden,
und diese kann nur deutlich werden bei einem Vergleich
mit Vorgängern und Zeitgenossen. Eine relative Chronologie
wiederum kann wenigstens einiger fester Anhaltspunkte
nicht entbehren.

Daß Alkaios der Zeitgenosse Sapphos gewesen ist, steht
fest, nicht nur durch die antike Tradition, die den Dichter
ein scheu zurückhaltendes Lied an die „reine, gütiglächelnde,
veilchenlockige Sappho" richten läßt, von bildlichen Darstellungen aus späterer Zeit, so der schönen Münchner Vase
(um 460), ganz zu schweigen[48]). Sappho selbst spricht in dem
einzigen politischen Gedicht, das wir bisher von ihr haben,
ebenfalls von den Kleanaktiden und dem „Mytilenäer",
Pittakos[49]). Ein weiterer Anhaltspunkt — nun aber für eine
absolute Datierung — ist das wenig beachtete, am Schluß
leider unvollständig überlieferte Zeugnis, welches besagt,
daß Alkaios den Thales[50]) in seinen Liedern rühmend erwähnt habe. Dieser ionische Naturphilosoph aber war es ja,

[46]) Lit. zu dieser Streitfrage b. Mazzarino 76 Anm. 5, Gall., Storia 20 Anm.
1: während Ed. Meyer, Wilamowitz, Bowra, Berve u. A. die Angaben der an-
tiken Chronographen nicht verwerfen, sind de Sanctis, Kahrstedt, Mazzarino u.
A. Beloch gefolgt. Gallavotti tut das sonst zwar nicht, nimmt aber doch mit
Beloch den 19. Mai 557 für die von Thales vorhergesagte Sonnenfinsternis an.
[47]) Herodot V 94—95, der freilich dabei den Krieg durch einen Schiedsspruch
Perianders von Korinth (regiert ca. 625—585) beigelegt werden läßt. Vgl. [zu
Herodot jetzt die Interpretation von Page, S. 196], auch zu Diog. Laert. I 79
(S. 90 und 197).
[48]) fr. 63 D. (s. S. 62), das Vasenbild b. Furtwängler-Reichhold, II 20ff.,
Taf. 64.
[49]) Sappho fr. 98a (D.³). [Im Schol. P. Ox. XXI, 2299 fr. 8a col. 1 = *259
LP. ist Myrsilos genannt: daß dieser Pap. trotzdem eher Sappho zuzuweisen
ist, hatte Lobel gezeigt: Lobel-Page entschieden sich jedoch für Alkaios, worin
ich ihnen nicht folge.]
[50]) Alk. fr. 213 L. [= 448 LP.] (der Text ist oben S. 90 etwas vollständiger
abgedruckt als bei Lobel) und dazu S. 197.

der für das Jahr 585 eine Sonnenfinsternis vorhergesagt
hatte, die denn auch, wie Herodot[51]) berichtet, eintrat,
gerade als die Meder unter ihrem König Kyaxares den
Lydern unter Alyattes — im sechsten Kriegsjahr — am
Halysfluß kampfbereit gegenüberstanden. Als Datum dieser
totalen Sonnenfinsternis ist der 28. Mai 585 errechnet worden.
Vielleicht hat die Erinnerung an dieses, die Massen der Krieger
gewaltig erschütternde Naturereignis noch in dem Sprichwort weitergelebt, das sich bei Alkaios zu finden scheint:
„aus dem Dunkel mit dem Bogen schießen"[52]), doch bleibt
das natürlich nur eine unsichere Vermutung. Als keineswegs unsicher aber braucht man die zeitliche Verbindung
von Alkaios zu dem Lyderkönig Alyattes anzusehen, die sich
so auf Umwegen herstellen ließ. Die Querverbindung von
Sappho zu Alyattes ist hinreichend gesichert. Von anderen
Zeugnissen abgesehen ist es vor allem eins, das auf bio-
graphische Forschungen bester Art zurückgehen muß[53]).
Ausdrücklich wird da nämlich betont, es sei ein Irrtum,
Sappho nicht unter Alyattes (ca. 610—560), sondern erst
unter seinem Nachfolger Kroisos anzusetzen. Dieses aus-
drückliche Zeugnis, dessen Wert ein ungleich höherer ist als
die Angabe des chronologisch keineswegs interessierten Herodot oder die möglicherweise synchronistisch zugestutzten
Angaben der Chronographen (Eusebios setzt das Ende des
Melanchros in das Jahr 612, Apollodor die Blütezeit Sapphos
und ihres Landsmannes Alkaios um 598, das Marmor Parium
die Verbannung Sapphos zwischen 604 und 590), verbietet
es m. E., den dort abgelehnten Irrtum nun unsererseits
wieder zu begehen. Allenfalls mit einer anderen Herodot-
angabe[54]) läßt sich das in Einklang bringen, wonach Sappho

---

[51]) Herodot I 74, abgedr. auch bei Snell, 7 Weisen[2] 18f.
[52]) fr. 202 L. [= 437 LP.] (s. S. 78).
[53]) Athen. XIII 599c (s. S. 82 und 194).
[54]) Herodot I 134. Bowra (435f.) nimmt folgende Chronologie an:
  620 Alkaios' Geburt.
612/609 Melanchros' Sturz. Sapphos Geburt (letzterem Ansatz liegt eine doch
    wohl unrichtige Deutung von γεγονυῖα zugrunde, vgl. dazu Rohde,
    Kl. Schriften I, 1901, 114ff.) .
608/604 Kampf gegen Myrsilos, Dinnomenes, Pittakos.
  600 Krieg um Sigeion.
  598 Blütezeit des A. und Sapphos. Bald danach Exil: A. nach Ägypten,
    Antimenidas nach Babylon, Sappho nach Sizilien.
590/580 Aisymnetie des Pittakos. Amnestie.
  570 Pittakos' Tod.
Im allgemeinen sind hierfür die Angaben der Chronographen, insbesondere
Apollodors, zugrunde gelegt, von dessen Daten das Jahr 612 das sicherste sein
dürfte. Wenn 607/06 für den Sieg über Phrynon genannt wird, so kann das in der
Tat nach dem Sieg dieses Olympioniken in Olympia nachträglich errechnet sein
und braucht nicht als maßgeblich angesehen zu werden. Mit besserem Recht

noch gelebt haben soll, als Amasis König in Ägypten war
(569— 526). Bei dem Kampf um Sigeion aber muß es sich
bei Herodot [um moderne Fehlinterpretation, meint Page,
oder] um eine Verwechslung mit einer späteren Auseinander-
setzung handeln, was um so eher möglich ist, als ja auch im
Altertum territoriale Streitigkeiten nicht nur durch einen
Krieg und nicht nur von einer Generation ausgefochten
worden sind.

So läßt sich für Alkaios, auch wenn er etwas jünger als
Sappho war, die Zeit des Solon und Thales ermitteln, das
erste Drittel jedenfalls des 6. Jh.s. Eine direkte Beziehung
des Alkaios zu den Elegien des Solon[55]) ist freilich bisher

---

aber wird man zwei ganz verschiedene chronologische Angaben für Phrynon fest
stellen (vgl. Jacoby, Atthis, 1949, 370 Anm. 94): in der Olympionikenliste den‾
Sieg im Jahre 636/35 (Ol. 36), und bei Eusebius, Chron. O. 43,2—44,1 (607/06
bis 604/03) ... cum Frynone Atheniensi Olympionice con-
gressus eum interfecit. — Die Zahlenangabe für die Lebensdauer des Pittakos
(„über 70 Jahre") ist offensichtlich verderbt und wird in über „achtzig" geändert von Jacoby, Komm. Fgr. H. zu 244 F 27, Schachermeyr 1870. Daß die
Aisymnetie 10 Jahre gedauert hat, werden wir glauben dürfen, auch daß Pittakos
noch 10 weitere gelebt hat.

Im Kampf um Sigeion unterscheidet Schachermeyr folgende Phasen: Die
Athener unter Phrynon erobern es / Widerstand der Lesbier von Achilleion aus /
Niederlage, Flucht des Alkaios / Sieg des P. über Phrynon / Perianders Schieds-
spruch / Athen verliert Sigeion? / und gewinnt es unter Peisistratos wieder /
Hegesistratos übernimmt die Tyrannis in Sigeion, weitere Kämpfe mit den
Lesbiern.

Bowras Ansatz leidet nun aber an einer inneren Unwahrscheinlichkeit
(Kampf gegen Pittakos — Kampf unter Pittakos — Kampf gegen ihn). Dem
steht gegenüber, daß Alkaios das Sendschreiben an Melanippos richtet, den
Gefährten seiner Jugend. Mit einem adeligen Mann braucht aber die Freundschaft ja nicht auf die Jugendzeit beschränkt gewesen zu sein und Melanippos
nicht einem Bykchis, Lykos und Menon gleichgestellt zu werden. Im Gegensatz
zu Schachermeyr halte ich dieses Argument nicht für beweisend. — Kamerbeek
(166) setzt in die Zeit zwischen 612 (Beseitigung des Melanchros) und 590 (Beginn der Aisymnetie des Pittakos): den Kampf um Sigeion, die Tyrannis des
Myrsilos, das fehlgeschlagene Attentat auf ihn, die erste Verbannung des
Dichters, Myrsilos' Ende, die erste Rückkehr des Alkaios, die zweite Verbannung des zu streitbaren Dichters. — Daß in diesen 22 Jahren in Mytilene sich
ein erbitterter Kampf abgespielt hat und wir dessen einzelne Phasen nicht mehr
erkennen können, ist zuzugeben. Jedoch ziehe ich es vor, mit Schmid (413) den
Kampf um Sigeion in die Zeit der Aisymnetie zu setzen. Daß der Sieg über
Phrynon für Pittakos nur das Sprungbrett abgegeben habe für seine weitere
Karriere (Wilamowitz), ist — trotz des Zeugnisses bei Diogenes Laertios, daß
die Mytilineer ihn nach dem Siege „sehr ehrten", — nur eine Annahme. Ein
anderes Zeugnis (Suidas s. v.) weiß andererseits zu berichten, daß Pittakos „in
hohem Alter gezwungen wurde, das Heer zu führen": vgl. Rohde, a. O. 185 ff.
Zur Chronologie vgl. noch Gall, Storia 20 ff. [Über die neuesten Ergebnisse
s. das nächste Kapitel, S. 128.]

[55]) A. und Solon: verglichen hat man die Warnung vor der „Monarchia"
119/120/122 D. mit Sol. 10 D., den „Fuchs" Alk. 42 D. ~ Solon 8 D., in Alk.
117 D. den „homerischen, dann besonders solonischen Gedanken, ... daß der
Angeredete Gott die Schuld gibt an Dingen, die sein eigener Unverstand ver-
ursacht hat" (Fränkel[2] 275); Alk. 24 c D. und 43 D. mit Solon 3,19 D. (Alfonsi
118); die Tatsache, daß vermutlich Alkaios in einer später „mißdeuteten Alle-

nicht nachweisbar: auch wo „solonische" Gedanken auf-
zutreten scheinen, brauchen sie keineswegs entlehnt zu sein.
Wohl aber muß eine Beziehung zu Thales mit Bestimmtheit
angenommen werden, auch wenn bei Alkaios nur ein ein-
ziges Fragment philosophischen Inhaltes[56]) ist: der Satz,
der fortan zu den Grundpfeilern antiker Philosophie gehört
und den auch das aufklärerische Denken der Sophisten ver-
geblich umzustoßen versucht hat: „aus nichts kann nichts
entstehen". Alles, was entsteht, so können wir ergänzen,
entsteht aus einem Etwas, und daß es ein Etwas ist, ein
Grundstoff, aus dem alle Dinge ihren Ursprung herleiten,
das ist ja die bei aller Einseitigkeit großartige, ein einheit-
liches System schaffende Denkleistung der ionischen Natur-
philosophen. Ob auch schon des Thales, mag dahingestellt
bleiben[57]). In der Wesensart des Alkaios, eines Ritters aus
altadeligem Geschlecht, bleibt eine gewisse Aufgeschlossenheit gegenüber den Fragen der ältesten Naturphilosophie,
ebenso wie das Interesse für die „Thaumasia" und für andere
Städte und Länder, als ein durchaus moderner und fort-
schrittlicher Zug festzustellen: wir müssen es schon glauben,
daß das Lied des Alkaios den milesischen Philosophen prei-
send erwähnt hat bei einer festlichen Gelegenheit, wo sonst
wohl von Dichtern wie Anakreon und Pindar, Fürsten und
Sieger gefeiert wurden.

Deutlich spürbar sind dafür, auch in den dürftigen, uns
erhaltenen Resten, die Beziehungen zu Sappho und ihrer
Kunst[58]). In einem Fall sind wir in der Lage, beide Dichter
miteinander und mit ihrem gemeinsamen Vorbild Hesiod
vergleichen zu können. Nicht immer sind es, wie in diesem
einen Fall, härtere und realistischere Züge, die Alkaios kenn-
zeichnen. Mitunter schimmert bei ihm eine noch größere
Naturnähe durch: so singt Sappho von des Lenzes Botin,
der Nachtigall, Alkaios aber sagt: des Lenzes Nahen hab
ich von ihm selbst vernommen. Solcher Weiterbildungen

gorie" (Schachermeyr 1867) den Pittakos durch ein „Netz" über Phrynon im
Zweikampf siegen ließ (Diog. Laert. I 74, weitere Stellen b. Schachermeyr) mit
dem Vergleich Solon 23 D.; Alk. 43 D. ließe sich auch mit Solon 3,38 D. vergleichen, dgl. der Bericht über die Reise nach Ägypten. — Schmid (412 Anm. 6)
meint, daß vielleicht „Solon 19,2 D." (= 7,2 D.³) das alkaische Bild vom
schwankenden Staatsschiff „im Kopf gehabt" habe. — Nichts davon ist wirklich
überzeugend.

    [56]) fr. 213 L. [= 448 LP.] und fr. 23 D. (s. S. 76 und 192).
    [57]) Vgl. Snell, Die Nachrichten über die Lehren des Thales und die Anfänge
der griech. Philosophie und Lit.-Gesch., Phil. 96, 1944, 170 ff.; Gigon 45 f.
    [58]) Vgl. zu fr. 94 D. (S. 182 f.), fr. 98 D., Sappho 121 D.; vielleicht wäre auch
hier Hesiod, Erga 568 f. zu vergleichen, nicht nur Sappho 86 D. Über Alkaios
und Sappho vgl. Schmid 411 Anm. 3, 417 Anm. 8. Die Belege ließen sich ver-
mehren. Eine erschöpfende Behandlung dieser Frage fehlt.

und Anknüpfungen an die Lieder des anderen hat es bei
Alkaios und Sappho um so zahlreichere gegeben, als die
archaische Dichtung — nicht anders als die bildende Kunst —
ein einmal gefundenes Thema immer wieder variiert. Wörtliche Anklänge, Wiederholungen und Entlehnungen werden
keineswegs gemieden, Kunstübung und Kunstschöpfung
sind noch eng miteinander verbunden.

Belegen ließe sich das freilich nur am Wortlaut der
Originale. Abseits aber von jeder direkten Einwirkung und
Beziehung gibt es mitunter Vergleichbares in tieferem Sinn,
und das läßt sich auch an Hand einer Übersetzung aufzeigen: so beispielshalber die behutsame Art der Gedankenführung vom Leid zum Getröstetsein, wie wir sie bisher nur
aus Sapphos Liedern kannten[59]).

Mit einem wehen Klang hebt das zweite der neugefundenen Alkaioslieder an: „ich Armer!", und zunächst
ist der Aufenthalt in dem heiligen Bezirk, das Asyl, das
der Dichter dort gefunden, ein bemitleidenswertes elendes
Dasein, dem eines ärmlichen Bauern vergleichbar. Fern ist
die Stadt, in der der Herold zu Rat und Versammlung ruft.
Die Sehnsucht, diesen Ruf zu hören, die Sehnsucht nach
der Betätigung, die seit Urväterzeit dem adeligen Manne
oblag, läßt den Heimatvertriebenen das Jetzt als quälend
und hart empfinden. Aber dann tritt die Erinnerung an
die noch schwerere Vergangenheit hervor, der Gedanke
daran, wie er einsam und von allen verlassen in weiter Ferne[59a]
leben mußte, einem weidwunden Tier vergleichbar, das sich
in das Waldesdickicht verkriecht. Denn sein Kampf war
ein aussichtsloser gewesen wie jeder Kampf gegen stärkere.
Nach dieser Sentenz, in der eine schmerzliche Lebenserfahrung ausgesprochen ist, wendet sich das Lied noch einmal
zu seinem Ausgangspunkt zurück, darin durchaus der archaischen Denk- und Ausdrucksweise verhaftet, die man
treffend „Ringkomposition" genannt hat[60]). Und doch
schließt sich hier der Ring noch nicht. — Wieder wird
das Heiligtum erwähnt, in dem Alkaios weilt. Aber nun
erscheint es als rettende Zuflucht. Es hat ihm Sicherheit
gewährt, als er „die schwarze Erde betrat", bei seiner
Landung. Seine „Füße sind aller Gefahr entronnen". Er
„erwärmt sich" an dem Anblick des Festesreigens der
lesbischen Mädchen in diesem heiligen Bezirk, und dieses

---

[59]) Vgl. Sappho, fr. 1, Alk. 24c D.
[59a]) [Seit vor οἶος ἐοίκησα neuerdings ἐνθάδ' gelesen ist, steht fest, daß
damit der gleiche heilige Bezirk gemeint ist].
[60]) z. B. Fränkel 96.

Wort, so archaisch-gegenständlich es klingt, schließt doch
die ganze Weite seelischer Empfindungen in sich von der
früheren, kalten Einsamkeit bis zu dem allmählich über
einen kommenden Gefühl beseligender Freude und frohen
Erfülltseins. Was aber hat diese Wandlung in des Dichters
Seele herbeizuführen vermocht? Ist eine Wendung in seinem
Schicksal eingetreten? Klingt das Lied nun nicht mit einem
Mal so ganz anders? (Ein moderner Dichter, der das wohl
empfunden, hat denn auch zwei daraus gemacht, und
mancher Philologe ist ihm gefolgt[61]). — Doch fragen wir
weiter: hat ein Gott dem Alkaios geholfen? Haben seine
Feinde ihren Haß aufgegeben? Kann er endlich heimkehren? — Nichts von alledem. Es ist allein der Anblick
des Festesreigens, der solche Wandlung herbeizuführen vermocht hat: der Anblick des Schönen. Denn es sind die
schönsten Mädchen, eigens um ihres schönen Wuchses willen
von den Städten der Insel zu diesem Gottes-Dienst in
dem äolischen Stammesheiligtum auserlesen, deren Tanz-
bewegungen der Mann sieht, der so lange der Heimat und
ihren Festen ferngewesen. Und zu dem Anblick gesellt sich
der Klang und Widerhall der Frauenstimmen: er brandet
empor, göttlich ist und gewaltig die Vielfalt der heiligen
Eleleu-Rufe. Die nächste Strophe, die letzte des Liedes, ist
arg verstümmelt, aber die Worte „von den vielen ... wann
... die Götter ... die Olympischen ...“ sind noch lesbar.
Dank dieser Worte ist der Gedanke soweit faßbar, daß
kein Zweifel bestehen kann, auf welchen Gipfelpunkt der
Aufbau des Liedes, unbewußt zwar und doch mit innerer
Notwendigkeit, hinstrebt. Nach dem Herzerwärmenden, das
alles Leidvolle, Starre in der Brust des heimwärts ziehenden
und doch noch heimatfremden Mannes gelöst hatte, ist es
ein Einst, das die Gewißheit endlicher, tröstlicher Huld der
Götter bietet, auch wenn er noch nicht weiß, wann das sein
wird.

Ich meine, wer sich so zu getrösten vermag beim Anblick
des Schönen, woran Menschen und Götter teil und Freude
haben, der gehört mit zu den „großen Entdeckern in der
Kenntnis des menschlichen Herzens, denen dank der Schärfe
ihres Auges und der Glut ihres Herzens die Gnade verliehen
ist auszusagen, was zu empfinden freilich keines einzelnen
Menschen oder Volkes Verdienst und Vorzug ist"[62]).

Die modernen Interpreten aber, die meinen, Klage müsse
Klage bleiben, und wo der Ton des Liedes nach der all-

gemeinen, schmerzlich-verzichtenden Sentenz ein anderer werde, da müsse eben ein neues Lied beginnen — die sind, so scheint es mir, an einem Geheimnis der Dichtung achtlos vorbeigegangen; sie haben unbeachtet gelassen, daß Dichtung nicht nur Mitteilung ist, sondern auch Selbstbefreiung, ein Fertigwerden mit der Not des Augenblicks: daß es hierzu wohl gehört, das Jetzt in Gedanken von dem Hintergrund eines Einst, das Hier von dem Dort abzuheben: daß es ferner eine geheimnisvolle Gabe der Natur ist, nicht bei einem Vergleich stehenzubleiben, der nur das Leidige der Gegenwart schmerzlich und scharf hervortreten ließe: ist man aber zu einem solchen gelangt, dann können wohl die Gedanken nochmals von der gegenwärtigen Situation ausgehen und dieser nun auch eine gute Seite abgewinnen.

Die Kenntnis des Menschenherzens fand in diesem Lied unbewußt Ausdruck. Der Aufbau zeigte das. Auch weiterhin können wir uns nicht auf einzelne Aussprüche des Dichters berufen oder auf Reflexionen, die er anstellt über sein seelisches Erleben oder das anderer. Noch ist die Sprache in vielem archaisch-gegenständlich. Man „spricht zu seinem Sinn"[63]), nicht anders als die homerischen Helden oder Archilochos. Kopf und Brust sind es, die viel gelitten haben, das weite Herz reibt sich auf u. a. m.[64]). Im Entschluß freilich äußert sich der Wille bereits unmittelbar und behauptet sich auch gegen die Regungen des eigenen Thymos mit einem durchaus bewußten „ich werde —". Anders als Sappho[65]) spricht Alkaios nicht von seinem völligen Preisgegebensein an ein Gefühl. Es scheint mir kein Zufall der Überlieferung, daß die Worte „ich" und „völlig" bei ihm sich nur dort nebeneinander finden, wo er ein Thema gewählt hat, das über das eigene subjektive Erleben hinausgreift — die Klage eines Mädchens, wo denn solcher Ausdruck für die bis zur Hilflosigkeit gesteigerte Intensität des Erlebens besser am Platz scheint als bei einem Mann, der stolz und entschlossen von sich gesagt hat, er werde mit sich zurechtkommen[66]). Solcher mimetischer[67]) Lieder wie die Klage des Mädchens wird es bei Alkaios mehrere gegeben haben, und gerade sie sind ein indirektes Zeugnis dafür, wie sicher er sich in der Kenntnis des Menschenherzens weiß.

[63]) Theokrit XXX ist ja ein Lied im Stil des Alkaios.
[64]) fr. 24bD., 24e D., 86D.
[65]) Vgl. Sappho fr. 2D., 35D., Alk. 123D. In 125D. dagegen ist das völlige Blindwerden nicht Folge eines seelischen Affektes (s. S. 177).
[66]) fr. 132D. (s. S. 52).
[67]) Über mimetische Lieder s. Snell, 1944, 288f., besonders 289 Anm. 3; Wil., S. u. S. 205f. Anm. 2 u. Kl. Schr. II 112 Anm. 2.

Gewiß hatte auch schon Archilochos einen Zimmermann
sprechen lassen oder einen alten Vater; aber es ist doch
etwas anderes, ob man eine selbsterkannte Lebenswahrheit
durch einen anderen aussprechen läßt oder als Mann das
tiefste seelische Erleben eines Mädchens nachempfindet und
in Worte faßt. Undenkbar scheint es uns, daß Sappho
jemals die Klage eines Mannes gesungen hätte! Alkaios
stößt hier vor in ein weites und neues Dichtungsgebiet,
gewiß in Anlehnung an das Volkslied, das ja solche über-
individuelle Subjektivität von jeher kennt. Nicht als eine
innere Unwahrhaftigkeit, als „Pseudologie" darf man das
ansehen. Der Dichter darf wohl singen und sagen, was eines
anderen Menschen Herz bewegt, und arm wäre jede subjektive Lyrik, die sich dieses Rechtes begäbe. Auch hätte
es niemals eine griechische Tragödie geben können, die eben
zu dieser Zeit sich auf der Peloponnes keimhaft zu ent-
wickeln beginnt, ohne solche Einfühlung in die Seele eines
anderen, ohne solche „Nachahmung" oder Mimesis.

* * *

Wie aber mag Alkaios selbst seinen Dichterberuf auf
gefaßt haben? Diese, für die Beurteilung jeder Dichterpersönlichkeit wichtige Frage nach einem Selbstzeugnis kann
hier gerade nur andeutungsweise berührt werden. Archilochos[68]) hatte sich einen Diener des Kriegsgottes und einen
der Musengaben Kundigen genannt, Sappho spricht nicht
ohne Selbstbewußtsein von ihrem Dichtertum, dem Teil-
haben an den Pierischen Rosen und davon, daß die Erinnerung hieran fortleben wird. Von Alkaios aber, so hat
man gemeint, sei ein unmittelbares Selbstzeugnis dieser Art
nicht erhalten, ja, es hätte auch niemals ein solches gegeben;
denn ausschließlich der Tag mit seinen Forderungen, seinem
Kämpfen und Leiden hätte ihn ausgefüllt. Das bisher über-
sehene Selbstzeugnis des Alkaios über seinen Dichterberuf
zeigt ein nicht geringes, wenn auch kein literatenhaft-über-
spanntes Selbstbewußtsein; nicht einen von den Musen er-
korenen „Diener" nennt er sich (wie Hesiod), sondern spricht
davon, daß die Sänger sich die Musen „erlosen". Und doch
liegt in diesem Wort keine bloße Umkehrung des Verhält-
nisses von Dichter und Dichtergott: in dem gleichen Maße,
wie das Individuum sich löst von altüberkommenen Vorstellungen, findet es doch auch wieder gerade im religiösen
Glauben und in der Ahnung einer kosmischen Ordnung

---

[68]) Archil. fr. 1 D.; Sappho 57 D.; Alk. 13 D. (s. S. 30 und 152f.).

seinen Halt. Den „Willen der Götter" erkennt auch Alkaios
für das Dichtertum als das Entscheidende an, von ihm
hängen letztlich Beruf, Leistung, Nachruhm ab. So steht
hier eine weitere göttliche Instanz über dem Dichter und
den Musen und es bewahrheitet sich auch hier die Feststellung Karl Reinhardts: „Das Persönliche befreit sich
nicht ohne das Religiöse."

Jedoch nicht auf dieses Selbstzeugnis allein, über das erst
die Diskussion in der Gelehrtenwelt beginnen möge, soll
sich hier das Urteil über die Kunst des Alkaios gründen.
Alle seine Lieder, soweit sie uns erhalten sind, wollen wir
noch einmal kurz überblicken, auf jene Züge achtend, die
wir so weder in den homerischen Epen noch bei Archilochos
finden. — Da finden wir Götterhymnen, Szenen aus der
mythischen Welt, Kampflieder und Lieder, die von den
Reisen des Dichters erzählen, Trinklieder, Mahnungen an
junge Leute, erotische Lieder: Ernstes und heiter Über-
treibendes; Allereigenstes und Allgemeingültiges — gewiß,
es kann kein Zweifel daran bestehen, was hierbei das Vor-
herrschende ist. Eine Waffe gleich dem Schwert ist das
Lied vor allem gewesen im politischen Kampf, und auf
Grund einer Aristotelesnotiz [69]) könnte man versucht sein zu
meinen, auch des Alkaios Bruder Antimenidas hätte beide
diese Waffen zu führen gewußt. Aber, was Werner Jaeger
(Paideia I 182ff.) an den Trinkliedern (Skolien) aufgezeigt
hat — daß es in ihnen nicht auf den Ruf zu sorglosem
Sichausleben ankommt, sondern auf die Erziehung zu rechter,
froher aber maßvoller Lebensweise —, etwas Ähnliches gilt
auch für die Kampflieder des Alkaios. Beide Liederarten
richten sich ja auch, anders als bei Horaz, an den gleichen
Hörerkreis, an die Gefährten, die „Hetairoi", in beiden stellt
sich im Grunde, nur von zwei verschiedenen Seiten her gesehen, das gleiche tätige, gefahrvolle und entbehrungsreiche
Kriegerleben dar; hier wie dort zeigt sich der Wille zur
Menschenführung und eine Befähigung dazu, wie es sie nur
dort geben kann, wo etwas Höheres, Allgemeineres, eine
„Norm", über den Menschen steht. Nicht um der Selbst-
behauptung willen allein wird dieser Kampf geführt.

Aber das ist noch nicht alles. Es gibt Lieder, wenn auch
nicht sehr viele, die nicht Mitteilung sind und ohne kenntlichen Bezug auf die Gegenwart. Eine an innerer Dramatik
reiche Szene aus dem Mythos steht hier für sich allein da,
oder ein Gedankensubstrat wie der Fluch der bösen Tat

---

[69]) Arist. fr. 75 Rose (s. S. 84).

verdeutlicht sich an zwei kontrastierenden Mythen, kunstvoll und beispielhaft, aber ohne moralisierenden Fingerzeig. Hatte Homer die troischen Greise einmütig bekennen lassen, daß um Helenas Schönheit willen alle Mühen und Opfer des langen Krieges gerechtfertigt wären, so beginnt man in dieser Zeit, nach einem anderen, strengeren Maßstab zu urteilen. In jener dramatischen Szene aber, deren Reste unter den Bruchstücken des Alkaios sich erhalten haben, betet Achill — wie in der Ilias — in seiner Verzweiflung am einsamen Strande zu seiner göttlichen Mutter Thetis, und auch hier erhört sie ihn und bittet Zeus. Aber während es in der Ilias geheißen hatte: ,,Ehre meinen Sohn", stand hier bei Alkaios am Schluß des Liedes: ,,Mach ein Ende seinem verderblichen Groll!" Ein deutlicher Wandel also auch hier. Man ist sich dessen bewußt geworden, wie schwer die Folgen einer Tat wiegen können — zu schwer, als daß die Vorzugsstellung eines Einzelnen oder seine gerechte Empörung über die Minderung dieser Stellung, über die Verletzung seiner Ehre diese Folgen rechtfertigen könnte. Kann man da noch in Alkaios nichts anderes sehen als nur den Verteidiger alter aristokratischer Anschauungen? Gewiß ist er das, aber eines ist dabei mit zu beachten: wie sich in einer Zeit der erregtesten Kämpfe und wüstesten Wirren in der Adelsethik doch wieder gerade die besten und maßvollsten Züge des Griechentums durchsetzen und immer weitere Geltung gewinnen, Züge, die wir mit dem Begriff des Apollinischen zu verbinden gewohnt sind.

Bei Alkaios, von dessen Schmähsucht manches antike Zeugnis berichtet, hat man meist auf solche Züge nicht geachtet. Und doch ist er der erste griechische Dichter, von dem man sagen kann: er stand unter dem Eindruck Delphis und delphischer Religiosität. Der berühmteste Götterhymnos des Alkaios ist im Altertum der Päan an Apollon, den Herrn von Delphi, gewesen. Die alexandrinischen Gelehrten haben diesen Päan an den Anfang der Buchausgabe der Lieder unseres Dichters gestellt, haben diesem Hymnos als erstem des ersten Buches [70]) — bei Alkaios umfaßte die Ausgabe 10 Bücher (bei Sappho 8) — den gleichen Ehrenplatz zugewiesen wie der Aphrodite-Ode Sapphos. Um so schmerzlicher ist es, daß von diesem Päan an Apollon außer zwei im Wortlaut erhaltenen Versen und einigen gelegentlichen Erwähnungen nur eine, gewiß auch rhetorisch ausgeschmückte Wiedererzählung bei dem späten Sophisten Hi-

---

[70]) fr. 1 D., m. App., 72 c L. [= 307 LP.] (s. S. 20f. und 146f.).

merios (4. Jh. n. Chr.) erhalten ist. Jedoch auch noch der
späte Widerschein dieses Liedes zeigt strahlende Helle und
ein gewaltiges Bild der Natur, die sich des Nahens des
Gottes freut. Wir hören, daß der Fluß Kephissos seine
Wogen schwellen läßt, der Kastalische Quell silberhell fließt
und daß Nachtigallen, Schwalben und Zikaden ihr Lied ertönen lassen. Nicht von ihrem eigenen Schicksal singen sie,
wo doch der Grieche im Lied der Nachtigall z. B. stets die
Klage einer Mutter um ihren toten Sohn zu hören gewohnt
war. Nun aber singen sie alle ein Lied, das dem Gott gemäß
ist, der nicht nur der Gott der Wahrsagung ist, sondern auch
den Menschen das Recht verkündet. „Sie melden", wie
Euripides in einem Liede zum Preise Delphis, vielleicht
nicht ohne Bezug auf diesen delphischen Päan des Alkaios,
sagt, „den Ruhm der Götter". Und der Dichter? — so
fragen wir. „In seinem vollem Glanz war der Sommer an-
gebrochen", sagt Himerios, „und auch die Leier läßt ein
s o m m e r l i c h   L i e d   i n   ü p p i g e r   F ü l l e ertönen." Die
Worte, auf die es hier ankommt, gehen sicher auf das
Original zurück. Wir können dessen gewiß sein, daß auch
das Lied des Alkaios sich nicht darauf beschränkte, von
seinem Schicksal unter den Menschen zu vermelden, daß
es vielmehr von dem Gott zu sagen wußte, der in seinen
Sprüchen das göttliche Recht den Menschen mitteilt. Es
ist nicht der strafende Gott, der Köcher und Bogen führt,
Tod und Verderben sendet, nicht der Gott, dessen Nahen
der Nacht gleicht. Eine Leier hat Zeus ihm gegeben, eine
goldene Mitra und ein Schwanengespann. Der Gott des
Liedes also, und doch wiederum nicht nur das, nicht nur
der Musaget Apollon, wie bei Sappho. Als göttlicher Richter
weilt er bei den fernen Hyperboreern, von wo ihn der Gesang und das Flöten- und Leierspiel der Jünglinge und das
Tönen der ehernen Dreifüße nach Delphi herbeirufen soll:
damit er auch hier den Menschen das Recht künde. Mehr
können wir den Worten der Wiedererzählung nicht entnehmen. „Dem Gotte gemäß" hatte in ihr gestanden. Auch
wenn das bei Alkaios nicht gesagt gewesen sein mag, möchte
man doch weiter nach dem Inhalt dieses Wortes fragen.
Was war dem delphischen Gott gemäß? — „Den Göttern
wohlgefällig handelnd erfreue deinen Sinn", dies Gebot läßt
ein späterer Dichter, Bakchylides[71]), den delphischen Gott
verkünden. Ein frommes und frohes Gebot! Nicht viel
anders mag bereits im frühen 6. Jh. ein adeliger Grieche
wie Alkaios empfunden haben.

---

[71]) Bacchylides 3, 83 Snell ὅσια δρῶν εὔφραινε θυμόν.

Möge denn das, was hier aus einigen historischen Tatsachen und aus der Interpretation eines oder des anderen
Liedes zu erschließen war, das Bild dieser Dichterpersönlichkeit vor zu einseitigen Beurteilungen bewahren helfen. Wem
Alkaios aber trotz allem zu militant[72]) ist und wer daran
Anstoß nimmt, daß in dem großen Saal, den er beschreibt,
lauter Waffen und keine Musikinstrumente hängen, der
möge nicht vergessen, daß die Dichtung uns auch hier ein
getreues Bild jener, von uns durch zweieinhalb Jahrtausende
getrennten Zeit gibt, da junge, in einem Bund auf Leben
und Tod vereinigte Männer die einzigen waren, die gegen
die Tyrannen sich erhoben, indes allgemein in den Herren-
häusern die Waffen, einst in den Eroberungszügen jedem
Einzelnen unentbehrlich zu Angriff und Schutz, nur mehr
als Schmuck an den Wänden hingen und ihre Besitzer sich
immer mehr gewinnbringenden Handelsunternehmungen zu-
wandten, zu schlaff, um eine entschlossene Tat zu wagen
unter Einsatz ihres Lebens.

Alkaios hat seinen Frieden gemacht mit Pittakos, den
er so bitter gehaßt hatte, nach langen Jahren hat er aus
der Verbannung mit seinen Leidensgefährten heimkehren
dürfen. Unter des Pittakos Führung hat er (oder hatte er
schon früher) für seine Heimat gekämpft, als die Athener
versuchten, die mytilinäische Kolonie Sigeion am Eingang
zum Hellespont in ihre Gewalt zu bringen[73]). Wie Archilochos es getan hatte — und später Anakreon und Horaz[74])
tun —, so spricht auch Alkaios davon, daß er hierbei seinen
Schild verloren habe, die größte Schmach für adeliges
Empfinden. Aber er läßt seinen Freunden sagen: ,,Alkaios
lebt'', und das ist ein froher Ruf, kein müdes Entsagen oder
Altern des raschen Sinnes. Alkaios ist hinausgewachsen über
die Anschauungen, in denen er wurzelte und aufgewachsen
war. Er hat die Kraft gehabt, sich einer neuen Einsicht
nicht zu verschließen — daß die Wahl des Volkes, die auf
Pittakos gefallen war, zu Recht bestand und daß dieser

---

[72]) Ein solches Urteil und seine Widerlegung bei Athenaeus XIV 626f—627e,
wo Alk. fr. 54 D. zitiert wird (s. S. 36 und 158).
[73]) Durch eine teils in ionischem, teils in äolischem Dialekt abgefaßte Inschrift (Inschrift des Phanodikos: Dittenberger, Sylloge inscr. Graec. I³ nr. 2;
Nachmanson, Historische griech. Inschr., nr. 3) ist in Sigeion jedenfalls — nach
dem Schriftcharakter zu urteilen, schon im ersten Drittel des 6. Jh.s — athe-
nische Herrschaft erwiesen. Vgl. Ehrenberg, Aspects of the Ancient World, 1946,
117f.
[74]) Archil. fr. 6 D., Alk. 49 D., Anakreon 51 D. (vgl. 111 D.). Horaz, Oden
II 7,9f. (s. S. 88 und 196). [Eines der neuen Alkaiosfragmente spricht von
einem Schild, ist jedoch zu stark zerstört, als daß wir den Inhalt genau ermitteln könnten: s. S. 138 zu 179 LP.].

Mann mit seiner gemäßigten und versöhnenden Haltung etwas anderes war als die Tyrannen, wie er ja auch sein Amt als Schlichter (Aisymnet) nach 10 Jahren wieder niedergelegt hat. Ist des Alkaios Leier darob verstummt? Wäre Kampf das einzige gewesen, wovon sie zu singen wußte — man müßte es fast annehmen. Nun aber besteht dazu kein Grund, auch wenn wir nicht wissen, wann es war, als Alkaios sein „sommerlich Lied" sang und nur wenig darüber sagen können, wie seine Leier geklungen hat, als die Sonne sich neigte. Aber was wir wissen, das zeugt davon, daß er nicht geklagt und nicht gehadert hat mit dem Gott, „der keine Schuld hat": daß er sich der Verantwortlichkeit des Menschen für die Ernte des Lebens wohl bewußt war, und daß dies Wissen und das Ahnen eines großen Lebenszusammenhanges ihn bewahrt hat vor der „Amēchania", der inneren Hilflosigkeit. Kämpfer für eine nach dem Urteil der Geschichte verlorene Sache ist er, von allen verlassen, sich selbst treu geblieben und hat dennoch vermocht, von der Zeit zu lernen. Daß das nichts Geringes ist, wird man unschwer ermessen können, — vielleicht heute mehr denn je.

Von einer Anfeindung durch Jüngere hören wir erst jetzt (s. u. S. 198).

DIE WICHTIGSTEN NEUEN ERGEBNISSE

Geschichte:

1. Zum erstenmal hören wir von einer „Rückkehr" des Myrsilos, erfahren sogar den Namen des Mannes, der ihm hierzu ein kleines Schiff (akation) zur Verfügung stellte. Myrsilos hat also vorübergehend Mytilene verlassen müssen, ist dann zurückgekehrt, später getötet worden. Das steht jetzt einwandfrei fest. Seine Gegner werden sich zunächst also wohl in Mytilene behauptet haben, ehe sie — nach des Myrsilos Rückkehr — nach Pyrrha flüchteten. — Wenn die Rückkehr des M. mit einem kleinen Segler erfolgen konnte, wird die Fahrt keine weite gewesen sein; die Insel Lesbos hatte er wohl nicht verlassen. Hat der Kommentator recht, so gehörten sowohl der Eigentümer des Seglers, Mnamon, wie Alkaios damals bereits zu den „Männern um Pittakos". — Vgl. P. Ox. 2306 [= 305 LP.] col. I (o. S. 12). Auf den Tod des Myrsilos ist wohl auch Schol. P. Ox. 2295 fr. 18 col. I zu beziehen: τῶν περὶ Φίτταχον [und ἀντετά [ξατο] στειχε..ατο.[ξατοοσὸ οσ/ιλοῦφονὸ .ιας ηιαναγησουκανη ...οττη.ησ.ριο.ντος ἀλλὰ ἐπλήγης.

2. Erstmalig ist nun auch in einem Alkaiosfragment der Name des (athenischen Feldherrn) Phrynon genannt. Die Stelle scheint im ersten Augenblick zu besagen: „Gegen Phrynon...wollen wir fahren und die Schiffe von Land ziehen", jedoch ergibt sich bei näherem Zusehen eine andere Deutung als die wahrscheinlichere. Auch dann sollte die Stelle genügen, um den Streit über die Chronologie endgültig gegen Belochs Spätansatz zu entscheiden. — P. Ox. 2295 fr. 28 [= 167 LP.] bringt diese wichtigen Angaben. Erhalten sind leider nur Zeilenschlüsse, und bei kürzeren Versen fehlen größtenteils auch sie:]α πὰρ ὄρκια,]ισλα,]τερας ὤ σκύρον,]ας,].τράγον, —],].άχματα, —],].ιδαμεν, —],]ροταματα, —],]νάων,].ατερων ἐπὶ Φ[ρ]ύνωνα τὸν, —],]ασσαν εὐ,]ὠκυ.[...]ς νᾶας ἐρύσσομεν. Zu dem Verse mit dem Namen gibt das Schol.: Ἀπίων ἔτι Φρύ(νωνα). Wenig später heißt es „... das ist nicht erhalten, es fehlt ..." Metrisch ist gerade dieser Phrynon-Vers nicht in Ordnung, sondern zu lang („this is longer by a diiamb" L.). Inhaltlich führt der Ausdruck „gegen die Eide" auf den Eidbruch des Pittakos, mag diese Deutung auch nicht unbedingt zwingend

sein. Das Wort vor dem Namen kann aber sehr wohl als
Gen. „der Väter" verstanden werden (etwa „erinnert euch
unserer Väter, die gegen Phrynon zogen; so wollen auch wir
die raschen Schiffe von Land ziehen"). Auch dann führt
das nur auf die nächste, nicht übernächste Generation nach
jener, die gegen Phrynon gekämpft hatte.

Wenn Lobel (p. 119) überdies bei einem Zeilenende
des Alkaioskommentars P. Ox, 2307 fr. 7,19 [= *306 LP.
fr. 7]]. αιμεσι die Ergänzung αἱροῦν]ται μεσί[την in Erwägung
zieht ("I mention as a mere possibility") und auf den Schiedsspruch Perianders verweist, so ist das in mehr als einer Hinsicht unsicher.

3. Eine Beziehung des Liedes, das von dem Gelde der
Lyder handelt (42 D, vgl. 63 LP.), auf die Kleanaktiden gewinnt an Wahrscheinlichkeit, da jetzt der Kommentar
hierzu und zum unmittelbar voraufgehenden 41 D. (P.Ox.
2307 fr. 1 o.S. 17) u. a. Kleona- gibt. Über die Namens-
form vgl. Lobel p. 119. Im Unterschied zu ihm würde ich
eine Beziehung auf Myrsilos nicht wagen, da es ja auch noch
andere Kleanaktiden gegeben hat.

4. Vielleicht beginnt der Name des Ortes, wohin Alkaios
aus Lesbos geflohen ist, mit A-: falls Lobels Deutung von
P.Ox. 2302 fr. 4, 20 s. [= *296b, 12 LP.] richtig ist ("I
fled from lovely Lesbos to...") und falls nach der Präpo-
sition ein Eigenname stand (was keineswegs sicher ist). Der
Text der betr. Stelle lautet]ω δ' [ἐ]ράτας εἰς ἀ.[   ]ξέφυγον.

5. Ein weiterer neuer Personenname (außer Mnamon
und Phrynon) ist Damoanaktidas in dem Aphrodite-Lied.
Der uns schon früher bekannte Bykchis begegnet P.Ox.
2307 [= 306 LP]* fr. 3 col. I Z. 7, wo ich Z. 5 ohne Bedenken πρώτ]ης φυγῆς ergänzen würde.

Für die Genealogie der einzelnen Tyrannen ergibt sich
nichts Neues. Der „Kakopatride" begegnet noch einmal
P.Ox. XXI Add. p. 134 fr. 50. In welchen Zusammenhang
die Worte „(großes) Heer...(Archeana- oder Kleana)ktiden
..den Mann..." etc. (2303 fr. 3) [= *300 LP.] und „ich
fürchte... meine ... wird ... Wort ... Wolke ... Turm...
möge werden ... stark ..." (2304 col. II, 12ss.) [= *302
col. II, 12ss. LP.] gehören, läßt sich nicht sagen. Das Stück
mit Penthi- geht dem letztgenannten unmittelbar voraus.

Sprache:

1. Der Dual: Die Regel, daß die Aioler ihn nicht gekannt
hätten, sieht nun auch Lobel nicht mehr für unbedingt
verbindlich an; "Since we find not only ἄμφοιν here (P. Ox.

2303 fr. 1) but a word ending in ταιν at S(appho) ..., we may decline to accept the general validity of the rule" (p. 97).

2. Folgende Schreibungen sind jetzt belegt: κατέπερθεν (= καθύπερθεν) P.Ox. 2295 fr. 1,5 und P.Ox. 2296 fr. 4,2 (= 54 D.); ἔπερθα P.Ox. 2297 fr. 5,8; ἔρχος P.Ox. 2296 fr. 4,6; αγκυρρα P. Ox. *2302 fr. 5.

Metrik:

Für die metrischen Unregelmäßigkeiten und Diskrepanzen der neuen Stücke sei hier nur auf Lobels Ausführungen p. 44, p. 45, p. 46 verwiesen.

Buchausgabe:

Erhalten ist eine stichometrische Angabe Θ = 800, wozu Lobel 1956 (P.Ox. XXIII Add. 105) noch eine weitere, K = 1000 hinzufügen konnte. Bei Sappho finden wir eine solche für „500" und als Gesamtsumme der Verse im 1. Buch „1320". — Als Erklärer des Alkaios ist in den Scholien mehrfach Apion genannt (alexandrin. Grammatiker, 1. Jh.n.Chr.). Das bisher unerklärte Monogramm aus Π und P begegnet auch in Pindarscholien.

Horaz und Alkaios:

Zu Hor. c. I 4 *solvitur acris hiems* vgl. Lobel p. 77 (u. S. 134). Zu Hor. c. I 14 finden sich jetzt manche neue Parallelen, mindestens in 2 verschiedenen Alkaiosliedern: namentlich zu *ventis ... ludibrium* und wohl auch zu der Anrede an das Schiff: Alkaios scheint gesagt zu haben: „Aber nicht (werde ich) dich deshalb, d.h. des Alters wegen (gering achten o.dgl.)."

Neue Lesungen zu einzelnen, hier nicht abgedruckten Stücken:

28 a D: cf. P.Ox. XXI Add. 132—134.

28 b D: cf. P.Ox. XXI Add. p. 131 (von Pyrrha stand hier nichts).

79a/79b/79c/79d D.: Die Stücke sind jetzt folgendermaßen vereinigt (P.Ox. XXI Add.p. 127 nr. 10):

a und b: a v. 10 = b v.3 ποντεσμακαρο [= *34 b LP., s. S. 140].

c und d: d schließt unter c an.

(a + b) v. 10 = (c + d) v. 1: nach Lobel etwa λίποντες Μάχαρος νᾶσον ἐπηράταν.

81 D/84a D/84 D/16b L gehören zusammen: P.Ox. XXI Add. p. 128 nr. 11.

ERLÄUTERUNGEN

Zu 283 LP.

Suppl. L. v. 3 -αισεν or -αισας? v. 8/9 vide infra. v. 15 s. "in the Iliad chariots are...broken, men fall or lie in the dust. I can suggest no suitable verb...by means of which 'chariots' and 'in the dust' can be combined". v. 16 ἤρι]πεν possis LP. v. 17 στ[εί]νοντο? L. (sscr. β). ὕπτιοι στείβοντο Vo., Gall. v. 18]ευς nomen fluminis? L., δῖος 'Α]χί[λλ]ευς ci. Vo., Gall., „compatible with the traces" P.

In v. 9 steht eine augmentlose Verbalform (da Synaphie zwischen dem 2. und 3. Vers einer sapphischen Strophe ausgeschlossen ist, besteht hieran kein Zweifel). Unter den neuen fr. ist dies nicht der einzige Fall. Das frühere Material in Lobels Sapphoausgabe p. XLI, s. jetzt Hamm 161.

Wenn die Ergänzung in v. 10 richtig ist, dann findet in dieser Strophe Subjektswechsel statt. Helena, die seit der Mitte der vorhergehenden Strophe Subjekt war, wird Objekt. Zu den Brüdern, die vor Troja fielen, ist wiederum Paris das logische Subjekt. „Für eine Gottheit wie Kypris ist also kein Raum", schrieb ich in der 1. Auflage, „möglicherweise ist dies einer der Unterschiede im Vergleich zu Sappho 27 a D" (zu dem Lobel P.Ox.XXI Add.p.122 ein wichtiges neues Stück brachte). Die vorhandenen Ergänzungsschwierigkeiten habe ich vielleicht überschätzt. Zwar kann ich die (von Vogliano als „meno probabile" bezeichneten) Ergänzungen, die Paul Maas erwog (s. Page, Comm. 277), nicht für einleuchtend halten, nicht, weil da menschliche Motivierung neben göttlicher Motivierung steht, wie wir das z. B. auch gelegentlich bei Sappho finden (114 D.): aber in πεῖθ' ἔρωι θύμο[ς διὰ τὰν Διώνας κτλ. wird von Maas der Thymos zum Subjekt beim (transitiven) πείθειν erhoben, was (trotz „der Thymos sehnt sich" bei Sappho 1,27 D.) über die ‚psychologischen Vorstellungen' der lesbischen Dichter (s. V.Hom.z.Lyr. 195ff.) hinausgeht. Vogliano und Gall.[2] ergänzt dafür [ἀλλὰ Κύπρις] πεῖθ' ἔρωι θύμο[ν παράγοισα Λήδας] (ähnlich, nur mit ὅττι K., P. Kikauka, briefl.), wogegen ich nichts einzuwenden habe: nur ist der Übergang zum Folgenden, wo Paris als Subjekt gedacht ist, nicht ersichtlich. Man mag sich auch fragen, ob bei „und des Gatten wohlbereitetes Ehelager" nicht ein stärkeres Wort als ‚verlassen'

zu erwarten wäre, zumal bei Hesiod, fr. 93,7 Rz., neben
Stesichoros (und seiner bzw. seinen Palinodien) einem der
frühesten Zeugnisse für unhomerisch-strenge Beurteilung
der Helena, „das Lager entehren" gesagt ist: ὡς δ' Ἐλένη
ᾔσχυνε λέχος ξανθοῦ Μενελάου, doch kann bei Aischylos,
Agamemnon 411 (s. Ed. Fraenkel z.St.) der Anruf ἰὼ λέχος
καὶ στίβοι φιλάνορες vielsagend genannt werden und auch
„des Gatten wohlbereitetes Ehelager" (verlassen) viel- und
genug-aussagend sein. Wie dem auch sei, bei allem Subjektswechsel (Paris-Helena-(Kypris?)-Paris) konzentriert
sich die Darstellung unseres Dichters hier vor allem auf
Paris. In 74 D. hatte er ihn mit keinem Wort erwähnt und
ausschließlich Helena die Schuld gegeben an Trojas Untergang. Eine weitere Besonderheit unseres neuen fr. ist das
großartig ausgeführte Bild von der Strafe für das Vergehen:
2 Strophen, dreimalige Wiederholung des Wortes „viele"
(vgl. E. Huttner, Kunstformen der emphatischen Gemi-
nation i.d. hexam.-eleg. Dichtung d. Römer, Diss. Würz-
burg 1959, bisher ungedr., auch f. d. griechische Dichtung
instruktiv), freier Gebrauch und Steigerung homerischer
Wendungen. Was Paris am härtesten treffen mußte, steht
am Anfang: der Tod seine Brüder. Anders, unpersönlicher,
klingt die Wortwiederholung bei Horaz, c. I 15,9 *heu, heu,
quantus equis, quantus adest viris sudor* (Schol. Porph. *hac
ode Bacchylidem imitatur*), dagegen kann Ibykos 3,10 D.
= 1,10 Page ξειναπάταν Π[άρι]ν und Eurip. Troerinnen 866
ξεναπάτης (Paris) direkt (vgl. zu 135 D.) mit unserem Lied
oder mit dessen epischem Vorbild zusammenhängen.

Vgl. zum Ganzen auch A. Setti, St. it. '56, der u. a.
darauf aufmerksam macht, daß, bis auf die jeweiligen An-
fangswörter, Sappho 2,6 D. = v. 3 unseres Alkaiosliedes
ist: „un aoristo veramente senza tempo diventa un aoristo
indicante il passato" (a.O. 532). Die Prioritätsfrage be-
urteile ich in diesem Fall allerdings ebenso skeptisch wie
Setti es sonst tut (a. O. 533 Anm. 3).

Zu 298 LP.

v. 5, 6, 7, 11 e. g. supplevi. v. 5 -οτάτα L. et v. 11 πελιδνώ-
θεισα e schol. ad l.]ν. ἀ δὲ δεῖνον]π[ε]λ[ι]δνώθεισα πόν]τῳ[ν], ἐκ,
cf. Callim. fr. 374 Pf. ἡ δὲ πελιδνωθεῖσα καὶ ὄμμασι λοξὸν
ὑποδρὰξ ὀσσομένη. supplere vult P(age) v. 4 θνάτοισι (ἄνδρεσσι
Gall.), v. 7—12 σέμνωι, ὕβρισσ', παῖδα Δ]ίος, γόργωπι]ν,
εἶδεν, δ'ἄιξε, αἶψ' ἀνέμω]ν, praeter v. 7—8 veri sim.

Merkelbachs Versuch, hier die Versanfänge von *135
LP. anzufügen (π[, πριν[, φώ.[, δέιν[, χει.[, αλλ.[, [...]δ[, φ[,

also v. 4—7 φώτεσσι, δεινοτάτα, χείρεσσι, ἄλλως zu ergänzen),
überzeugt mich nicht. Nicht nur spricht der Akzent in 135
LP. gegen einen Superl. fem. gen., auch mit den letzten
Buchstaben von 135 hat Merkelbach nichts anfangen können.
Dagegen konnten LP. durch Anfügen eines kleinen Fetzens
v. 10 um 2 Buchstaben bereichern. Sie genügen, um Strophen-
enjambement zu beweisen.

Das Thema dieses zweiten neuen Stückes mit erzäh-
lendem, mythischen Inhalt stammt aus der Iliupersis oder
den Nostoi. Die Szene war auch auf der Kypseloslade
(zweite Hälfte d. 7. Jh.s) dargestellt. Die Beischrift dort,
Paus. V 19,5, brauchte das Verbum ἕλκει, Eurip., Troerinnen 70 εἷλκε, Lykophron v. 358 ἑλκυσθήσομαι: in unserem
Stück v. 8 könnte ἥλκησ' o. dgl. gestanden haben. Ein neues
Hesiodfr. P.Ox.XXVIII 2481, 28 νήπιος, οὐδ' ἔδδεισε Διὸς ... παῖδα ist jetzt zu vergleichen (zu „Geberin" auch Hes. Erga 356).

Wer diese Verse zu übersetzen versucht, wird spüren,
wie nahe es läge, von Kassandra zu sagen: „die sich zum
Kultbild geflüchtet hatte, sich daran klammerte" o. dgl.
Alkaios deutet das nur eben an, sagt es jedoch nicht. Lautlos
und regungslos, fast statuarisch, erscheint seine Kassandra:
fraglos, weil sie hier Nebenperson ist. Die Kunst des „Ab-
blendens", um es mit einem modernen Wort zu sagen,
zeigt sich hier in noch stärkerem Maße als bei dem vorigen
Stück. Anders als bei den Alexandrinern wird denn auch
von dem Kultbild nichts weiter gesagt. — Wie sehr den
Dichter die Frage menschlicher Schuld beschäftigt, sieht man
vielleicht jetzt erst. Page, Comm. 285 meint allerdings:
"There is nothing to indicate whether Alcaeus is repeating
it for his own sake without comment, or rather in order to illu-
strate some other theme, or to point a moral." Soweit wir sehen,
sind alle mythischen Balladen bei A. „without comment". Sie
sprechen für sich selbst, d. h. für den Eindruck, der sich aus
einer so und nicht anders zuende erzählten Geschichte ergibt.
Das Wort „der Tor", in epischen Wendungen wie „der Tor,
er erkannte nicht" (Hom.) bzw. (Hes., s. o.) „ ... er fürchtete
nicht" durchaus üblich, finden wir hier bei A. nicht.

Zu 208 LP.

Schol. ad v. 6 σχοινίοις, cf. Et. Magnum 197, 30 βιβλίδες ...
σχοινία τὰ ἐκ βύβλου πεπλεγμένα, schol. ad v. 7 (ἄχματα) τὰ
ἀγώγια, ὁ φόρτος, schol. ad v. 8 ἑτέρου στ[ρ]ώματος.

In den dürftigen Resten des neuen Alkaioskommentars,
P.Ox. 2306 col. II = *305 LP. col. II hat Lobel am Zeilen-
anfang Z. 29 mit Sicherheit ἐν βιμ[βλίδεσσι wiedererkannt.

Da vorher Z. 7 θενκυλ[, Z. 8 Myrsilos (Gen.) und κα[(viell. „Rückkehr"), Z. 14 χαλα[zu lesen ist, auch keine Koronis dazwischen steht, so können unsere Verse als Fortsetzung von 46 a D. angesprochen werden; 46 b D. gehörte dann, wie L. bemerkt, sicher nicht dazu. — Als weiteres Zitat, durch Vorrücken der Zeile gekennzeichnet, gibt der Kommentar noch ταδοή[, d.h. ὁήια = „Ruder" (L.), vgl. *nudum remigio latus* bei Horaz. 46 a D. könnte bei der Rückkehr des Myrsilos gedichtet worden sein. Vgl. Corolla Linguistica, 1955, 224 ff.

Zu 249 LP.

Suppl. L. e scol. an. 8 D. = 8 .Page ἐκ γῆς χρὴ κατίδην πλόον / εἴ τις δύναται καὶ παλάμην ἔχοι / ἐπεὶ δὲ καὶ ἐν πόντῳ γένηται, / τῷ παρεόντι τρέχειν ἀνάγκη. "Perhaps it is now possible to come nearer to what Alcaeus wrote with ἀλλ᾿ εὖ μὲν ἐκ γᾶς ... αἴ κεν δύναται ... τῷ παρέοντι μένην ἀνάγκα", v. 10 οὐδ᾿ ἴα μ]αχάνα, v. 11 ὡς κ᾿ ἄν]εμος φέρ[ηι] L.

Zum erstenmal hören wir Alkaios vor unüberlegtem Losschlagen warnen. Es ist nicht das einzige neue Stück, das ihn als Warner zeigt. Zum Text vgl. Page, Comm. 197.

Zu 206 LP.

v. 3 μ[sive ν[; v. 5 πέφαννέ τε κ[αὶ L. v. 7 ο[ὕ τι( ) possis. θᾶς = ἕως.

Die Reste zeigen, so gering sie sind, wie die Handlung, die ein Symposion einleitet, einen fast weihevollen Charakter gewinnen kann. Die Erinnerung an göttliche Hilfe will der Dichter wach halten; hiervon geht seine Mahnung aus.

Zu 286a LP.

Suppl. L. v. 3 κρύ]ερος, schol. ad l. τὰ τοῦ χειμῶν[ός] φη(σι) διαλύετ(αι) „Recalls Horace's *solvitur acris hiems* c. I, 4, 1". schol. ad v. 5 ἀν(τὶ τοῦ) γαλήνη ἐστὶ κατὰ τὴν θάλασσαν, schol. ad v. 6 τῆς εὐ[σοίας?] τοιαύτηι (pro -η? L.) γὰρ οὖσα τηι ...

In v. 2 kann „blumenreich" nur zu „Frühling" gehören; Lobel vergleicht h. Hom. XXIX 17. Der nächste Vers spricht vom Nachlassen des Frostes. Die Erwähnung des Tartaros v. 4 ist deshalb merkwürdig, weil v. 5 wieder ein Naturbild gibt: „Meeresstille ist über den Rücken der See gebreitet." Erst dann kommt die Anrede an einen, der in der Ferne weilt und dem der Dichter wünscht, er möchte bewahrt bleiben. Diese Motivfolge führt m. E. zu der Vermutung, „Tartaros" stünde noch in Beziehung zu „Frost": zog sich dieser dorthin zurück? Die Präp. könnte man in diesem Sinn deuten. Auch zwischen „Meeresstille" und „Rettung" vermute ich einen Zusammenhang. In der Übersetzung ist er angedeutet.

Vergleichbar scheint mit das Frühlingslied des Statius, silvae IV 5,5ff. mehr noch als das des Horaz (Vollmer in seinem Komm. S. 469 mag zu berichtigen sein):

iam trux ad Arctos Parrhasias hiems
concessit altis obruta solibus,
iam pontus ac tellus renident
in Zephyros Aquilone fracto.

"Many songs in many lands" (Ed. Fraenkel, Hor. 419) mögen Ähnliches gesagt haben. Daß ΥΠΟΤΑΡΤΑΡΟΝ — so der Pap. — als Adj. aufgefaßt werden kann und Page, Comm. 289 die Möglichkeit erwogen hat, dieses auf Persephones Rückkehr aus dem Tartaros zu beziehen, sei vollständigkeitshalber erwähnt (mit scheint Letzteres „farfetched"). Vergil z.B verbannt den Winter unter die Erde: Georg. IV 51 f. ...*ubi pulsam hiemem Sol aureus egit sub terras.*

Das hier nicht abgedruckte *286 b LP. hat als einzige kenntliche Worte]ον φῆρα κατέκτ[und]ωνμεγ[(φῆρ auch noch *222 LP.). Der Abstand von fr. b zu fr. a steht nicht fest. Die Reste von b sind für eine Inhaltsdeutung zu gering. Ob man 50 D. vergleichen könnte („du tötetest") und auch dieses Lied an Antimenidas gerichtet war? Mit seiner gelösten Stimmung, der Schilderung von Frühling und Meeresstille, mit den Gedanken an einen fernen Freund bleibt es ein kostbares Stück.

Zu 296 b LP.

Suppl. L. — Außer der Anrede an Aphrodite und dem prächtigen Bild „als sich die Tore des Frühlings öffneten" bleibt leider alles unklar. "If the meaning of the verb καταήσσατο could be determined, the ambiguity might be resolved" L. — Sicher ist es eine augmentlose Form. Hes. καταήσεται· καταπνεύσει, vgl. dazu Schwyzer, Gr. Gr. I, 680, 1, könnte mit παρά c. Acc. wohl, mit einem Objektsacc. εὐφροσύναις aber kaum verbunden werden und müßte dann unpersönlich gebraucht sein. Hamm, Gr. 110f. denkt an eine Bildung von der Wurzel *sed-. καταη- noch 112/113 D. v. 4, das jetzt mit 106 D. zu vereinigen ist: μελλιχ geht im gleichen Verse, wenn auch nicht unmittelbar, voraus.

Einige der Unklarheiten: Kypr.-Nom.? Voc. (dazu „dich")? Der Jünglingsname-Voc. (dazu „dich")? Nom. (dann Subjekt zu dem Verbum)? ἐν ... κάλωι (ι sscr.) "there is also a certain ambiguity about this, whether the phrase is here used absolutely or whether there a noun was expressed and has disappeared at the beginning of l. 10 (or even of l. 9)" L. Vgl. jetzt Page, Comm. 297ff., dem ich gern beistimme, daß "the apparent meaning is in general, that D. has fallen in love at the most suitable season". Von Damoanaktidas wissen wir sonst nichts. Daß er „vielleicht ein Mundschenk" war, vermutet J. Trumpf; ich finde nichts, was dafür spräche.

Weitere Versreste, die nach einem freien Raum folgten, gehören vermutlich nicht mehr zu diesem Liede: dort wird in der 1. Person gesprochen, z.B. „ich floh vom lieblichen (Lesbos) nach ...“

Kommentar zu Alkaios

Den Wert dieses Kommentars schätzt L. nicht sehr hoch ein: "Its general structure... is very simple. The comment of the piece begins with a lemma (... presumabely always the first words) followed of a general statement of the circumstances to which the poem relates. It then proceeds picking out disconnected phrases for paraphrase and occasionally interjecting a grammatical or historical observation. But the paraphrase is often far from lucid and the quotations are neither necessarly complete lines or clauses nor given in the pure form of the original but in a jargon in which the dialect and common speach are liable to be mixed arbitrarely ... In its present state of ruin it is hardly any use at all" (p. 95).

Zu 305 LP. col. I:

Von der historischen Bedeutung dieses Stückes war bereits zu sprechen. Der Name Mnamon und die Notiz „Eigenname" scheint mir in den Scholienfetzen P.Ox. 2297 fr. 39 = 240 LP. wiederzukehren:]νκατα.[,]κυριω[,]μω-να[. — Das vorhergehenden Lied zeigt Alkaios wieder als Warner; er warnt vor einem endlosen Krieg. Irgendwelcher inneren Wandlung des Dichters nachzuspüren sind wir nicht in der Lage. Die bildlichen Ausdrücke sind drastisch, vermutlich volkstümlich wie unser „auslöffeln, was man eingebrockt hat". Bei A. erwartet man „austrinken", da er von einem Gebräu („das von dir Gemischte") spricht. Einer der treuen Mitverschworenen kann damit nicht gemeint sein: für eine Anrede an den Verräter Pittakos scheint der Ton zu wenig aggressiv. Wir kennen den Adressaten nicht, der zur gegnerischen Partei („ihr") gehörte wie der Mnamon des nächsten Liedes. Daß politische Gegnerschaft nicht gleich eo ipso alte Bekannte zu Feinden machte, ist aus diesem fr. ersichtlich.

Zu 306 LP. fr. 9:

Der Kommentar hat davon berichtet, wo Pittakos den Eid geleistet hatte, den er später „mit Füßen trat" (24 a D.). Leider bricht der Text gerade hier ab. Da nun in 26 D. von einem Altar Apollons in ähnlichem Zusammenhang gesprochen wird, scheint sich mir die Ergänzung (im Heiligtum A)pol(lons) zu ergeben. Vgl. den Anfangsvers (in der Mitte unseres Bruchstückes).

Von einem Fest des Apollon Maloeis, das die ganze Bevölkerung von Mytilene ἔξω τῆς πόλεως zu feiern pflegte, berichtet Thuc. III 3,3.

Zu 306 LP. fr. 14 col. I:

Kommentiert ein uns bekanntes Lied, 46 b D. Anakreon spricht von „Klippen" in fr. 31 D.

Zu 306 LP. fr. 14 col. II:

Abgesehen vom allerletzten Zitat, einem vom Brettspiel entlehnten Bild für „alle Hebel in Bewegung setzen" (vgl. z. B. Eurip. Herakliden 1002 πάντα κινῆσαι πέτρον), ist stets vom Schiff die Rede, doch wohl dem Staatsschiff (zweifelnd L.). Wenn es auch nicht gelungen ist, diese Allegorie schon für Archilochos (56 a D.) mit Sicherheit nachzuweisen, alkäisch ist sie fraglos. Page allerdings vertritt mit Entschiedenheit den von Lobel eben nur erwogenen Gedanken, hier sei mit dem alten Schiff eine alte Hetäre gemeint (diese Allegorie findet sich in Epigrammen: Meleager A.P.V 204, Antiphilos A.P.IX 415.416, ist aber sicherlich älter). Merkelbach vermutet eine Vermischung der allegorischen Bilder Staat — Schiff — Hure. Die z.T. unvollständigen Wörter eines lückenhaft erhaltenen Kommentars (συνουσία? σκέλεα, ἀκαθαρσία) berechtigen einstweilen weder zu dieser Folgerung noch zu jener, Alkaios habe bloß für die Beschreibung einer alten Vettel so viel ‚archilochischen' Grimm aufgewendet. Die hübsche Beobachtung von Page, daß Allegorien ähnlich wie die homerischen Gleichnisse ein Eigenleben haben, immer weiter detailliert ausgeführt werden, wo dann sozusagen eine Rückübersetzung in Klartext nicht mehr möglich ist, führe ich gerne an. Wichtig, weil m.E. auf eine Anrede an das Schiff führend, sind hier die Worte ἀλλ' οὐ σ.[..]των ἔνεχ[α, vgl. Horaz. Jegliche Allegorie bezweifelte und Erlebnisschilderung beim Gelage vermutete noch 1953 R. Muth (Anz. f. d. Altertumsw. S. 75 f.).

In der vorhergehenden Kolumne des gleichen fr. war übrigens 46 b D. kommentiert.

Zu 306 LP. fr. 4:

v. 4 ᾽Αλχαίου, v. 6 πιναχίδος L. v. 9 „auch dieses ist geschrieben ...“; diese Wendung steht im Kommentar immer nach Liedanfängen.

Zu 306 LP fr. 1, 6—21:

Kommentiert 41 D. und 42 D. — v. 18 ss. Ζεῦ πάτερ, Λύδοι μὲν ἀπεσχαλάσαντες· ἀλγοῦντες ἐπὶ ταῖς συμφοραῖς ἡμῶν οἱ Λυδοί L. — v. 13 Kleona(ktide) = Kleanaktide; der „Unverschämte“ wäre nach L. dann Myrsilos, der ja tatsächlich zu diesem Geschlecht gehört. — Die Schwierigkeiten der Interpretation von 41 D. werden dadurch allerdings keineswegs geringer.

Zu 296 a LP.

Das Thema müßte sich eigentlich feststellen lassen, meint Lobel (p. 78), da nur relativ wenig von den Versen verloren ist; "But I have had different ideas about it at different times and can come to no settled opinion. I should not be surprised if it were found concerned with the power of Love". — Einzelhinweise Lobels: v. 1 "it was a very ...stupid idea of..."; v. 5 s. "without his help no labour prospers"; v. 7 ἐν κάλα θεῖς; v. 8 "this verse is puzzling both in itself and in its connexion with the preceding": ἄξιος ἧς ἀπυδέρθην = "he deserved flaying", ἀντὶ λέοντ[ος = "for a lion".

Eine Verbindung zu v. 1 („eine ganz verkehrte Ansicht war es") könnte von diesen Scheltworten des Schlußverses immerhin gefunden werden. Die Erwähnung der Polis läßt mich (zunächst) an ein Lied mit politischer Polemik denken. Die von Page, Comm. 299 n. 1 zweifelnd vorgeschlagenen Ergänzungen und der daraus sich ergebende Gesamtsinn befriedigen nicht (im Untergang der Stadt die Strafe für eine irrtümliche Ansicht des XY über Eros vermuten hieße Tatsachen sehr unterschiedlichen Gewichtes kausal verknüpfen).

Zu 143 LP.

πώγων = ἄξυρος; καππεπάδμενος von καταπάσσω L., der für die Art der Strafe u. a. auf Schol. Aristoph. Plut. 168

und Schol. Aristoph. Nub. 1079 verweist. v. 11 part.; v. 12
μάσλητ-, hier nach L. viell. nur „Riemen" (bei Sappho
„Schuh"). — Das Stück scheint mir mit Anakreon 54 D. =
388 P. vergleichbar (πώγωνά τ' ἐκτετιλμένος), wenn nicht gar
dessen Vorbild.

Zu 179 LP.

v. 7 in. ἔνϑ', Schol. ad v. 7 ὡς ἐπὶ τῆς ἀ[σπίδος, v. 12 von
(ἀ)στράπτω L.
Der Eber war dann ein Schildzeichen. Das Schol. der
vorhergehenden Kolumne spricht von „Tyrannis", P. Ox.
2295 fr. 31 col . II = *170 LP. hat v. 4 φιττ[, v. 6 σπις·ν[,
e.g. ἄ-σπις L. Nicht ist man daher berechtigt, gleich an den
Schild des Alkaios (49 a D.) zu denken.

Zu 148 LP.

v. 7 ζ not suggested L. — Die Versreste scheinen zu besagen, daß der Einsame unglücklich ist.

Zu 303 LP.

v. 1 κύμ-, σάμ-, κρέμβαλα? καίτ(οι) ἔσσετ' ἀ- L. v. 7 sscr. ι.
v. 10 = 31 D.
Es folgten also die Verse an den Bruder Antimenidas.
Ein Bezug auf ihn ist in den vorhergehenden Versen 1—6
weder kenntlich (auch wenn man mit L. v. 6 möglicherweise]μεγαλαν τω.[zu lesen hat) noch ist er ausgeschlossen.
Vielleicht gehörten sie zu einem anderen Lied.

Zu adesp. 919 P(age).

v. 2 fort. αἴ]ϑερος[T. v. 7 δολοπ]λόκω veri sim. L. v. 8
fort. προσ]ανέως L. v. 9 ελο sive ελω. v. 10 in. e schol. suppl.
L. δ' addidi metri causa, prob. Gomme (per litt.), oblocutus
est Page, PMG 485 („equidem particulam δέ contextui mi-
nime aptam esse iudico"). v. 12 νατεχ sscr. δ pap., utrumque
obscurum. — μάλ, δίος, σέμνας pap. Schol. ad v. 8—11
ἐν γὰρ τῆι φ.[, ἐστὶν ητιμαισω[, Λ]έσβον τὸν δὲ Μά[καρα,
]υσυνιστ[. Schol. ad v. 14 ἀντὶ τοῦ ὀ[πίσσω.
Da in äolischen Versen nie mehr als 2 Kürzen nebeneinander stehen können, würde durch die 4 Kürzen in v. 10
eine Zuweisung dieses neuen Stückes an einen der klassischen
äolischen Dichter (oder an einen von deren gelegentlichen
Nachahmern wie Theokrit) unmöglich gemacht. Die Tatsache, daß sich hier Scholien finden, spricht andererseits für
einen der bekannten Dichter. Daß die Sprache rein äolisch
ist, zeigt schon die Zurückziehung des Akzentes (= Bary-

tonese). Da wir sonst keine äolische Chorlyrik kennen (an die
L. und Page denken), da ferner der Inhalt, soweit ersichtlich,
von Lesbos handelt, und zwar nicht nur den mythischen
König dieser Insel, Makar, erwähnt (wie Hom. Ω 544),
sondern auch die — m. e. aktuelle — Weisung bringt „zieh
gegen Lesbos", so muß der Text emendiert werden, nicht
anders als ein Sapphofr. (103, 12 LP.), wo im Pap. 3 Kürzen
nebeneinander stehen. Auch wenn das Metrum, nicht zuletzt
infolge Fehlens aller Versanfänge, sich nicht eindeutig be-
stimmen läßt, habe ich daher dieses Stück (Phil. 102, 1958,
13 ff.) dem Alkaios zugewiesen (vgl. u. a. das Schol. ἐν γὰρ τῆι
φυ[γῆι).

Die inhaltliche Deutung führt auf eine Götterepiphanie,
ein bei Sappho häufiges, durch 444 LP. (Traumerscheinung
des lesbischen Apollon Myrikaios, vgl. S. 80) auch bisher
schon für Alkaios belegtes Thema. Hier ist es ein Bote
oder eine Botin des Zeus: Kypris (v. 7, vgl. „Tochter des
Zeus" 206 LP., oben S. 10 und 134), Stadtgöttin von
Mytilene (zum Ruhmesadjektiv v. 9 vgl. *152,4 LP. x]ύδνας
Μυτ[ιλήνας). In v. 2—9 und 13 ff. vermute ich die Beschreibung der erscheinenden und wieder („wie lichtes . . .") ent-
schwindenden Gottheit: die göttliche Weisung, bekräftigt
durch einen Eid bei einer „erhabenen Göttin" (vielleicht
schwört Aphrodite in eigenem Namen?), scheint auf v. 10—
12 beschränkt. Als inhaltliches Gegenstück verglich schon
L. Alkaios *34b, 10f. LP.

>]λίποντες Μάκαρο[ς νᾶσον ἐ]πηράταν
>]αν ἔλθετε τὰν Κ[˜] νέμει.

In unserem Fall scheint im Kontext ein Aussagesatz (Subjekt: Lesbos) dem Befehl voraufzugehen, dessen Verb auf
eine kriegerische Invasion schließen läßt. Wortführend für
die Exulanten, hat der Dichter ihnen den göttlichen Befehl
zu einer Aktion mitzuteilen.

Aphrodite-Darstellungen auf Münzen von Mytilene gibt
es (Lit. b. Kiechle a. O. nr. 278): so könnte auch der A. *41,
17 ff. LP. erwähnte „heilige Bezirk, den Aphrodite erhielt
auf der Bergeshöhe der Stadt", sehr wohl auf den Aphrodite-
Kult in Mytilene gehen. Kultstätte hatte dort auch Zeus,
und die Kultnachbarschaft erklärt m. E. die nicht eben
gewöhnliche Botenrolle der Göttin in unserem Liedfragment.

Zu 24a D.

v. 1 Ὦ πότνι᾽ Ἥ]ρα, τᾶ(ι) ci. Gall.³. v. 2 suppl. D. ὄρος
κὰτ Gall. v. 15 ἄμφ[εν᾽ = äol. αὐχένα L. ἀμφ[ὶ βῶμον ὄκ]ν[η]ν,

Gall., ἄμφ[αδον D. ἄ[ρνα μὴ προσί]ν[η]ν sim. Deubner. ἀμφ'
[ίδρυμα φαί]ν[η]ν Ardizzoni. v. 21 κήνων. ὁ φύσκων Ardizzoni.
φυσγων pap., -σκ- Diog. La. v. 25 ss. e. gr. suppl. Latte: οὐ
κἄν νόμον [τὸν ἄμμιν ἔδωκε νῦν] γλαύκας ἄ[λος πλάκεσσιν
δίεται] γεγράμ[μενον φθέρρην τὸν ὄρκον] Μύρσιλ[ον ἀμφαγάπαις
ἔταιρον].
    Viel gedeutet hat man an v. 21f. κήνων ὁ φύσγων οὐ
διελέξατο πρὸς θῦμον: „con l'animo di loro non s'intratenne
affabilmente il panciuto" (Gall.), „er kümmerte sich nicht
darum, was ihnen am Herzen lag" (Deubner 11, vgl. Kamerbeek 108 „eorum voluntatis rationem non habens"), „ver-
handelte(?) nicht in ihrem Sinn" (Snell, 7 Weisen², 161,
dem schon damals diese Interpretation sehr fraglich erschienen ist). Die Vorschläge Ardizzonis, nach κήνων einen
Punkt zu setzen und es zum Vorhergehenden zu beziehen
(„liberare il popolo di quelle sofferenze") und Gallavottis
('46, 133), κῆν' ὦν zu schreiben, sind beide unhaltbar: vgl.
jetzt Gall., Storia 120f., Lingua 131f., Anm. 3, der sich
nun der Ansicht von Diehl und Kamerbeek anschließt.
Der Pap. gibt nämlich Interpunktion am vorhergehenden
Strophenschluß, den Akzent κήνων und nach diesem Wort |,
d.h. Worttrennung. Auch wenn man die Schreibung des
Pap. nicht für verbindlich hielte, ließen sich diese Vorschläge
nicht halten, was hier nicht näher ausgeführt werden kann.
Aber auch daß von dem Thymos der Gefallenen die Rede
gewesen wäre (Diehl, Kamerbeek), halte ich für undenkbar:
Thymós = Lebensseele, Geist, Sinn der Lebenden, und wo
διαλέγεσθαι zusammen mit Thymos gebraucht wird, ist das
mit Bezug auf den eigenen Sinn gesagt (vgl. Deubner). —
Die gleichen Worte κήνων v. 14 und v. 21 brauchen aber
m. E. keineswegs identisch zu sein, weder beidemal Mascu-
lina noch beidemal Neutra (wie Mazzarino 65, Anm. 1
wollte). In v. 21 sehe ich allerdings ein Neutrum: vgl. die
Demonstrativa 45, 6 D κῆνος δὲ τούτων οὐκ ἐπελάθετο, 46,
8 b D τούτων λελάθων, 54,7 D τῶν οὐκ ἔστι λάθεσθ'. Obwohl
Sappho 32,5 D ταῦτα—ζάλεξαι, 87 D ζά τ' ἐλεξάμαν ὄναρ
hat und das Verbum an diesen Stellen in der äol. Lyrik
bisher nur mit dem Acc. belegt war, obwohl der Acc. auch
dort sich findet, wo das Wort bei Homer der Bedeutung
„deliberare" nahekommt (Λ 407 ἀλλὰ τίη μοί ταῦτα φίλος
διελέξατο θυμός, vgl. Theander, Eranos 44, 1946, 65 Anm. 1),
wird man es hier in negativer Form mit dem Gen. verbunden
sehen dürfen. Zwei Erklärungen wären möglich: der idg.,
auch dem Altgriechischen nicht fremde Gebrauch negierter
Transitiva mit dem Gen., oder, was das Wahrscheinlichere

scheint, Anlehnung an den Gebrauch der verba memoriae
(Lit. über diese bei Löfstedt, Syntactica II, 1933, 27 Anm. 1).
Vgl. jetzt auch Page, Comm. 167: seine Übersetzung „there-
of" entspricht durchaus dem hier Geforderten, „made no
reckoning with his heart (?)" tut es annähernd. Ich sehe
erfreut, daß sich hierin ein consensus anbahnt.

Gegen Deubners Deutung von Kemelios (von *κέμος,
vgl. κεμάς—Hirschkalb) erhebt Latte Einwände, vgl. aber
Picard (BCH 70, 1946, 463). Lattes Ergänzung der Schluß-
strophe ist mit der Wiedergabe Hausmanns zu vergleichen,
s. auch Mazzarino (64, Anm. 1).

Die gleiche Göttertrias wie hier ist, wenn auch z. T.
ohne die üblichen kultischen Beinamen, von Sappho 28 D
genannt. Dort wird auch die Gründungslegende dieses
Heiligtums erzählt: nach Beendigung des Trojanischen
Krieges konnten die Atriden von Lesbos widriger Winde
wegen nicht weiterfahren, ehe sie nicht zu Hera, zu Zeus
(Antiaios) und zu Dionysos gebetet hatten. — Vielleicht
gelingt es einmal der archäologischen Forschung, dies lesbische Stammesheiligtum wiederzuentdecken. Bisher hat
man es (I) in Kap Phokas, (II) im Temenos bei Lisvori
oder (III) bei Mesa lokalisieren wollen: für Kap Phokas, das
antike Kap von Bresa, plädierte J. D. Quinn (AJA 1961),
für die wie zu Diokletians Zeiten so heute noch „Temenos"
heißenden Terrassen am Westhang des Berges Temenites
bei Lisvori sprach sich M. Paraskevaides (in mehreren Zei-
tungsaufsätzen) aus, für das von mir schon 1954 befür-
wortete Mesa neuerdings (REA 1960) auch L. Robert.
Alle diese Stätten habe ich 1963, teils zum zweitenmal,
aufsuchen können, nicht zuletzt dank der Hilfe griechischer
Freunde. — Kap Phokas an der Südküste, dicht östlich
der Einfahrt in den Golf von Kalloni, ist mit seiner un-
geschützten Lage, seinem sehr kleinen Hafen, den für eine
Panegyris aus allen Städten der Insel zu kleinen Terrassen
m. E. auszuschließen. Zwar ist da Dionysoskult nachgewiesen (Steph. Byz. s. v., Et. Magn. 214,3 und die Inschrift
IG XII,2 nr. 478, 3. Jh. v. Chr., Διονύσω Βρισαγέ[νη, dazu
Koldewey, Die antiken Baureste der Insel Lesbos 64, L. A.
Stella, PP 1956, 362 Anm. 2), nicht jedoch eine Göttertrias,
was Quinn zu leicht nimmt. Auch ist die von Androtion
(FGrHist 324 F 56 Jacoby) berichtete Gründungslegende
ὅτι τὸ ἱερὸν τοῦ θεοῦ ἐν τῇ Βρίσῃ φησὶν ἱδρύσθαι ὑπὸ Μάκαρος
nicht identisch mit der von Sappho und Alkaios berichteten.
Den Glauben versagen muß ich dem Hauptargument von
Quinn, meint er doch, die Voraussetzung für die mythische

Situation in der Odyssee 3,169 ff. (Menelaos trifft auf der
Heimfahrt aus Troja den Nestor in Lesbos) und für die
dort berichtete Diskussion über die weitere Reiseroute sei,
daß die dabei genannten 3 Landmarken — Chios, der Berg
Mimas in Kl.-Asien und die Insel Psyrie (jetzt Psara) —
alle in Sichtweite lagen. Das hieße die geographischen Kennt-
nisse und Vorstellungen unterschätzen, die auch in sehr
alten Zeiten für Seefahrer unerläßlich waren, da sie auf
weite Strecken nur Meer und Himmel sehen konnten. —
Das Temenos bei Lisvori, sehr wahrscheinlich eine alte,
heilige Stätte, liegt im Bereich einer alten (schon neoli-
thischen?), z. T. in den Fluten des Golfes versunkenen
Siedlung, deren Hafenmolen bei Windstille aus einem
Fischerboot gut sichtbar sind. An das ältere Pyrrha, *Pyrrha
hausta...mari* (Plin. nat. hist. 5,139), erinnert M. Paraskevaides wohl zu Recht. Grabungs- und Taucharbeiten von
Archäologen dürften sich hier lohnen. Aus dem Berg Temenites sah ich Ende April ein plätscherndes Bächlein tal-
wärts fließen, vorbei an Öl- und Mandelbäumen, an Pappeln
und Dornsträuchern. Ist es zu verdenken, wenn mir da die
Verse Sapphos in den Sinn kamen (5/6 D. „Kühles Wasser
rauscht an den Apfelzweigen leis vorbei" etc.), in denen sie
ein Heiligtum der Aphrodite beschreibt? Das Kirchlein
des St. Isidoros kann für den, der auf der Erdoberfläche ver-
geblich nach Spuren eines archaischen ἀγνὸς ναός sucht, allerdings kein Ersatz sein. — Mesa endlich, ein Höfchen unweit
des späteren, heute ebenfalls unbesiedelten Pyrrha am
Nordende der Bucht von Kalloni (s. Kirsten-Kraiker,
Griechenlandkunde, 4. Aufl. 1962, 534), mit Resten eines
Tempels (4. Jh.?), der später von einer christlichen Kirche,
die heute ebenfalls bis auf einige Reste zerfallen ist, über-
baut wurde. Koldeweys Grabungen hier müssen heute unzureichend und unsystematisch genannt werden. Die Bio-
graphie unseres Dichters läßt das Heiligtum, in dem der
nach Pyrrha Geflüchtete Asyl fand, in der Nähe Pyrrhas,
am ehesten wohl hier, vermuten. In Inschriften des späteren Koinon der Lesbier, z.B. IG XI,4 nr. 1064 a 5, b 32,
vor 167 v. Chr. (vgl. L. Robert a.O.), sind die Wendungen
ΕΝ ΜΕΣΣΩ, ΕΙΣ ΜΕΣΣΟΝ auf das Kultzentrum dieses
Städtebundes zu beziehen („de templo in media insula sito
monuit Wilamowitz"). Der Name gleicht dem heutigen;
das Kultzentrum, im 4. Jh. durch einen neuen Tempelbau
verschönt, dürfte an der alten Stätte geblieben sein. Möglicherweise hatte das archaische Stammesheiligtum, wie das
Panionion in Mykale, keinen Tempel, nur Altäre. Sie sind

bei Alkaios genannt, dazu allerdings eine „königliche Mauer"
(der Hera, sagt das Scholion). Leider fehlt im Pap. das Sub-
stantiv, zu dem das Adj. εὔδειλον gehörte: „Berg" würde für
Mesa nicht passen, nur ὄχθαν πάρ (vgl. Soph. Trach. 524 von
einem Flußufer τηλαυγεῖ παρ' ὄχθῳ). Ein weiteres Beweis-
glied könnten die Terrakotten mit Darstellungen von
Mann + Frau abgeben, von denen eine Kollektion durch
den Eigentümer größerer Ländereien in der Gegend um
Pyrrha dem Museum in Mytilene geschenkt wurde. Der
Stifter ist tot, die genaue Fundstelle wird immer unbekannt
bleiben. So läßt sich dieser Hinweis auf ein Heiligtum der
Göttin der Ehe, Hera, nicht verwerten. Daß die Gegend bei
Mesa keineswegs unfruchtbar ist, sei zum Schluß betont,
ebenso, daß es dort 2 Quellen gibt: ohne ausreichendes
Trinkwasser kann ich mir eine Panegyris nicht denken.

Worauf sich Theophrasts Behauptung gründet, Pyrrha
habe ἄγονον ὕδωρ gehabt, wissen wir nicht. Wer das für erwiesen hielt und seine Zeugungskraft nicht verlieren wollte,
mußte sich einen anderen Wohnsitz suchen: neben dem ge-
stiegenen Wasserspiegel des Golfes ein Grund mehr, warum
schließlich auch das spätere Pyrrha aufgegeben wurde.
Mit dem Waldbrand im Πυρραῖον ὄρος (Theophr. hist. plant.
III 9,5) bzw. im *Pyrrhaeum nemus* (Plin. hist. nat. 16,46)
ist eindeutig diese Gegend gemeint: die πίτυς, *picea*, wächst
da noch heute (und ist für Lisvori nicht typisch).

Daß die lesbische Göttertrias, jedenfalls Hera und „als
dritter Dionysos", im euripideischen Archelaos wieder-
begegnet (P. Hamb. 118 b col. II), dessen Vorgeschichte in
Dodona spielt, blieb bisher unbemerkt.

Zu 24c D.

v. 1 αγ sscr. λί pap. ἀγνώσ[τοις Steffen, Koster. varia
lectio fort. λίνοις L. locus adhuc obscurus. v. 4 λαῖδᾶ pap., „io,
il figlio di Agesilaida" Mazzarino, vocativum intellexit L.,
al., cf. 32 D., v. 6 in. „χασ (e και corr.?) pap., non κακ, sequi-
tur ρ, deinde post lacunam duarum litterarum η incertissi-
mum (nisi fuit ι del.)": D. καχγ[ε]γήρασ' = χαγγ[ε]γήρασ' L.
ad-ρᾶσ' Kamerbeek contulit Hom. η 114 πεφύκᾶσι, λ 304 λε-
λόγχᾶσι. v. 11 in. δ[vel λ[L, λ[, χ[possis LP. λ[ίπων] Latte,
φ[εύγων legit et suppl. D. v. 12 suppl. Latte, κρό[ντορ]ας
D. metri causa pro ἄμεινον proposuit κέρδιον L., sed cf.
Kamerbeek 117, Gall., Storia 128, Latte 142. pro ὀννέλην
Vogliano coniecit ὀννέχην. v. 13s. de [πεφύγγων] et ἐοί[χην]
cogitavit D. v. 22 ']ϟχ[οισι]ν Gall., D. ἀλλ' ἀχέων] ἀπὺ

πόλλων πότα δὴ θέοι [ῥύσασθαί μ' ἐπαρέ]σχ[οισι]ν ['Ολύ]μπιοι;
Gall., '46, 125. de voce ἀγνός (v. 1) cf. Wil., Gl. d. H. 1, 22,
Diehl ad l., Ferrari. Eine Selbstanrede ist bei A. bisher, auch trotz 37 D.,
nicht nachgewiesen, wohl aber hat A. so gut wie Archilochos
mit seinem Thymos gelegentlich Zwiesprache gehalten: vgl.
Theocr. XXX. Mazzarinos scharfsinnige Folgerungen betr.
der Zugehörigkeit des A. zur Sippe der Agelaiden bleiben
unsicher. Der v. 9 genannte mythische Onomakles ist (bis
auf den Titel einer sophokleischen Tragödie) sonst nicht
bekannt: λυκαιμίαις (Hesych λυκαιχλίας· ὁ λυκόβροτος) muß
heißen „wie ein Tier, das der Wolf angefallen hat und das
sich im Dickicht verkriecht" (Latte). Man fragt sich, ob
damit nicht Schlimmeres gemeint ist als bäuerliches Dasein
(im Wolf sieht ein Sinnbild für den Vogelfreien und Aus-
gestoßenen J. Trumpf 72 Anm. 1).
Sicher ist, daß die Praes. v. 2 und v. 16 auf das Jetzt
und Hier gehen. Vorher aber ist v. 14 die Landung erwähnt,
davor „in das Heiligtum und ἐοι[-. Daß dies, wie ἐοίκησα
v. 10 und die „äußerste Ferne" (Dat.? oder trotz Page Acc.
wie bei Sappho „geh" mit Zielakkusativ verbunden ist)
ebenfalls nur auf die Flucht nach Pyrrha gehen soll und
eine solche Hyperbel nur dem „ungehemmten Gefühlsaus-
bruch" des Dichters zugute zu halten ist (Deubner 13f.),
schien mir keineswegs sicher (vgl. D. S. 4). Wie Kamerbeek
(und jetzt auch Trumpf), setzte ich dieses Lied in die Zeit
der zweiten Rückkehr des Dichters an. Seit LP. in v. 10
jedoch vor „ich lebte allein" ἔνθαδ' gelesen haben (wie Latte
ergänzen wollte), sind diese Bedenken widerlegt: auch der
Aor. meint das Leben hier. Sein Leben in diesem heiligen
Bezirk sieht A. als etwas Tristes an, bei nochmaliger Vergegenwärtigung wird er aber des Erfreulichen inne.
v. 12 akzeptiere ich Lattes Ergänzung trotz verblei-
bender paläographischer Bedenken (Page, Comm. 206); zum
Gedanken vgl. Pindar, Py. 2, 94 ποτὶ κέντρον λακτίζειν, fr.
iamb. adesp. 13 D. πρὸς κέντρα μὴ λακτιζέτω, Herodot 3,
52, 5 ἐς τοὺς κρέσσονας τεθυμῶσθαι (dazu Fränkel 83f. Anm. 1;
einige weitere Stellen jetzt bei A. Luppino, Riv. '62, 37),
vor allem aber den, von Aristarch athetierten, Vers aus
Hesiod, Erga 210 ἄφρων δ' ὃς ἐθέλῃ πρὸς κρείσσονας ἀντι-
φερίζειν. Nach dieser Gnome nahm Manfred Hausmann
Gedichtschluß an, Latte hat das gebilligt. Jedoch gibt es
dafür nicht den geringsten paläographischen (oder metrischen) Anhaltspunkt (vgl. Gall. 165f.); s. Würzb. Jhb. und
die Interpretation S. 119f., auch V. Hom. z. Lyrik 241. Lup-

pinos historische Folgerung, A. klage über die Beseitigung
der demokratischen (sic) Institution der Volksversammlung
in Mytilene, ignoriert die Praktiken der frühen griechischen
Tyrannen. Nur wie sehr A., im Gegensatz etwa zu Hesiod,
am ,öffentlichen Leben' hing, ist ersichtlich.

Zu 307c LP.

Lit.: Crusius, Delph. Hymnen, 1894; Hirzel, Themis (33
Anm. 3); Wil., Gl. d. H. (2, 112, Anm. 1); Dirlmeier (283,
286 m. Anm. 5); Nilsson (1, 546f. m. Anm. 7); Gundert (133
Anm. 1); Snell ('44, 284); Gall., Storia 81ff.; s. jetzt Page,
Comm. 244ff. Über das Tönen der delph. Dreifüße vgl.
Wieseler, Üb. d. delph. Dreifuß, Abh. d. kgl. Ges. d. Wiss.,
Göttingen, XV, 1870, 262f. Anm. 28. Über das myth. Volk
der Hyperboreer vgl. Daebritz, RE IX 258ff.; über Paiane s.
Deubner, Neue Jahrb. 22, 1919, 385ff.; Färber 31f.; Nilsson
1, 147. Die Zugehörigkeit von 4 D., verm. dem 4. Vers der
1. Strophe, zu diesem Pään an Apollon hat Snell erkannt
('44, 284f.). Daß τις hierbei unerklärt bleibt, hat Snell nicht
verschwiegen. Lattes weiterer Einwand gegen mich (und
implicite Snell), die Bedeutung von ἐσχατιαί verbiete diese
Interpretation, stützt sich auf den attischen Wortgebrauch,
ist aber auch da z.B. durch das vom fernen Westen gebrauchte ἀπ' ἐσχατιᾶν γαίας Aisch. fr. 109 Mette widerlegt.
Grundsätzlich ist von einem Zitat bei einem Metriker (4 D.
ist bei Hephaistion überliefert) keine Sinneinheit, kein ab-
geschlossener Satz, zu erwarten. — Von Himerios wird A. an
der ausgeschriebenen Stelle dreimal genannt: das Zeugnis
ist in der Tat „unbedingt zuverlässig" (Dirlmeier). Das soll
jedoch nicht dazu führen, rhetorische Ausschmückungen
des Himerios zu übersehen: προφητεύσοντα δίκην καὶ θέμιν
τοῖς ῞Ελλησιν würde ich zu solchen zählen (bis auf θέμις, vgl.
Sappho 35 D. 109 D. Lobel AfP. 10, 1932, 3 zu Pap. Bouriant
8 col. VII 12). *Alcaei vocibus hic illic evocatis velut* μίτρα,
Κασταλίας νάματα, ἀβρύνεται, τέττιγγες, πορφύρων *al. narrat
Himerios* meinte D. (App. zu 1 D.). Auch θεμιστεύειν,
ἠχῆσαι (vgl. ἄχω θεσπεσία 24c D., v. 19) können aus dem
Original stammen, dgl. der gen. abs. und θερινόν τι...
ἀβρύνεται: vgl. Stesichoros 14 D. = 212 P. χρὴ ὑμνεῖν Φρύγιον
μέλος ἐξευρόντας ἀβρῶς ἦρος ἐπερχομένου und Alc. 106, 10 D.
ἤρινον. Einen Nachklang scheint mir das Preislied auf Delphi
Eurip. Ion 82ff., bes. 95f. zu enthalten: τὰς Κασταλίας ἀρ-
γυροειδεῖς...δίνας ~ ῥεῖ δὲ κατὰ τὴν ποίησιν ἡ Κασταλία
ἀργυροῖς νάμασιν. Ion 180f. (von den Vögeln) τοὺς θεῶν
ἀγγέλλοντας φάμας θνατοῖς ~ οὐ τὴν ἑαυτῶν τύχην ἐν ἀνθρώποις

ἀγγέλλουσαι ἀλλὰ πάντα τὰ μέλη κατὰ θεοῦ φθεγγόμεναι. (Zu κατά vgl. Kallim. hymn. in Apoll. [II] 28f. τὸν χορὸν ὡπόλλων ὅτι οἱ κατὰ θυμὸν ἀείδει, τιμήσει). In den von Crusius heraus-gegebenen delphischen Hymnen (vgl. S. 19. 40. 65; der Text auch ALG II 297ff.) kann ebenfalls das Lied des Alkaios noch nachklingen. Vom Kastalischen Quell heißt es da — im att. Hymnos — Κασταλίδος εὐύδρου νάματ', in dem des Aristonoos εὐδρόσοισι Κασταλίας να[σ]μοῖς σὸν δέμας ἐξαβρύνων. [Vgl. εναβρυνομ im Alkaioskommentar P. Ox. XXI, 2307 fr. 12, 6. = *307 fr. 12, 6 LP.]

Trotz Wil. Zweifel, „was die wenigen Gedichte an Götter …eigentlich wollten", ist dies ein Kultlied, und die aitiolo-gische Legende leitete gewiß über zu dem Ruf, der Gott möchte auch jetzt von den Hyperboreern herbeieilen. My-thische und Gegenwartshandlung gehen, wie oft in archaischen Festliedern, ineinander über: zu solcher Liedform vgl. Snell, Hermes 67, 1932, 12 im Anschluß an Bacchyl. fr. 4 Sn.

Den Schwanenwagen Apollons hat auch Sappho (208 LP.) erwähnt, jedoch von dem Musageten, nicht vom Gotte Del-phis gesungen. Nur von Alkaios können wir sagen, daß er von Delphi „innerlich ergriffen" war (Dirlmeier).

Vgl. nun auch Page a.O. 248: "… that Alcaeus has understood the inmost nature, and given expression to the deepest significance, of the cult of Delphian Apollo" (dem ich nur darin nicht zustimme, daß er a.O. 244 von den lesbischen Hymnen behauptet: "they appear rather to be literary exercises, designed for the entertainment of an audience on more or less informal occasions": das muß ich ein Verkennen archaischer religiöser Poesie nennen).

Zeitlich wird man den Päan m. E. eher nach als vor dem heiligen Krieg v. 590 ansetzen. Die Erwähnung Kirsas (genauer: kirsäischer …, vielleicht Schiffe) in dem arg ver-stümmelten fr. *121 D. hilft leider nicht weiter, die Pluralform spricht jedoch nicht gerade für die von Lobel gegebene, von Pfeiffer gebilligte Deutung dieses Stückes.

Zu 2 D.

μέδεις = part. v. 2 αὐγαῖς codd., αὔταις W. Schulze. Kyl-lene, Gebirgszug zwischen Arkadien und Achaia, Geburtsort des Hermes (vgl. bes. Hesiod. fr. 276). Die übermütige Ge-schichte, wie der kleine Hermes Apollons Rinder stiehlt (hymn. Hom. III, vgl. die „Spürhunde" des Sophokles), ist auch von Alkaios behandelt worden: *308d LP., app., Porphyr. zu Horaz, c. 1, 10, 9. Zu Horazens *viduus pharetra* …*risit Apollo* vgl. die Schol. Hom. Jl. O 256 erzählte Geschichte, wie Hermes nicht nur die Rinder, sondern auch den Köcher des Apollon stiehlt. Auch dieser Schabernack war also von Alkaios erwähnt. Daß der Thymos (nicht die Muse) den Sänger zum Singen veranlaßt, ist ähnlich z. B. auch bei „Terpander" (2 D. = 697 P.) und Alkman (60 D. = adesp. 955 P. φρήν) gesagt.

Zu 78 D

Die Dioskuren, Kastor und Polydeukes, werden von ihrem Wohnsitz, von der Peloponnes, herbeigerufen, um das Schiff zu retten. Sie sollen von ihrem Gespann auf die Rahen springen: d. h. sie sollen als St. Elmsfeuer erscheinen. Griechischem Glauben ist solche Wandlungsfähigkeit göttlicher Erscheinung nichts Fremdes: die Übersetzung mußte, um verständlich zu sein, leider vergröbern: vgl. Manfred Hausmann, Anm. zur Übertragung (frühgr. Gedichte), Antike u. Abendland II, 1946, 174 ff.

v. 3 [ἱλλάω]ι Wil. (hardly fills the lacune, ed. pr.), [εὐμένε]ι Bowra, „vide an supplendum sit [εὐνόω]ι" Diehl, LG. red. p. 16; v. 9 εσδ[.]ων sscr. υ, pap., em. Edmonds, L. (Wil. εὐέδρων). v. 10 Bowra, ἀμφίβα]ντες D.

Während Wil. (233) meinte, in diesem Gedicht sei „nicht viel Kunst zu holen", die beiden Beiwörter des Schiffes seien „leerer Schmuck", hat Fränkel (78 Anm. 2) die schöne Steigerung nicht verkannt, das Verdienst freilich nicht dem Dichter, sondern der Tradition zugeschrieben. In der Tat scheint z. B. das Betonen, daß für die Götter alles, auch das Allerschwerste, ein Leichtes ist, traditionell zu sein: vgl. Hom. π 211 f., Hes. Erga 5 f., Solon 3, 34 ff. D. (dazu Jaeger, Solons Eunomie 83). Die Kunst geht hier bei A. aber bis ins Einzelne. Zuerst sind die Vorstellungen miteinander verwoben, die Gegensätze verschränkt: „leicht — vom Tode — rettet ihr — vom gar eisigen", mit einer nachträglichen Erweiterung des Bildes, wie sie jede Volksdichtung auch schon kennt. Dann aber stehen drei geschlossene Bilder nebeneinander: „in schrecklicher Nacht — Licht bringend — dem Schiff, dem schwarzen." (Wie sollte ein Schiff, das in der Dunkelheit treibt, besser benannt werden können?) Der hom. Hymnos an die Dioskuren (XXXIII) hat diese Dramatik nicht, so schön er ist.

Zu 3 D.

Koroneia = Stadt in Böotien. Strabo weist dem Dichter mangelnde Kenntnis der Geographie Böotiens und Thessaliens nach.

Zu 7 D.

σύναγε = συνῆγε. κεδάζω = dissipo L., [ζαδε] D. Athene als „herzbewegende" Spenderin neuen Mutes z. B. auch bei Archil. 51,57 D. [Vgl. zu 206 LP].

Zu 59 D.

Phobos als Sohn des Ares Hom. N 299, vgl. Δ 440. Bei Alkaios tritt hier die Genealogie zurück, es deutet sich im dichterischen Bild schon stärker das Bewußtsein des Kausalzusammenhanges an.

Zu 9/9a—c D.

Hephaistos wird um seiner Häßlichkeit willen von seiner Mutter Hera aus dem Olymp geworfen. Er lernt die Schmiedekunst und rächt sich, indem er ihr einen Thron mit unsichtbaren Fesseln schickt. Wie Hera sich daraufsetzt, kommt sie nicht mehr los. In einem Götterrat überlegt man, wie man den Hephaist holen und ihn zum Lösen der Fesseln zwingen könnte. Ares versucht sein Heil, wird aber durch Hephaists Feuer zurückgetrieben. Dionysos gelingt es, den Hephaist berauscht zu machen und ihn auf den Olymp zu holen. Hephaist löst die Fesseln, Dionysos darf dafür fortan „einer der himmlischen Götter" sein.

Diese burleske Göttermär (Ps.-Libanios προγυμνάσμ. cod. Vatic. 305, vol. VIII 38 Förster, vgl. D. im App. zu fr. 9, am vollständigsten abgedr. bei Wil. Heph. 220, Anm. 1), die auf Grund bildlicher Darstellungen (z. B. auf der sog. Francoisvase) noch um einige Züge ergänzt werden kann (Hera verspricht dem Retter Aphrodite zum Lohn, und Hephaist, der hinkende Schmiedegott, gewinnt sie), ist, wie schon Wil., Heph. 219ff. erkannt hat, von A. in diesem Hymnos behandelt worden; nicht das Liebesabenteuer des Ares, das Demodokos Hom. θ 267ff. besingt; vermutlich war das Vorbild ein uns verlorener „homerischer" Hymnos: vgl. Friedländer, Lachende Götter, Antike 10, 1934, 211, und zum Burlesken gerade des archaischen Mythos, Reinhardt, Das Parisurteil (jetzt auch abgedr. in „Von Werken u. Formen", 1948, 11ff.). Aber während Wil. (und D.) meint, der Mythos gehöre auch bei A. zu einem Hephaistos-Hymnos — wobei dann der Schluß bei Ps.-Liban. als nicht zugehörig fortgelassen werden muß —, lassen sich die fr. weit besser einem Hymnos an Dionysos zuweisen (Snell, brieflich). Auch eine Kleinigkeit wie die 3.Pers. ἄτερ Ƒέϑεν findet nun ihre volle Erklärung, während man es sonst auf die Mithilfe (des

Dionysos), nicht auf den eigentlichen Befreier (Hephaist) beziehen müßte: „außer, er tat es", kann, von Hephaist gesagt, nicht wohl in einem an ihn gerichteten Hymnos gestanden haben. Da wäre ein „Du" zu erwarten. An unserer
Stelle ist aber die 3. Person durch das Grammatikerzitat
gesichert. — Übrigens kann das κεν 9a ein Hinweis sein,
daß auch Alkaios von der Belohnung für den Befreier gesprochen hatte.

Während Page, Comm. 258ff. daran festhält, daß es ein
Hymnos auf Hephaistos war, hat Snell, Festschr. f. E.
Kapp, 1958, 15ff. nochmals die Argumente vorgebracht, die
für einen Dionysoshymnos sprechen. Das einzige sprachliche Argument bleibt Ϝέθεν.

Zu 10 D.

Zu diesem Beinamen des Dionysos, der u. a. auch hymn.
Hom. XXXIV begegnet, vgl. Deubner (9), Gall,. Storia 136f.
Möglicherweise gehört das Bruchstück zu dem gleichen Hym-
nos wie die vorigen (Snell, brieflich).

Zu 8 D.

Eros, der als kosmische Macht bei Hesiod weder Vater
noch Mutter hat, wird hier der Sohn des Westwindes (Zephyros) und der Götterbotin Iris (des Regenbogens) genannt.

Pfeiffer folgend setze ich die zwei ersten, bei Joannes
Lydus überlieferten Worte an den Anfang dieses Hymnos.
Sie sind freilich in einem heillosen Zustand überliefert und
nur halsbrecherische, allerdings auch von Wilamowitz (Pin-
daros 322 Anm. 2) gebilligte Konjekturen H(efermehls) vermögen sie dem A. zuzuweisen: Ἔρωτος, ὃν οἱ μυθικοὶ (i. e.
Apollodorus) †Ζγαντος εἶναι παῖδα ἀξιοῦσι, ὥς φησιν [Εὔρυτος,
dittogr. pro Ἔρωτος, eiecit H.] ὁ Ἀλκαῖ⟨ος ὁ⟩ (corr. H.,
legunt Λακεδ⟨αιμόνιος⟩) ⟨μ⟩ελοποιός· ἄρχεται δὲ οὕτως· ἀγλαό-
μειδες Ἔρος (corr. H., ἀγαλμομειδὲς Ἔρως cod.) „Auch
8 D. wird von Apollodor zitiert. Die Worte müssen zu diesem
Eroshymnos gehören: aber wie sollen sie sich, auch wenn
man ἀγλαό⟨μ⟩μειδες schreibt, metrisch in den Elfsilbler fügen?"
(Pfeiffer 319). Nun ist 63 D. μελλιχόμειδε in der Anrede an
Sappho sicher überliefert: Hephaistion gibt das Schema
des betr. „Zwölfsilblers" mit abab bbaa babb, für unser
Wort also baaba an. Die von Maas, KZ. 56, 138 Anm. 1
vorgeschlagene (von Hamm, Gr. 156 gebilligte) Trennung
μελλιχόμειδες 'ἄ- (vgl. Schwyzer I 580, Zus. 4) scheint doch
wohl ferner zu liegen als zwei andere Möglichkeiten, die,
unabhängig davon, für welche man sich entscheidet, in

unserer Frage etwas weiter führen können: durchaus denk-
bar ist, daß die Lesbier auch hier eine „metaplastische"
Form, einen o-Stamm statt eines s-Stammes, gebrauchten:
bei Liddell-Scott ist denn auch nur die Form μελλιχόμειδος
aufgenommen, vgl. Bechtel I 70, der auf den Voc. Εὔκλε
verweist, vgl. auch Ferrari, Stud. it. 1940, 52: „La forma
metaplastica. . . non suscita alcuna difficoltà."—Andererseits
ist gerade für das Lesbische durch eine Grammatikernotiz in
den s-Stämmen ein Voc. ohne -s bezeugt (vgl. Schwyzer a.O.),
und zwar im „Compendium über den äolischen Dialekt" III
§ 32, das dem Ioannes Grammaticus (6. Jh. n. Chr.) zugeschrieben wird (abgedr. b. Hoffmann, D. gr. Dialekte II
215ff., bes. 219), wo Vocativformen wie Σώκρατε, Δημόσθενε
bezeugt werden. Trotz des epischen, auch von den Lesbiern
gebrauchten φιλομειδής (das uns im Voc. bisher bei diesen
nicht begegnet) und dem sonst noch begegnenden εὐμειδής
besteht doch wohl die Möglichkeit, nun auch in unserem fr.
einen Voc. auf -μειδε anzunehmen.

Dann ließe sich ein †ἀγαλμόμειδ' Ἔρος immerhin am
Anfang des Elfsilblers unterbringen (wenn man es nicht
vorzieht, die Worte voneinander abzurücken, um die laut-
lich nicht gerade schöne Verbindung zu vermeiden: wofür
allerdings das Zitat keine Handhabe bietet, abgesehen von
seinem korrupten Zustand im allgemeinen). Bleibt noch die
im ersten Wort steckende Korruptel. Verderbt muß das
Wort zweifellos sein: nur in schlechten Griechisch (Manetho)
ist ein ἀγαλμοτυπεύς belegt, Bildungen auf ὀνομο- z.B. aber
gibt es keine (vgl. Schwyzer I 447ff.). Die Konjektur H.s
muß nun freilich aus metrischen Gründen verworfen werden
(so hübsch das Wort sonst wäre, das denn auch die Übers.
beeinflußt hat). — Statt dessen sei hier eine andere Konjektur vorgeschlagen: sollte Alkaios nicht das epische φιλομειδής durch eine poetische Neubildung ἀγαλλομειδής über-
boten haben? Aus Ausdrücken wie ἀγαλλόμεναι ὀπὶ καλῇ
(Hes. Th. 68) wäre diese Zusammensetzung unschwer ab-
zuleiten gewesen, und fast jeder Neufund bringt sprachliche
Neuschöpfungen der lesbischen Dichter. — Zum lächelnden
Eros vgl. Bowra 450f. (der Sapph. 128,5 D. als Ergänzung
μειδιάων vorschlägt unter Hinweis auf hymn. Hom. X 2
und Sappho 1 D.).

Zu 146 D.

ἔλασας = ἔλησας mit Tmesis wie Hom. η 231. Wer angeredet ist, bleibt leider ungewiß. Der Wein ist für A.
ληθικήδης, aber eher als an eine Anrede an einen Trink-

becher möchte ich eine an die Leier oder den Gott erwägen, der den Menschen den λαθικάδεα οἶνον gegeben hat (96 D.). Vgl. Alkman 1,88f. D., wo von der Aotis — verm. einer Göttin (Bowra) — gesagt ist πόνων...ἆμιν ἰάτωρ ἔγεντο. Simonides (221 B = 647 P.) hat gesagt, Wein und Lied hätten „gleichen Ursprung".

G. Plomböck, Erfassen — Gegenwärtigen — Innesein, Diss. Kiel 1959, hat den homerischen Gebrauch der Verben behandelt, die wir mit „vergessen", „erinnern" nur unzureichend wiedergeben, weil sie im Griechischen urspr. existenzielle Bedeutung haben.

Zu 11 D.

Νύμφαι B., D. Vgl. Hesiod fr. 175,5 Νύμφαι...κοῦραι Διὸς αἰγιόχοιο.

Zu 12 D.

Von Snell (briefl. Mitteilung) einem Zeushymnos zugewiesen: nur so ist auch der Dat. Κρόνῳ erklärlich, nicht, wenn von Dionysos' Aufwachsen bei den Nymphen (hymn. Hom. XXXI 3ff. ὃν τρέφον ἠύκομοι νύμφαι παρὰ πατρὸς ἄνακτος δεξάμεναι κόλποισι) die Rede wäre. [Bei Sappho P.Ox. 2299 fr. 7 = Alkaios 258 LP. steht -α (sscr. ι) κρονω am Versschluß: für χρ-? Warum ich diesen Pap. Sappho zuweise, ist an anderer Stelle begründet.]

Zu 13 D.

ὔμμε = acc. „Probabile est τὸ γὰρ / ἰότητι θέων ὔμμε λάχον...γέρας scribendum esse, reliqua nondum sanari queunt" L. ⟨τοὶ⟩ γὰρ θ. ἰότατ' ὔμμε λάχον, τῶν γέρας ἄφθιτον / θήσει D. τὸ — ἀνθήσει R. ⟨ἀν⟩θήσει iam B., ⟨ὀν⟩θήσει Ahrens. Für ἄφυκτον könnte sprechen: Sim. 9,3ff. = 520,4ff. P. ὁ δ' ἄφυκτος ὁμῶς ἐπικρέμαται θάνατος· κείνου γὰρ ἴσον λάχον μέρος οἵ τ' ἀγαθοὶ ὅστις τε κακός, vgl. die Metapher vom Tantalos-Stein Alc. 32 D.; das Paradoxon δῶρα ἄφυκτα θεῶν Solon 1,64 D.; ἰότητι θεῶν Hom. T 9, vom Tod des Patroklos gesagt; der Gebrauch von λαγχάνειν Hom. Ψ 79 (κὴρ) ἥπερ λάχε γεινόμενόν περ.

Dem steht aber ein unüberwindliches Hindernis entgegen: unser fr. stand im 1. Buch (Apoll. Dysc. a. O. 'Α. πρώτῳ): in ihm waren (das ist das einzige, was sich über die Buchausgabe mit Sicherheit sagen läßt) Hymnen an Götter und Heroen vereinigt. Angeredet sind also göttliche Wesen, eine Mehrzahl Gleichgestellter, ich vermute: verm. die Musen. An die Moiren zu denken verbietet sich infolge

des allgemeinen Ausdruckes ἰότητι θεῶν, denn allenfalls
Zeus, nicht die Götter als solche, sind den Schicksalsgöttinnen
übergeordnet (mag man auch gelegentlich von der μοῖρα
θεῶν sprechen); auch ein futurischer Satz wäre dann kaum
möglich. Damit erweist sich aber auch ein Paradoxon
ἄφυκτον γέρας in diesem Falle als nicht möglich, und ἄφθιτον
(D., R.) gewinnt an Wahrscheinlichkeit. Andererseits läßt
sich auch das überlieferte θήσει kaum halten: neben dem im
Instr. genannten „Willen der Götter" und den als Acc.-Ob-
jekt genannten Gottheiten ließe sich kaum ein Subjekt
dafür finden: das spricht auch hier für die Änderung von
B. und R. Einen Grund, den possessiven Gen. des Part. zu
beseitigen, sehe ich jedoch nicht. Für die Beziehung auf die
Musen spricht auch fr. mel. chor. adesp. 17 D. = 1001 P.
(„fortasse Sapphus est" B., von Edmonds für alkäisch gehalten, „obstat hiatus" P.) ἐγώ φαμι ἰοπλοκάμων Μοισᾶν
εὖ λαχεῖν; vgl. Bacchyl. 19 Sn. v. 3f. ὃς παρὰ Πιερίδων λάχῃσι
δῶρα Μοισᾶν, v. 12f. παρὰ Καλλιόπας λαχοῖσαν ἔξοχον γέρας.
Reinach (fr. 25) übersetzte zweifelnd: „Car l'honneur, que
vous a conféré la volonté des dieux (?), fleurira éternellement
(?)", dagegen sehe ich in dem aktiven, vom Menschen aus-
gehenden „Erlosen der Gottheiten" und in dem aus der
politisch-sozialen Welt übernommenen Wort γέρας = „Ehrenrecht" (statt κλέος: über die alte Verbindung κλέος
ἄφθιτον und ihre Entsprechungen in der indogermanischen
Dichtersprache vgl. Wackernagel, Phil. 95, 1942, 16) gerade
einen bezeichnenden, selbstbewußten und adeligen Zug,
in dem ganzen Satz ein Selbstzeugnis des Alkaios über sein
Dichtertum. Ausführlicher ist diese Ansicht in der Ztschr.
„Maia" dargelegt.

Zu 103 D.

Vgl. Dikaiarch fr. 99 Wehrli; Wil., TGL. 74ff. Mit einer
hymnenartigen, zunächst aber rätselhaft bleibenden Anrede beginnt das Lied — an die aus Schildpatt verfertigte
Leier. So hat es Aristophanes von Byzanz verstanden.
Kallias von Mytilene hat dagegen das „sympotische Rätsel"
mit „Muschel" beantwortet und λεπάς statt χέλυς geschrieben.

Zu 106 D.

Die Ergänzungen von Diehl (Add.) bleiben höchst unsicher, eine befriedigende Deutung für v. 5 ist bisher nicht
gefunden. Maas hat den Päan an Apollo verglichen. Vielleicht
ist mit dem „fernklingenden" (Lied) nur ein Vogellied
gemeint, etwa der Ruf des Kuckucks im Frühling, und das

Ganze ist ein Trinklied. — Die Fragezeichen bei der Übersetzung möge man sich hinzudenken.
[v. 6—8 jetzt P.Ox. XXI Add. p. 139
].ιθεσσ᾽απυλίμαςπολινεςταγδ[,
]ανεκκορύφᾶνόππποθενευωδες[,
]αύκᾶνψῦχρονύδωραμπελόεσσ[;
v. 12 = fr. 112/113 D, v. 1: ib., Add. p. 140.]
Für „fernklingend" braucht A. hier das Wort „fernleuch-
tend", d.h. ein optisches Wort für einen akustischen Eindruck. So findet man es öfters dann auch bei Pindar, gelegentlich bei Bakchylides und Sophokles: Pind. fr. 333a 13
ἀγλαὸν μέλος , Py. IV 283 φαεννᾶς ὀπός, Ol. IX 21 πόλιν
ἐπιφλέγων ἀοιδαῖς, POx. 2442 fr. 7 ἀμφὶ πόλιν φλεγε[ ]ν ὕμνων
σέλας, Isthm. III + IV 61 ἄψαι πυρσὸν ὕμνων; Bacch. 4, 40 ὕμνοι
φλέγονται, Soph. OR 187 παιὰν δὲ λάμπει, cf. ib. 475 ἔλαμψε
...φάμα. Das homerische ἀγλαὸν εὖχος bot zu dieser Entwicklung in der Dichtersprache einen Anknüpfungspunkt,
für die neue, deutlichere Bildhaftigkeit ist unsere Alkaios-
stelle der älteste Beleg (nachzutragen b. Lobel, P.Ox.
XXVI, 1961, p. 37).

Zu 74 D.

Der Helena, deren Treulosigkeit man in nachhomerischer
Zeit zu verurteilen begonnen hatte, wird kontrastierend
gegenübergestellt Thetis, die Mutter Achills, die mit dem
Aiakossohn Peleus eine rechtmäßige Ehe einging (auf dem
Pelion, im Hause des gütigen Kentauren Chiron: über dessen
Rolle s. Jaeger 50ff.). Vgl. die Gegenüberstellung Penelope —
Klytaimestra Hom. ω 199, über den, vor allem durch Catull
(64) bekannten Mythos von der Hochzeit des Peleus und
der Thetis vgl. R. Reitzenstein, Hermes 35, 1900, 73ff.,
auch F. Klingner, Catulls Peleus-Epos, SBAk. München,
phil.-hist. Kl. 1956, H. 6 (und P. Hamb. 123?). In der Ilias
ist das Thema nur gelegentlich gestreift (bes. Σ 84, Ω 59.
534), jedoch haben hiervon die Kyprien und ein ps.-hesio-
deisches Gedicht (von Späteren „Epithalamion" genannt,
fr. 80f. Rz.) gehandelt. A. lehnt jedenfalls in äußerst feiner,
aber deutlicher Weise die ältere Version ab, die von einer
Vergewaltigung der Thetis mit nachfolgender Hochzeit zu
erzählen wußte: auch ist hier nicht ein Orakelspruch der
Themis oder ein Schwur des Zeus, sondern ausschließlich
die Liebe des Peleus das Ausschlaggebende. Deshalb scheint
auch der Vorschlag Bowras v. 5 γύναικα zu farblos; sein Vorschlag für v. 10 ἔγεντο kann sich darauf stützen, daß im
Pap. vor φιλό[Interpunktion ist, weshalb das am Versschluß

von D. gegebene ἀγαύω nicht tragbar erscheint: vgl. Gall.,
Storia 98, der φιλό[τατα δ' ὕμνην] vorschlägt. Jurenka hatte
an ἐμείχθη gedacht, Page ergänzt ἔθαλε („notably" Gomme).
— Mit Recht weist Bowra (178) die Ansicht Jurenkas ab,
der (WSt. 36, 1914, 229) gemeint hatte, A. hätte auf ein
unmittelbar vorher gesungenes Preislied auf Helena mit
diesem Lied geantwortet, eine Ansicht, die Gomme (JHS 77,
'57, 258) wieder aufgenommen hat, während H. Eisenberger,
Der Mythos in der äol. Lyrik, Diss. Frankfurt 1956, 61
(mit Wil.) Ausfall einer vorhergehenden Strophe für möglich hält. Ich bilde mir nicht ein, die Situation rekonstruieren
zu können, in der dies Lied vorgetragen wurde: aber vestigia
terrent: zu Unrecht meinte man einst z. B., Ps.-Xen. rep.
Ath. sei als Antwort auf eine unmittelbar vorhergehende
Rede vorgetragen. Eisenbergers Diss. und der Rektorats-
vortrag von Kakridis sind zu allen mythischen Stücken zu
vergleichen (beide bei Page nicht erwähnt). — Achill heißt
auch schon in der Unterweltsszene der Odyssee ω 36 ὄλβιος,
ein Zeichen der Heroisierung. Das Rossegespann Achills
(Xanthos und Balios) z. B. Hom. T 400.
   Über die kunstreiche Komposition Wil. 232: „Sehe man
nur, wie Αἰακίδας am Anfang...steht, wo man gar nicht
wissen kann, wer gemeint ist, wie dann die Braut erst durch
das Haus des Nereus bezeichnet wird: ihr Name fällt über-
haupt nicht, der des Peleus erst am Ende, und Achilleus
wird auch nur mit Umschreibungen bezeichnet ... Be-
rechnete Kunst ... bis in die Stellung jedes Wortes hinein."
Die Ergänzung des Namens in v. 2 durch Page (Ὤλεν' = ὦ
Ἐλενα) mag logisch gerechtfertigt und phonetisch korrekt
erscheinen, sprachlich ist sie damit noch keineswegs ak-
zeptabel. Das Lied ist wohl vollständig erhalten (Pfeiffer 317).

Zu 76 D.

   Wil. (232 f.) hat erkannt, daß der Inhalt dieses kleinen
Papyrusfetzens die Hom. A 348 ff. ausführlich behandelte
Szene ist, wie Achill in seiner Empörung und Trauer zu der
Mutter Thetis betet. Anfang (vielleicht) und Ende unseres
Liedes sind erhalten: auch dieses war also rein erzählender
Art, ohne irgendwelchen kenntlichen Bezug auf die Gegen-
wart (vgl. Pfeiffer 319). Die Erzählweise ist aber völlig un-
episch: von einem „überraschend schnellen Tempo" hat
man gesprochen (Fränkel² 272). Die indirekte Rede bei
Thetis und das Fehlen selbst solcher Rede bei Achill, den
Verzicht auf alle Nebenhandlungen (Thetis' Erscheinung,
ihren Weg zu Zeus, vgl. Hom. A 496 f.) kann man dazu-

nehmen. Nicht verzichtet wird aber auf das seelische Motiv und die flehende Gebärde, vgl. Hom. A 500; sicher fehlte auch nicht eine Beschreibung der Szenerie am Strande. Der Schluß, besonders wenn man mit L. ἀπυστρόφην ergänzt, ist kein „Ende", wohl aber ein Ausklang. Wie anders ist dieser als im Epos, wo Thetis bittet: „Ehre meinen Sohn!" (A 505).

Page, von dem v. 8 die hübsche Ergänzung ἀγαπάτω stammt, bleibt (ebenso Eisenberger 68) bei der Annahme, das Verb am Schluß müsse „to prosper", „den Groll achten und unterstützen" bedeutet haben, — „leaving the sequal to the memory of his audience" (Comm. 282). Das ist dann weder Ende noch Ausklang. Wenn Eisenberger meine Interpretation eine „willkürliche Verkehrung des Mythos" nennt, so wäre richtiger von einer Verlagerung des Motivs — nicht des Mythos! — vom Heroischen ins Allgemein-Menschliche zu sprechen. Daß die Dichter sich die Freiheit nahmen, Handlungsmotive mythischer Handlungen verschieden zu nuancieren, lehrt nicht erst die griechische Tragödie. Hoffentlich bringen künftige Funde einmal das Schlußwort dieses mythischen Liedes. Unsere Postulate haben sich u. a. nach dem Metrum zu richten: das führt auf eine unhomerische Wendung.

Zu 57 D.

στενώθ[εις vix στενού[μενος Wil. μ[, δ[simm. L. „Am Anfang ist die Ergänzung von Wilamowitz στενώθ[εις] nicht zu halten ... Ob nun στενώδ[εος] mit einer für die Frühzeit allerdings auffälligen Bildung ... oder nach einem anderen Vorschlag von Wilamowitz στενώμ[ενος], was allerdings den Raum der Lücke überschreitet, oder sonstwie zu schreiben ist, es wird hier das Metrum von fr. 63 D. vorliegen (ia hipp)" Snell, '44, 289 Anm. 3.

Bei Hom. Φ 15 wird erzählt, wie der tiefe Xanthosstrom (Ξάνθου ... ῥόος) sich füllt mit Leibern von Männern und Pferden, die Achill getötet hat, Φ 220 heißt es στεινόμενος νεκύεσσι: in einem Scholion hierzu ist denn auch unser Papyrusbruchstück erhalten. Auch hier war ein troischer Sagenstoff behandelt. Zu Catull 64, 359 f. (s. Eisenberger 78) *cuius iter* (sc. *Scamandri*) *caesis angustans corporum acervis alta tepefaciet permixta flumina caede* vgl. Klingner a.O. 25: „Die Verse füllen sich (von 344 an) mit lebhaftesten Vorstellungen von Blutvergießen und Jammer alter Mütter ...Man spürt eine urtümliche Zusammengehörigkeit von gesteigertem Leben und Tod."

Zu 58 a D.

Ebenfalls aus einem Iliasscholion (zu B 816, wo das Vorrücken des „helmbuschschüttelnden Hektor" beschrieben
ist). Das Adj. χρυσόπαστος ist erstmalig an unserer Stelle
nachweisbar. ἐλαφρα muß vom Schritt gesagt sein (vielleicht
π[όσσιν ‿‿_]ζων, äol. -σδων, ἐμβαδίζων?).
Über Beschreibungen des menschlichen Ganges vgl. V.
Hom. z. Lyr. 71 ff.

Zu 32 D.

Vom Tantalos-Stein gesagt, der aber schon bei Archilochos (55 D.) nicht in einer mythischen Erzählung, sondern
in übertragener Bedeutung genannt war. Auch der Name
Aisimidas begegnet schon bei Archilochos (9 D.). Es könnte
hier bei A. also wohl ein „redender" Name sein. Die Namen
aller von A. angeredeten Personen hat J. Trumpf 36ff. zu-
sammengestellt.

Zu 29 D.

Der Ausspruch muß ironisch gemeint sein: vgl. Erffa,
ΑΙΔΩΣ und Verwandtes, Philologus Suppl. XXX 2, 1937,
63. Es erübrigt sich mit Welcker (Lit. b. Mazzarino 40
Anm. 1), von einer aufrichtigen Anerkennung des M. durch
Alkaios zu sprechen oder mit Schmid, Schachermeyr u. a.
diese aufrichtige Anerkennung nachträglich, auf Grund der
üblen Erfahrungen mit den übrigen Tyrannen, ausgesprochen
sein zu lassen. M. wurde von Pittakos und den Brüdern
des Alkaios beseitigt (Diog. La. I 74, s. S. 84), und es ist
kaum glaubhaft, daß A. diese Tat später desavouiert hätte.
Auch die Übersetzung „Melancro era degno di ammirazione
da parte della città (rispetto ai nuovi tiranni)" (Mazzarino)
ergibt m. E. eine Schwierigkeit: „von seiten der Stadt"
kann nicht ἐς πόλιν heißen. Andererseits ist mit „der Aidos
würdig" fraglos die Aidos gemeint, die man dem M. erweist.—
Zitiert wird unser Vers als Beleg für den alkäischen Elfsilbler. Daß er eine inhaltliche Einheit bildet, ist daher nicht
sicher. Vielleicht war ἐς πόλιν mit einem nachfolgenden Wort
im nächsten Vers verbunden. Ähnlich erklärt den Vers St.
Srebrny, De novo Sapphus fragmento, Opuscula philo-
logica Vilnensia, fasc. 1, Wilna 1939, 28 Anm. 1. „Fr. 29
D.² quod, ab Hephaestione ... rei metricae illustrandae
causa allatum, totum enuntiatum non efficit: verum ἐς
πόλιν cum ipso praedicato haud dubie iungebantur, quod
versui praecedenti infuisse videtur." Statt praecedenti ist
aber insequenti zu schreiben, denn der Vers wird ausdrück-

lich als Liedanfang zitiert. Die Zuweisung dieses fr. an
Sappho (Gallavotti) ist, auch wenn es ohne Verfassernamen
zitiert wird, nicht gerechtfertigt. [Vgl. die Rückkehr des
Tyrannen Myrsilos nach Mytilene 305 LP. s. z. St.] „An
inscrutable fragment of Alcaeus" und „there is no reason
to suppose that ἐς πόλιν was governed by ἄξιος" Page,
Comm. 151 mit Anm. 4.

Zu 54 D.

v. 1 ἄδην pro Ἄρηι Bowra. Aber ein farbloses „zur Ge-
nüge" verdient um so weniger hier hergestellt zu werden,
als der instr. Ἄρηι auch nach χάλκωι, wie Fränkel (111) gezeigt hat, keineswegs überflüssig ist. Über Ionismen bei
A. vgl. Risch. Daß die dreisilbige äol. Form Ἄρευι hier nicht
gestanden haben kann, stimmt zwar: aber es kann gerade
die epische Form den metonymischen Gebrauch erleichtert
haben (Page, Comm. 210 vermutet Korruptel von APEY).
Fränkels weiterer Interpretation freilich, daß A. selbst die
Waffen angeschafft habe (ἐπεί κτλ. = „da ich Bandenführer
geworden bin"), vermag ich nicht zu folgen. Das „Wir"
geht auf A. und seine Hetairoi, nicht auf ihn allein (Bowra
147 übersetzt „these we cannot forget so soon as we under-
take this task", richtiger Page „since first we stood to this
our task"). Alkaios und Sappho unterscheiden durchaus das
„Wir" und „Ich" (vgl. Alk. 119 D.). In einem Arsenal sind
Waffen nicht „Schmuck" der Wände, und ἔργον (vgl. 5 D.)
geht so gut wie ἀέθλιον auf den gemeinsamen Kampf. Athe-
naios 14, 627a—c, der dieses Bruchstück aus einem Liede
erhalten hat, vermerkt, daß es an tadelnden Stimmen nicht
gefehlt hat in der Spätzeit, weil A. von soviel Waffen und
keinem Musikinstrument spräche: aber er weiß auch darauf
zu erwidern, daß für die Alten Tapferkeit als die größte
politische Tugend galt. Über den breiten und ruhigen Stil
dieser ausführlichen Schilderung Fränkel 77. Bakchylides fr.
20B 13 χρυσῷ δ'ἐλέφαντί τε μαρμαίρουσιν οἶκοι könnte ein
Nachklang der Alkaiosverse sein, doch ist der gleiche Stil
nun in ganz anderem Zusammenhang verwendet: in einem
Enkomion auf einen reichen, fürstlichen Herrn.

[v. 1—6: P. Ox. 2295 fr. 1:]αιρειδε[,]αῖσαδᾰ[,]πρᾶισιν[,
]οικατέπ[,]κεφ[; P. Ox. 2296 fr. 4:]πραισι[,]κοικατεπ[,
]υοισινκεφ[,]λματα· χ[.]λχ[.]αιδ[,]πτοισιν[.]ερικει[,].ες
ερχ[ ]

Zu 27 D.

Schol. ad v. 4 ss. ὑμεῖς δὲ σιγᾶτε ὥσπερ νεκρῶν (νευρων L.)
.ροι.νεται (L., μυσται vel σωσται vel σνεται Hunt, [π]ροηγεται

? D.) ο[ὐ]δὲν δυνάμενοι ἀντιστῆναι τῶι τυράν[νωι]. ἀλλά, ὦ
Μυτιληναῖοι, ἕως ἔτι καπνὸν μόνο[ν] ἀφίησι τὸ ξύλον, τοῦτ'
(ἔστιν) ἕως οὐδέπω τυρανν[εύει,] κατάσβετε καὶ καταπαύσατε
ταχέως, μὴ λα[μπρό]τερον τὸ φῶς γένηται. e Schol. suppl.
Hunt, D. (ὥστε νέκρων), v. 5 Schubart, καππαύσατ' D. Zuletzt behandelt von Schubart (mit versehentlich falschen
Zitaten). Er meint: „Das Schweigen der Mitbürger dem Tyrannen Pittakos gegenüber vergleicht A. mit dem Schweigen
der Toten und Mysten ... Die Mysten müssen am Anfang
von Z. 5 stehen, freilich nicht dieses Wort, sondern ein
iambisches, das soviel wie ἱερομύσται bedeutete." — Eine
Lösung der Schwierigkeit bringt dieser Vorschlag m. E.
nicht. Die Lesungen Lobels gestatten nicht, an Mysten zu
denken, zudem spricht das Schol. von der Unfähigkeit,
dem Tyrannen entgegenzutreten. So wird wohl auch nicht
die sakrale Schweigepflicht gemeint gewesen sein.

Auf die Frage nach dem Raum für zwei Buchstaben in
den fraglichen Lücken des Schol. hatte Mr. Lobel die Güte
folgende Auskunft zu erteilen: "It depends on what two
letters you wish to read before ροι. Some combinations
might be acceptable but the probabilities appear to favour
only one letter. 2. Two relatively wide letters could not
be inserted before νεται in my opinion." Vgl. Page, Comm.
237.

Eine Lösung der Textschwierigkeit steht noch aus. Inhaltlich bringt unser Schol. immerhin, wie Fränkel² (273 f.)
erkannt hat, eine Klärung für die Pindarworte Nem. I 24
λέλογχε μεμφομένοις ἐσλοὺς ὕδωρ καπνῷ φέρειν ἄντιον = „es ist
ihm vergönnt, den Neid, der sich gegen die Mächtigen
wendet, (durch seine Freigebigkeit) im Keime zu ersticken".
Mit „Rauch" ist dabei die schwelende Glut des Hasses gemeint, mit φῶς bei A. daher auch wohl nicht die wachsende
Beliebtheit des Pittakos (Schubart), sondern die helle
Flamme des Aufruhrs (Fränkel). Der kleine Papyrusfetzen
POx. XVIII 2166e fr. 8 = 30 LP. könnte eine gewisse Ähnlichkeit mit unserem Stück vermuten lassen: „Holz", einen
Imperat. (3. p. pl.), vielleicht eine Anrede an die Bürger
könnte man ergänzen. Die Zeilenreste sind (mit den Schol.
und Lobels Bem.):

Text:	Schol.:	Lobel:
]κων		
]υλον		υ od. χ, statt λ viell. α
]ται	]γόντον.[ ]αγε[	ἀ]γόντον.υ()[...ἀ]ν(τὶ
	ολαβων	τοῦ) ἀγέ[τωσαν?
]ν.	δεῖ Ρ̄ῡ.[	

Doch bleibt es ein unattached fragment: wohl ebenfalls in alkäischen Strophen und verm. mit einem ähnlichen Thema und Vergleich. [Das Bild vom Feuerlöschen jetzt auch noch *205 LP. col. II, wie χἄσβεν am Anfang von v. 4 zeigt.]

Zu 35 D.

Ein Berliner Papyrus (Berl. Klassikertexte V 2, hrsg. v. Schubart-Wilamowitz) und einer in Aberdeen (zuletzt hrsg. v. Turner, Catalogue of Greek and Latin Papyri and Ostraka in the Possession of Univ. of Aberdeen, 1939, nr. 7, S. 10 — mir nicht zugänglich) schließen nicht nur aneinander, sondern Z. 16 des ersten (a) ist zugleich Z. 1 des letzteren (b). Hierdurch und durch manche verbesserte Lesungen (a 17 = b 1]τοδ' εἰς ειαγ[, a 16]ς ἐσφερέτω[) ist im einzelnen die Ergänzung von Diels widerlegt; gegen die Gesamtdeutung hat Schubart gewichtige Einwände erhoben (316f.). Er versteht den Anfang „sogar der Kronide kann nicht immer so wie er will", die Mitte bezieht er auf den „tränenreichen Kampf, der die Edlen von der Masse unterscheidet, so daß der Feind fern bleibt", den Schluß: „ich bete, solange das Licht der Sonne zu sehen, bis ich erfahre, daß die Feinde vernichtet sind." Inhaltlich (nicht sprachlich) überraschen zumindest diese Gedanken. Eine Verwünschung der Feinde scheint auch jetzt noch das Wahrscheinlichere (vgl. Theogn. 346ff.). Auch braucht der Schluß nicht einfach zu besagen: nunc est bibendum (Schubart). Myrsilos lebt noch: schol. zu v. 23 τ(ὸν) Μυρσίλ(ον); zu v. 24 τ(ὸν) Φιττακὸ(ν) (wo im Text dessen Patronymikon ausgefallen sein muß). Da vor γε Κλ. v. 23 kein anderer Name gestanden haben kann (Mazzarino 56), ist auf Grund dieses Schol. die Identifizierung des Myrsilos als eines Kleanaktiden sicher. Den Schluß möchte Mazzarino ergänzen βίαν Κίχ]ιδος ὤλεσαν und auf den Tod des Bruders Kikis (der Name 414 LP., nicht ganz sicher, da das Wort auch ein Apellativum = „groß" sein kann) beziehen. Daß dieser Bruder nicht unter den Führern der Verbannten neben A. und Antimenidas genannt ist, spräche dafür, daß er im Kampf gefallen ist. Jedoch ist Diels mißverstanden worden, wenn man ihm unterstellt, er hätte übersehen, daß Myrsilos noch am Leben ist.

Den Fachkollegen unter meinen Lesern gebe ich widerspruchslos zu, daß der Abdruck der einst vielbewunderten Ergänzungen von Diels in einer kritischen Textausgabe nicht angebracht ist. Warum sie hier aufgenommen sind, wird Scharfsinn unschwer ergründen.

Zu 46a D.

Dieses oft übersetzte und in der Neuzeit wohl bekannteste
Lied des A. ist das Vorbild gewesen für Horaz c. I 14 *O navis
referent in mare te novi fluctus*: aber wie Theander (167f.)
glaubhaft gezeigt hat, ist es nicht nur ein Alkaioslied, an
das Horaz anknüpft. Der wesentlichste Unterschied, begründet nicht etwa in einer geringeren Anteilnahme des
Horaz, sondern in der veränderten politischen Situation,
bleibt, daß Horaz als Zuschauer spricht, A. sich selbst mit
seinen Gefährten auf dem Schiff treiben sieht. Weitere
wesentliche Unterschiede hebt Büchner, Burs. Jhb. 267
suppl., 1939, 128f. hervor (s. nun auch Ed. Fraenkel, Hor.
155ff.). Nur zeigt es sich erst infolge der vollständigeren
Lesung von 119 D., daß der Zweifel unberechtigt ist, „ob
nicht A. am Ende verzagt": dgl. ist jetzt das Eigenartige
der zwischen „ihr" und „wir" wechselnden Anrede gegenüber der Anrede an das Schiff bei H. deutlich. Auch wird
man kaum sagen können, daß A. „einen Zustand inter-
pretiert": es ist die Parainese eines unmittelbar am Kampf
Beteiligten, Häufung und Reihung gleichgearteter substan-
tivischer Ausdrücke aber ist in archaischer Zeit ja gerade ein
Versuch, für die hereinbrechenden Wirklichkeiten und Ge-
schehnisse den Ausdruck zu finden (vgl. Fränkel 76). Die
Folgerung Fränkels, das Lied wirke „eher schleppend, weil
die Aufreihung der Schäden des Schiffes uns doch weniger
nahegeht als was Sappho (fr. 2 D) ausmalt", geht allerdings
von völlig anderen Voraussetzungen aus, als sie für Alkaios'
Zeitgenossen galten.

Das Lied ist allegorisch: die Erwähnung der „Monarchie"
119 D führt zu diesem Schluß (Körte, Snell, Mazzarino,
Theander u.a.); schon das Altertum hat es gewußt: Heraclit.
alleg. Homer. 5 p. 6 ed. Bonn. ἐν ἱκανοῖς δὲ καὶ τὸν Μυτι-
ληναῖον μελοποιὸν εὑρήσομεν ἀλληγοροῦντα· τὰς γὰρ τυραννικὰς
ταραχὰς ἐξ ἴσου χειμερίῳ προσεικάζει καταστήματι θαλάττης
(46a D.). Man würde es für eine wahre Schilderung halten
von Leuten in Seenot: doch nein: Μύρσιλος γὰρ ὁ δηλούμενός
ἐστι καὶ τυραννικὴ κατὰ Μυτιληναίων ἐγειρομένη σύστασις
(anders D., zweifelnd Wil.). Es hat sich also gegen Myrsilos
gerichtet. Über dies bei A. häufige Motiv des Staatsschiffes
Theander (156ff.), Page, Comm. 179ff. Auch Sappho 31 D.
scheint ein ähnliches Thema (verm. ohne Allegorie) behandelt
zu haben (anders ergänzt von Theander 147f., ein *politisches*
Gedicht nennt es Schubart 315). Das Vorbild ist für Sappho
wie für Alkaios wohl der homerische Vergleich *O* 625ff.
Zum Fortwirken dieses Motivs vgl. z.B. Theognis 667ff.,

das attische Skolion 8 D. (in alkäischem Versmaß, mit manchen äolischen Wortformen), bei dem der Zweifel, ob es nicht am Ende von Alkaios selbst ist (Bowra), unberechtigt sein dürfte, sowie die Tragiker. [Wie nah dies Skolion einem Liede des Alkaios steht, kann man jetzt aus P. Ox. 2298 fr. 1 = 249 LP. ersehen: s. o. 134. P. Ox. 2297 fr. 5 = 208 LP. bringt weitere Verse von 46a D., das — vielleicht — nach der Rückkehr des Myrsilos gedichtet worden ist: s. z. St.]

Zum ganzen, immer noch sehr lückenhaften Text dieses Liedes vgl. Corolla Linguistica '55, 223 ff. mit (Lit.), Page a. O. 185 f., der v. 9 das von Unger konjizierte ἄγκοναι beibehält, weil er keine Antwort findet auf die Frage, was in diesem Kontext, bei einem von Stürmen dahingetriebenen Schiff „the anchors are slackening" heißen soll. Die Frage ist berechtigt, läßt jedoch das Eigenleben allegorischer Bilder außer acht, und ob mehr als einmal (v. 13) von Tauen die Rede war (wenn auch von verschiedenen), möchte ich bezweifeln.

Zu 46 b D.

Der gleiche Bykchis wie in 91 D. und Schol. 46b D. ist auch hier genannt: chronologische Folgerungen zieht Mazzarino (62). L. meinte [früher], unser Lied sei eine direkte Fortsetzung von 46a D. Den Inhalt paraphrasiert Wil. (234): „das Schiff, das seine Fracht gern heil in den Hafen bringen will, hat keine Lust, sich der Gefahr auszusetzen, auf ein Riff aufzulaufen. Also liegt es jetzt irgendwo geschützt. Hier ist es ausgeschlossen, in dem Schiff eine Allegorie zu sehen." Anders Theander (160ff.). — Mit der Lesung v. 2 σαλ[statt σαο[fällt die ganze Deutung von Wil. Gerade vom größten Wogenschwall (oder Schwanken) ist die Rede: vielleicht, weil die Fracht über Bord gespült ist? v. 1 δ[ὲ βάλλε πόντον-]δ' (D.) scheint kaum möglich. Die Partizipien v. 3 und 6 hatten Wil. u. A. im Nom. angenommen, so will es auch jetzt wieder Theander: dann würde das Schiff selbst sagen, daß es nicht Gefahr laufen will, es wäre in dem Lied eine προσωποποιία und ἀλληγορία; doch bleibt das unsicher. V. 8 enthielt vielleicht die Anrede an einen Freund (ὦ φ[ίλε, doch las L. nur ὤ.[); wenn v. 13 richtig gelesen ist, so sind selbst die Zecher sich bewußt gewesen, anderen (Verzagten? Kleinmütigen? ἀφ[?) ein Vorbild zu sein.

[v. 8—10: P. Ox. 2307 fr. 16 = 306 LP. fr. 16]σ. ουλελα-θων[, i. e. νό]στου (v.l.) L.]μτυμμιτερπ.[,].βαις και πεδα[,

]άβαις L. Bykchis und „erste Flucht" jetzt auch P.Ox.
2307 fr. 3 col. I, 5—7 = *306 LP. fr. 3,I 5—7.]

Zu 119 D.

v. 1 νέμω codd. complures, νόμω cod. O. 'νέμω Blass,
νόμωι malunt L. et P., alii alia (Hesych. σχερόν·κῦμα ἑτοῖμον
contulit, 'ν σχερῶ ci. A .Y. Campbell, Class. Rev. '57. 4s.).

Durch den neuen Ox.P. 2166e 4 und Diehls Hinzufügung
von 130 D. (LG. red. 25) hat das Mittelstück eine wesentliche
Erweiterung erfahren. Trotzdem bleibt noch manches unklar,
die Ergänzungen Diehls sind unsicher: v. 21 πάλ[pap., v. 22
]οῖσαγελ[pap : wenn schon da vom Winde die Rede war,
so doch kaum vom Vater der Winde (wie 28a D.). Deutlich
aber ist der parainetische Charakter dieses allegorischen
(v. 27) Liedes und der Übergang von einer Weisung zu
eigenem Entschluß: „niemand soll — erinnert euch — der
einzelne Mann möge — wir wollen nicht — mein Sinn —
uns —." Das sind nicht Variationen des Themas. So allein
gewinnt eine Parainese Leben und kann die Menschen
führen, nicht, wenn sie aus einer Reihe von Vorschriften
bestünde, die sich an die Angeredeten richten, den Sprecher
selbst aber nicht mit einbeziehen. Wirksamer aber noch als
Worte sind Vorbilder, und am wirksamsten — eigene Taten.
So sehr auch die Ahnen Vorbild sind für Alkaios, die Mahnung
an die Gefährten gewinnt ihre volle Eindringlichkeit erst
dadurch, daß der eigene Entschluß mit in die Waagschale
geworfen wird. Soviel, meine ich, läßt sich auf Grund der
spärlichen Reste des mittleren Teiles unseres Liedes doch
erkennen. Leider bleibt die Antithese v. 26f. γένος μὲν ε[
μοναρχίαν δέ unklar. Trotz des „früheren Windes" v. 1
(Horaz, der Motive auch dieses Liedes c. I 14 verwendet,
spricht von „neuen Fluten", vgl. Theander 167f.), ist auch
dieses Lied gegen Myrsilos gerichtet, dessen Name im Schol.
gerade noch zu entziffern ist. Da von Monarchie die Rede
ist, ist der allegorische Charakter des Liedes erwiesen. Die
entschiedene Ablehnung der „Alleinherrschaft" scheint mir
die in alten und neuen Zeiten (Mazzarino) geäußerte Ansicht
zu widerlegen, Alkaios wäre mit den „Tyrannen" auf die
gleiche Stufe zu stellen.

Zu 39 D.

v. 1 πὲρ βίαν ci. L., prob. Ed. Fraenkel, Hor. p. 159 n. 1,
al.

Vgl. Hor. c. I 37. [Über Myrsilos bringt, wie gesagt, P.
Ox. 2306 col. I = 305 LP. die wichtige Nachricht über seine

Rückkehr, Schol. 2295 fr. 18 col. I = *157 LP. eine leider
nicht völlig verständliche Notiz, die von seiner — versuchten oder geglückten? — Tötung spricht. Nur gerade
der Name ist lesbar im Schol. 2297 fr. 40,2 = *241 LP.,
Schol. 2299 fr. 8a, 8, — letzteres, *259 LP., verm. Sappho,
nicht Alkaios.]

Zu 43 D.

v. 6 γένει Bowra. v. 8 ἄς...ἐπιτευχέα[ς Wil. v. 9 s. con-
iunctivi formas restituit Wil. (236f.).

Bowras Ergänzung wäre durchaus im Sinne des Pittakos,
kaum aber hätte der adelsstolze A. den Sohn eines Thrakers
zum Atridengeschlecht, auch nach dessen Heirat mit einer
Penthilidin, gezählt. Von dieser Heirat scheint — außer den
Zeugnissen (o. S. 86) — noch das sehr lückenhafte fr. 118 D.
zu sprechen; vgl. auch 48 D.

Zu 48 D.

v. 1 παί]δων εὐγε[νέων? D. v. 6]μναιμ (quod sscr. videtur)
D. cf. L. ad l.; v. 7 τρόφω 'πι κόλπ]ω tentavit Hunt. v. 11
κακοπάτριδ[pap., N.pl. suppl. L., Gall., Acc. sg. D.

Πενθίληος = -ειος. Dieses Adj. kann ironisch gebraucht
sein und auf Pittakos gemünzt und dessen Ehe mit einer
Frau aus dem vornehmen Hause der Penthiliden. „Il frammento è molto interessante per quel ricordo della propria
fanciullezza", Gall., Storia 114. Die Schol. zu diesem fr. sind
leider kaum mehr lesbar. [P. Ox. 2304 = *302 LP. col. II, 5
Πένθι[λ-, v. 6 αἰκιζα[, v. 8 „Hände" ist das einzige neue
Stück, in dem dieser Name auftaucht. Schol. 2297= *204 LP.
fr. 1 v. 11 τηισκηνηια[und βασιλιδ[sind leider unverständlich.]
— Adj. auf -ρηον P.Ox. 2308,1 (inc. auct. *26 LP.) und
-δηον, 'Ατ]θιδηαν b. Sappho P. Ox. 2299 fr. 5a,5. = A. *256
LP.

Zu 118 D.

v. 1 ἐ]χύραις „valde dubium" D. ,]αραις LP. v. 4 „dubium an μηδὲ πονήμενοι...an μηδ' ἐπονάμενοι sit legendum"
L. post δε diastolen exhibet pap., et πονη- sscr. α. — μηδ'
ἐπονη- D. v. 5 ζαλλευόντον· ζαλλευέτωσαν Schol. ad l. v. 12
fort. ὄππο τα δ[ἢ] T.

ζαλλεύω wohl = ζηλόω. ξυστοφορέω = δορυφορέω. Zum
Imperativ auf -οντον vgl. auch P.Ox. XVIII 2166 e fr. 8
= 30 LP. (oben S. 159).

Die dürftigen Reste dieses fr. machen ein Verständnis
des Gesamtinhaltes unmöglich: vgl. Gall., Storia 88f. Daß

auch dieses Lied sich gegen Pittakos richtet und dessen
Aufstieg mit seiner vornehmen Ehe in Verbindung bringt,
ist allerdings sicher. Historisch interessant der Vorwurf gegen
den Tyrannen, daß er sich mit Leibwächtern umgeben hat. —
Am Schluß des Liedes stand ein Wunsch des Dichters: was
er sich wünscht, falls etwas Bestimmtes einträte, wissen wir
nicht. War es ein „lieber tot als..."?
Sätze mit „dann, wenn..." hat A.mehrfach, Sappho nicht.

Zu 45 D.

Schol. ad v. 4 ss. [τὴν νύκτα ταύ]την, ἔφη, [ἐν ἧι Πιττα]κὸς
σὺν [τ(οῖς) φίλοις το]ῦ ἔθους [ἦρξε καθισ]τὰς τὸ [ὀρίνειν. συν]
ἠγορρι (δὲ)[...] suppl. Diels; v. 2 λάβρως pap. v. 5 ενε[
sive ενο[et]γνην sive]ίνην pap. ἀκρατισμός — Trinken von
ungemischtem Wein schon bei Tage, παφλάζειν — brodeln
(vom Wasser), sprudeln (von der Rede), meint Wil. (236),
könne auf ein Symposion gehen, bei dem es zum Lallen oder
Brüllen kam. Diehls Ergänzung λά]ταχθεν (Wil. σύ]ναχθεν)
aber läßt an das Kottabos-Spiel (s. unten) denken. ὀρίνειν
„aufrücken, losgehen", „alles Ausdrücke der uns nicht mehr
ganz verständlichen mytilinäischen Kneipensprache" (Wil.).
ὀνέτροπε = „aktivisch, aber seltsam: als er sich in die Höhe
wand, oben zu liegen kam, also aufkam" (Wil. 235 Anm. 2),
während bei πεδέτροπε (48, 10 D.) τὴν ἀρχήν hinzuzudenken
ist. Die Ergänzung v. 5 paßt nicht ganz zu der des Schol.
Das Klappern des Faßbodens zeigt, wie tief die Schöpfkelle
geht. Strophe 2 wird zumeist auf Hyrras, den Vater des
Pittakos, bezogen: anders, nämlich auf Pittakos selbst,
Mazzarino (43 Anm. 3), wegen ἐκγεγόνων nicht völlig überzeugend: vgl. Bowra (137); Gall., Storia (108 ff.); v. Blumenthal, Hermes 75, 1940, 126. Page, Comm. 171 ff. meint (wegen
τεαύτας v. 10), A. richte hier seinen Angriff vor allem gegen
die Mutter des Pittakos, eine Lesbierin (Suid.), verm. von
vornehmer Geburt (der man nachsagen konnte, daß sie
einen Thraker, überdies einen Trunkenbold, geheiratet hatte
u. a. m.). „Complete coherence could be restored to the re-
mains of the poem on this assumption", meint Page. Aber
ob vor „jenem Mann" auch schon die Frau erwähnt war,
wissen wir nicht, auch nicht, ob Alkaios jemals eine Invektive
gegen eine Frau der von ihm bekämpften Tyrannen richtete.
Daher bleibt jener Satz von Page ein unerfülltes und unerfüll-
bares Versprechen.
   [P.Ox. 2302fr. 1, 6 = *295a LP. πυθμενα und fr. 4, 23
= 296b 15 LP. πυθμ[εν scheinen in anderer Bedeutung gebraucht.]

Zu 24 D.

Gemeint ist das bei Symposien beliebte Kottabos-Spiel (s. Sartori, Das Kottabos-Spiel der alten Griechen, 1893), bei dem es darauf ankam, die „Latages", den Weinrest, aus der Trinkschale, unter Einhaltung eines genau vorgeschriebenen Comments in ein etwa 3 m entferntes ehernes Zielgefäß zu schleudern, oder, bei raffinierteren Variationen, in kleine, in einer wassergefüllten Schüssel schwimmende Schälchen, um diese zum Sinken, bzw. in eine, auf hohem stabartigen Ständer gestellte Schale, um sie zum Herunterfallen zu bringen. Der Aristotelesschüler Dikaiarch von Messene hat in seinem Buch über Alkaios (fr. 94—97 Wehrli) sizilischen Ursprung des Spieles (und der Wörter Kottabos und Latax) behauptet: das zu bezweifeln liegt kein Grund vor. Ob die eingewanderten Griechen es von Fremden gelernt haben? Für die neu aufgekommene Mode ist A. der älteste Gewährsmann (vgl. auch 45 D.). Weitere Belege b. Page, Comm. 314.

Zu 26 D.

v. 1 num ἀπ[άλαμνος? D. π[vel γ[, etiam β[possis L. v. 2 ἄμοισι (= ἄμμοισι) D.; αποισι L., LP. Mazzarino gebührt das Verdienst, durch den Hinweis auf das neue Favorinfragment alle Kombinationen zu v. 5 mit ἀπαρχαί als absurd erwiesen zu haben (51, 53f. Anm. 4). v. 4 richtet sich gegen die Sippe des Pittakos, „er" ist vermutlich Pittakos selbst. Hat er am Ende mit List einen Meineid zu umgehen versucht? Wenn das ἐφυλάξατο (sc. ὅρκῳ?) als v. dicendi gefaßt werden kann, so ist jedenfalls der Apollonaltar bezeichnend für die Rolle dieses Gottes in den Kreisen des lesbischen Adels. Freilich wäre dann hier der aristokratische Charakter der Synomosia deutlicher als auf Grund von 24a D. ἔσσεται φάνερ[ος wird man (vgl. κῦδος ἐπήρατον 43 D., dazu Fränkel 93f. m. Anm. 1) auf das polit. Hervortreten beziehen. [Vgl. zu 306 LP. fr. 9. Vgl. viell. P. Ox. 2295 fr. 39, 1 = *178 LP.]ρχᾰο[und v. 3]. ἐπιλαΐδαν].

Zu 41 D.

v. 4 κᾰτι[τ]ον D.[3], κᾰτι [τ]ὸν = καὶ ἔτι τὸν Gall. v. 5 [το κ] D.[3], [το δ'] Gall. Vgl. den Kommentar 206, 1 LP. (o. S. 15).
Trotz der Interpretationsversuche von Mazzarino (68) und Gall., Storia (103f.) bleibt das fr. z.T. unverständlich. Gall. denkt an die Formel „den Vater und des Vaters Vater" und dann ist κήνω v. 4 = πάτερα v. 3. Diese Deutung hat etwas für sich, vor allem weil in v. 3 und 4 die Acc. „Vater"

beidemal an der gleichen Versstelle stehen. Das gibt den Versen zweifellos etwas Formelhaftes und soll es wohl auch. Mazzarino bezieht dagegen v. 4 auf Pittakos und dessen Vater Hyrrhas, v. 3 — auf den Penthiliden Drakon(?). Zu v. 6 vergleicht er A. P. VII 405 Βουπάλειον στύγος. Zur Deutung des neuen Wortes v. 2 hat schon L. Hesych ληβόλε· ἄξιε λιθασθῆναι angeführt; vgl. Hamm, Gr. 104. Von dem alten, grausamen Brauch, einzelne Menschen zu steinigen, wenn diese als fluchbeladen und für die Stadt unheilvoll („Pharmakoi‟) galten, wissen wir jetzt aus den fr. des Hipponax mehr (um 540 v. Chr.). Daß hier ein höhnisches Oxymoron vorliegt, hat Gall. gesehen (der πραϋλάβολος als ein zusammengesetztes Adj. fassen möchte). Zu ἄλιτρον vergleicht D.³ Sappho p. 33 fr. 10A, 2 Lobel = 69,2 LP.]ας ἀλίτρα[ς. Noch ein Sapphobeispiel kommt hinzu: s. den Index adjektivischer Wortverbindungen in V. Hom. z. Lyr. 138—169, wo die Belege für sämtliche Adj. bei A. denen bei Sappho gegenübergestellt sind.

[P. Ox. XXI Add. p. 130 nr 40 ουχα[. .]τάισει (ι sscr.)].

Zu 40 D.

ἀρετι, τυρρακήω, κέατ᾽ Μυρσινήω codd., κέοντ᾽ Sitzler, Μυρσινήωι L. Der Anfang eines Liedes in „enkomiologischem‟ Versmaß: ͜◡◡͜◡◡͜◡͜◡◡͜◡.

Vermutlich ist der Zechgenosse des Dinnomenes 34 D. derselbe, der seine Waffen gemeinsam mit ihm im Myrsileion aufgehängt hat: Pittakos, Sohn des Hyrras. Ob man hieraus (Mazzarino) folgern kann, daß Dinnomenes zur gleichen Sippe gehörte wie Myrsilos, zu den Kleanaktiden? Gewiß aber sind die Kleanaktiden auch nach dem Tod des M. eine mächtige Sippe gewesen. Das würde die Errichtung eines solchen (Grab-)Baues zeigen (wenn man den überlieferten Text dahingehend ändern darf). Die Skepsis von Page, Comm. 175 n. 4 geht so weit, daß unser fr. weder mit Myrsilos noch mit dem Sohn des Hyrras etwas zu tun habe. Das geht zu weit: auch ein korrupter Name ist ein Name, und dies fr. enthält ihrer zwei: verm. aus Mytilene. Die Frage des A. klingt in jedem Fall so, als wäre er selbst nicht in Mytilene. Vielleicht war A. bereits verbannt.

[Zu v. 1 vgl. Sappho P. Ox. 2299 fr. 6,6 = A. *257 LP. ἦρέτι.]

Zu 31 D.

Schol. Aristoph. vesp. 1327f. „ὤνθρωφ᾽, οὗτος ὁ μαιόμενος τὸ μέγα κράτος ἀντρέψεις ἔτι τὰν πόλιν, ἁ δ᾽ ἔχεται ῥοπᾶς·‟

παρὰ τὰ Ἀλκαίου· ὤνησας οὗτος ὁ μαινόμενος (-σεν οὗτος καὶ μ. Ald.) τὸ μ. κρέτος, ἃ δ᾽ ἔχεται ῥοπᾶς, ἀντὶ τοῦ μέγα κράτος. οὕτω δὲ Αἰολεῖς. ἀνατρέψεις ταχέως τὴν πόλιν, ἥτις πρὸς τοῦτο ῥέπει. ἐκ τῶν Ἀλκαίου δὲ παρῳδεῖ εἰς Κλέωνα. Schol. (Rav.) Aristoph. Thesm. 162 ἐν Σφηξὶν παρῴδηται τὸ ὤνηρ οὗτος ὁ μαιόμενος τὸ μέγα κράτος. Ebenso wie die folgenden Stücke wohl gegen Pittakos gerichtet.

[v. 1—3: P.Ox. 2295 fr. 2:]πωσ[,]ειλᾶς ἐργασ[,]νηρουτ[,]τρέ.[Schol. ad v. 3 Φιττακ: also zweifellos Pittakos.]

Zu 33 D.

Eustath. in Il. 633, 61 Ἀλκαῖος οὖν ἐκ πλήρους ἔφη τὸ [33,2 D.] κωμικευσάμενος ἐκεῖνος καὶ ἀντὶ τοῦ ἱερᾶς ὡς ἐν παρῳδίᾳ γράψας τὸ πήρας.

Eustath. in Od. 1397,30 ὅθεν καὶ παροιμία „κινεῖν τὸν ἀφ᾽ ἱερᾶς" λίθον δηλαδὴ ἐπὶ τῶν ἀπεγνωσμένων καὶ ἐσχάτης βοηθείας δεομένων [Sophron 127 K.] Ἀλκαῖος δέ φησιν ἐκ πλήρους (folgt unser fr. und Theokr. 6,18).

em. B., πύματον pro πύκινον B. „neutrum placet" L. Bei Sophron und Theokrit ist der Ausdruck vom „Einsatz der letzten Reserven" gebraucht und stammt von dem Brettspiel, bei dem eine bestimmte Linie ἱερὰ γραμμή hieß (Fritzsche und jetzt Gow zu Theokr. a. O.). Bei A. hat man an die Stadt Hiera, wenige km von Mytilene, gedacht (was den Eustathios ignorieren hieße). Im einzelnen bleibt manches uns unkenntlich: an der Metonymie, weil wir die Spielregeln nicht kennen, an den mit dieser Metonymie bezeichneten politischen oder militärischen Maßnahmen, weil unsere Kenntnis der Geschichte von Mytilene so lückenhaft ist. κίνεις πάντα λίθον, ebenfalls eine vom Brettspiel entlehnte Metonymie, findet sich jetzt im Alkaioskommentar 307 LP. fr. 14 col. II, s. z. St., ἐπικρέτην verm. 24 a, 18 D., κρέτος 31 D. und *289, 4 LP.

Zu 89 D.

οἴδημαν cod., distinxit L. οἶδε μὲν Wil. de οἴδημ᾽, αἰ (cf. Et. M. 618 οἶδα Αἰολικῶς οἴδημι λέγεται) cogitavit Gall. αἰ — βεβάω — κίνης — ἔχοις R., κίνης, ἔχοις iam Crönert.

Diels übersetzte: „Wahrhaftig, ich weiß, daß ich Staub aufwirble, wenn ich nicht auf dem Pflaster gehe, und zu gleicher Zeit dürfte einen schweren Kopf haben, (wer zu viel trinkt)", vgl. Dietel 102. — Dagegen Reinach (fr. 116 R.): „Si tu détaches une pierre de taille d'un conglomérat peu solide (βεβάω), peut être en cuira-t-il à ta tête." — Bowra (181) "I know that if a man moves shingle, a stone not

firmly to be worked, he will perhaps have a sore head":
der Ausspruch enthalte einen politischen Erfahrungssatz.
Am nächsten steht unserem fr. Sappho 113 D. μὴ κίνη
χέραδος (cf. Pind. fr. 327). Hier wie da dürfte eine sprichwörtliche Redensart zugrunde liegen, im Bilde des von einem
Kar leicht ins Rollen kommenden Gerölls eine Warnung
vor unbedachtem Beginnen. Der Steinschlag kann leicht
einen Anderen treffen, mag ursprünglich der Sinn gewesen
sein, und A., der ja auch sonst Sentenzen noch weiter zuzu-
spitzen pflegt, mag das dahin abgewandelt haben, daß der
Betreffende selbst der Betroffene sein kann. — Sprachlich
könnte man zweifeln, womit βεβάως (= -αίως) zu verbinden
ist, ob κίν. als Part. zu schreiben ist (vgl. 106, 11 D. κελάδεις,
2 D. μέδεις), wie ἐργάσιμος λίθος zu verstehen ist: μέγα
ἔργον kann Hom. von einem schweren Stein sagen. Bowra
dürfte das Richtige erkannt haben. Etwas anders Gall. '47
(inc. libri 20): „sa bene che dal mucchio non muove con tutta
sicurezza la pietra d'appoggio, e ne potrebbe avere anche
la testa malconcia..."
[Vgl. die vorhergehenden Fragmente und ἐργασ- in den
neuen Versresten von 31 D.]

Zu 145 D.

Vgl. Simon. 85 D. (Grabepigramm von Hippias' Tochter
Archedike) οὐκ ἤρθη νοῦν ἐς ἀθασταλίην. 47, 10f. D. lesen wir
bei Alkaios ὕβριν καὶ μεγαθειπ[und τά τ' ἄνδρες δραῖσιν
ἀθάσταλ[

Zu 18 D.

πεδάορον = μετέωρον, wegen ἄμμεσι jedoch kaum in ur-
sprünglicher Bedeutung (wie vom fliegenden Fisch 433 LP.
s. o. 86) gebraucht.

Zu 93 D.

Der τρίβολος, tribolus terrestris (vgl. fr. 100 D., S. 74),
ist ein in Griechenland häufiges, niedrig wachsendes Unkraut
mit dreieckigen, stachligen Blättern. Barfuß über Triboli
gehen zu müssen, ist eine Strafe für unartige Kinder. Eßbar
aber ist von dieser Pflanze nichts. Was bedeutet wohl das
Wort (Voc.) τρῑβώλετερ hier? Und was *τριβωλέω? Volks-
etymologisch mag es freilich mit ὄλλυμι verbunden worden
sein: B. dachte an Haplologie für τριβολωλέτηρ (so auch
Hamm, Gr. 63). Vielleicht vermag Perrottas Hinweis (s. Gall.,
Storia 139f., Kamerbeek 171) auf die Nachricht bei Dios-
kurides IV 15,2 zur Lösung dieser Frage beizutragen. Da

heißt es, die Thraker äßen die Früchte des Tribolos (hier = Wassernuß, trapa natans). Der Vater des Pittakos, Hyrras, war ja Thraker. Aber die Arkader haben wiederum mit Wassernüssen nichts zu tun. Dafür heißen sie allerdings „Eichelesser" (fr. 1 dub. Gall.), und eine übertreibende Anrede „du Burzeldornvertilger" mochte die Lächerlichkeit nur erhöhen. Doch tut man besser, auf dieser Etymologie nicht zu insistieren (s. Kamerbeek): es bleibt ein „obscure word" (Liddell-Scott), vielleicht von obszöner Bedeutung.

Zu 87 D.

Pittakos ist zum Aisymneten gewählt worden, wie Aristoteles sagt, mit einem bestimmten Auftrag (πρᾶξις ὡρισμένη): πρὸς τοὺς φυγάδας. Die Verbannung des Alkaios und seines Bruders Antimenidas ist dann schon vor der Wahl des P. zum Aisymneten erfolgt (s. o. S. 116 zur Chronologie). Nach 10 Jahren soll P. — wie Solon — sein Amt niedergelegt haben (Diog. La. I 79). Gesetze zur Bekämpfung des Luxus, zur Einschränkung verschwenderischer Begräbniszüge werden ihm zugeschrieben sowie ein Amnestiegesetz für die Verbannten. — Über Pittakos als einen der 7 Weisen s. Snell 30 ff.

Man wird annehmen dürfen, daß dies Lied — wie manches andere — von A. in der Verbannung geschrieben ist (Bowra).

Zu dem Vorwurf „du hast keine Galle im Herzen" (vgl. Archil. 96, dazu zuletzt Lasserre, Mus. Helv. 5, 1948, 9 f.) und sein Fortwirken vgl. Jaeger 172, vgl. aber Alk. fr. 43,9 D. (s. o. 114). „Kakopatridas" heißt Pittakos auch 26,4 D., 43,9 D. Mazzarino hat jedoch erwiesen, daß Pittakos kein „Plebejer" war (sein Vater Hyrras als βασιλεύς Schol. Dion. Thrac. 368,15 Hilgard). Vgl. Page, Comm 170 n. 8.

Zu 42 D.

Die Ergänzung ἐπα[σχάλαντες] ist jetzt durch das Schol. gesichert (LG. red. 24). [Vgl. zum Alkaioskommentar P. Ox. 2307 fr. 1,6—21 = 306,1 LP.]

Zweifeln kann man über das Subj. zu den Partizipien v. 5/6 (m. E. „wir", anders Gall., Page 226), darüber, ob die Stadt Hiera auf Lesbos (nach der noch heute der κόλπος Ἰέρας heißt) oder Mytilene (Wil.) gemeint ist oder Sardes (Gall.), sowie über den Inhalt der 2. Strophe. Wer ist es, der „verborgen zu bleiben" hoffte und „wie ein Fuchs zu reden wußte"? (Wil 235). — Verm. Pittakos. Die Erklärung Mazzarinos (74 Anm. 2), daß in diesem Lied die Freude Ausdruck finde, daß Pittakos, von den für das lydische Geld

angeworbenen Söldnern einmal besiegt, der Strafe nicht wird
entgehen können, ist eine recht freie. — Was Diog. La.
I 81 von einem Bestechungsversuch des Lyderkönigs —
hier freilich Kroisos — berichtet, kann ebenso erfunden sein
wie der angebliche Antwortbrief des Pittakos es ist. Immerhin könnte man auch an einen Bestechungsversuch des
Alyattes denken, doch bleibt das Wahrscheinlichere, daß
die 2000 Statere für das Anwerben von Söldnern gegeben
wurden. Eine weitere Folgerung hat man jedoch bisher
nicht gezogen. Wenn Alkaios in der Fremde weiß, wie
Pittakos gesprochen hat, so ist ihm das entweder berichtet
worden oder Pittakos hat mit den Führern der Verbannten
verhandelt. Letzteres halte ich für das Wahrscheinlichere,
um so mehr als P. dazu ermächtigt war (und von einem
gleichzeitigen Exil des Pittakos und Alkaios nichts bekannt
ist).

Zu vergleichen sind mit unserem fr. die Reste fr. 63 LP.
Erhalten ist nur

$$]\varkappa\lambda\epsilon[$$
$$]\varsigma\ \text{ἔδωκ}[$$
$$]\tau\alpha\tau o\sigma\varkappa[\qquad 5$$
$$]$$
$$\chi\epsilon]\lambda\text{ίοις στάτ}[\eta\rho\alpha\varsigma$$

wo sicher (mit Körte) ebenfalls die Zahl 2000 zu ergänzen
ist. Thema und Versmaß (sapphische Str.) sind die gleichen.
Vielleicht ist es (vgl. Würzbg. Jhb.) nicht zu gewagt, die
Reste v. 3 in Κλε[αναϰτίδανς] zu ergänzen. Dann könnte
man folgern, daß gegen die Kleanaktiden und Pittakos das
Geld Verwendung finden sollte. Nach Pages Berechnung
hätte das Geld gereicht, 500 Bewaffnete für mehrere Monate
anzuwerben. Daß Alkaios selbst das Geld von den Lydern
erhielt, nehme ich nicht ohne Einschränkung an, da „wir"
nicht = „ich" ist. [Über den Namen mit Kleona- im Komm.
zu 41 D., s. z. P.Ox. 2307 fr. 1. 6—21 = 307 LP. fr.4. Auch
der Kommentar P.Ox. 2307 fr. 42 = *307 LP. fr. 42 hat
das Wort „Flucht", sicher auch (Pitt)akos, viell. die Kl(ea-
naktiden).]

Zu 64 D.

   δέω = εὑρίσϰω

Zu 142 D.

   Wie Sappho (vgl. den Mailänder-Kopenhagener Pap.
fr. 98 a, b D.³), so hat auch A. die Armut kennenlernen
müssen, vgl. Schol. *28a D. v. 22 (LG. red. 22) = *77 LP.

πάντα δὲ ὅσα μοι δη[....χω]ρὶς ἑνός, vielleicht infolge Konfiskation der Güter. Die Armut hat den **Mann**, der sich gewiß nicht für ἀπάλαμνος hielt — vgl. das stolze Wort 132 D. — die „Amechania" gelehrt. Die genealogische Verknüpfung der beiden Personifikationen ist durchaus individuell (anders Theognis 385; die Worte — ohne Personifikation — nebeneinander schon Hes. Erga 496f.). Aber nicht nur selbsterlebte Not spiegelt sich hier, sondern auch ein Herz, das mit dem μέγας λᾶος mitfühlt.

Zu 138 D.

Schol. Hom. Od. φ 71 καὶ Ἀλκαῖος (138 D.) ἀντὶ τοῦ προφασιζόμενος, ἀλλαχοῦ (ἀλλὰ Schol., em. **Maas**, L.) ἀποτρέπων τὸ ἑαυτοῦ νόημα. Et.Magn. 594, 53 τὰς προφάσεις δὲ μόνας καλοῦσιν οἱ Αἰολεῖς. Das Metrum bleibt ungewiß (D.).

[Vgl. P.Ox. XXI Add. p. 146 nr. 10 — gehört zu 118 D.— φρένας ἄλλαις, lt. Schol. mit langem α und gleich ἠλεάς, sowie P. Ox. 2297 fr. 28,1 = *229 LP. ἄλ]λαισι, vom Schol. mit ματαίαις erklärt; dazu Lobel p. 58.]. Vgl. auch das Lemma ἀλλοφρονέως, das ich für das „Lexikon des frühgriechischen Epos" zu bearbeiten hatte.

Zu 24b D.

v. 4 num τε[ιρόμενος (-οι) sive τε[ρρόμενος et κάδεσι] sim.? Einige der hier nicht abgedruckten Reste unseres fr. (= *130, 1—15 LP.) sind: v. 10 ἀμπέλοις, v. 14 κατασσάτω, v. 15 αὐτο[ ]ε καππέτων, v. 16 ἐχέπ[ ]α τεῖχος βασιλήιον, hierzu das Schol. τὸ τῆς Ἥρας: wohl das gleiche Heiligtum wie 24a und 24c. Letzteres schließt unmittelbar an 24b D. an. Über die Topographie vgl. o. S. 142ff.

Zu 101 D.

Daß A. dieses oft gebrauchte Wort (s. D. z. St.) einem spartanischen Weisen in den Mund legt, zeigt, daß man dort noch keineswegs „spartanisch" lebte (Alkman 1,32 spricht — um 660 — von lydischem Kopfputz spartanischer Mädchen). Das Wort kennzeichnet den Einbruch einer neuen Wertauffassung in die Adelswelt: daß A. sich mit ihr brüste, kann ich dem Satz nicht entnehmen (anders Wilh. Nestle). Zur Gesch. Spartas vgl. Berve, Sparta, 1937.

Zu 52 D.

Das Gleichnis vom Habicht und den Tauben Hom. Φ 493 dürfte für diesen, in der Lyrik beliebten (vgl. Archil. 98, Alkm. 15 u. ä.) Vergleich das weitere Vorbild gewesen sein.

Dietel (101) meint aus der Tatsache, daß außer bei Archilochos nur der allgemeine Begriff „Vogel" in der Lyrik genannt ist, sei zu ersehen, wie abgegriffen der Vergleich war. Jedoch war er, von Zeitgenossen gebraucht, wohl deutlich genug. Sollten die Mytilenäer denn Tauben genannt werden? Die Situation ist eine andere als im Epos. Etwas von dem Vergleich bleibt an denen, die gemeint sind, hängen. Es brauchen ja nicht Federn von dieser oder jener Farbe zu sein. Das ängstliche Verhalten ist gemeint, und da ist der Vergleich mit Vögeln schon spezifisch genug.

[Vgl. viell. P Ox. 2295, fr. 44,4 = *184,4 LP.]. ραν'άιετ[ ].

Zu 137 D.

Zur Bedeutungsgeschichte der Worte οἱ πέλας vgl. Wilamowitz, Herakles II 92.

Zu 77 D.

v. 1ss. suppl. L. e Schol. Theocr. VII 112 ᾿Αλκαῖός φησιν ὅτι ῞Εβρος κάλλιστος ποταμῶν, Διοκλῆς (διὰ Θράκης Fränkel) δὲ καταφέρεσθαι αὐτὸν ἀπὸ ῾Ροδόπης καὶ ἐξερεύγεσθαι κατὰ πόλιν Αἴνον. v. 4 num Σ]ιππ-? L.]ι vel fort.]ν L. v. 7 in. suppl. D., μέσφ]α Schubart. τὸ [σ]ὸν vix legend. L., sed cf. Schubart. v. 8 legit et suppl. L.² (cf. D., LG. red. p. 25).

Zu der Beschreibung dieser Badeszene vgl. Herm. Fränkel, The Immigrant's Bath, Un. of Calif. Publ. in Class. Phil., vol. 12, 1944, nr. 16, 293f. = Das Bad des Einwanderers, in: Wege u. Formen, 1954, 97ff. Aber ob es die Töchter lesbischer Kolonisten waren? Und vielleicht hat die Handlung hier nichts mit Symbolik zu tun.

Das Bild dieser in den Lagunen der Maritza (= Hebros) badenden Mädchen mit seinem Glanz, seiner Körperlichkeit, Zartheit und Rhythmik ist eines der schönsten Zeugnisse für die Empfänglichkeit und Aufgeschlossenheit des Dichters für die Schönheit von Natur und Mensch — auch in der Fremde. (Der rationale und apodiktische Satz bei Page, Comm. 288 "it is imprudent to assume, . . . that Alcaeus . . . here described . . . what he had seen" würde für Kallimachos zutreffen, auch für manche Dichter des Barock, die Milch tranken und Weinlieder dichteten: die archaischen Lyriker sind weder Büchermenschen noch lebt ihre Dichtung von bloßen Vorstellungen.)

Horaz hat den Glanz dieses Bildes wohl empfunden: die Frage Fränkels² (273 Anm. 3): „Besteht vielleicht eine Beziehung zu dem . . . an Alkaios angelehnten Horazgedicht c. III 12 mit seinem seltsamen *Liparaei nitor Hebri sive unctos*

Tiberinis umeros lavit in undis? Steht *Liparaei* in irgendeiner
Beziehung zu dem]ιππ[v. 4?", läßt sich — in ihrem ersten
Teil — sicher bejahen: in ἄλειππα v. 7 ist die Entsprechung
für *Liparaei*. Es erübrigt sich, diesen Namen bei Horaz einfach mit gr. λιπαρῶς in Verbindung zu setzen (Lit. b. Büchner, Burs. Jhb. 1939, 140). Das italische Kolorit, die Verbindung mit der Insel Lipari nw. von Sizilien, entspricht
horazischer Art. Bei Horaz III 12 sind also Züge aus zwei
Alkaiosliedern verwertet: in einem andren Fall ist das von
Theander (s. o. S. 161) nachgewiesen.

v. 4 unseres Liedes scheint mir, auch wenn man ihn
bisher nicht so hat lesen können (]λιππ[Hunt), auf die
Rossezucht der Thraker zu gehen. Daß es Hes. Erga 508
(vom Boreas) heißt: ὅς τε διὰ Θρήκης ἱπποτρόφου εὐρέϊ πόντῳ
ἐμπνεύσας ὤρινε, v. 515 διὰ παρθενικῆς ἀπαλόχροος, v. 522
λοεσσαμένη τέρενα χρόα καὶ λίπ' ἐλαίῳ χρισαμένη, können zu-
fällige Anklänge sein. Hes. Erga 541 ff. hat A. jedenfalls
in einem anderen Fall im Sinn gehabt (in noch größerem
Umfang, als in LGred. zu 28a 9 von D. angeführt).

Sonst hat man Hom. B 850 Ἀξιοῦ, ὃς κάλλιστος ὕδωρ
ἐπικίδναται αἶαν verglichen und bei Vergil, Georg. 372f. einen
Nachklang gesehen:

> *Eridanus, quo non alius per pinguia culta*
> *in mare purpureum violentior effluit amnis.*

Vergleichen möchte ich noch Ovid, her. II 113f.:

> *qua patet umbrosum Rhodope glacialis ad Haemum*
> *et sacer admissas exigit Hebrus aquas.*

Was die weiteren Strophen dieses Liedes enthielten,
wissen wir nicht. Daß die Hörer die Geschichte von Arion
zu hören wünschten, wenn einmal der Hebros genannt war
(Page), halte ich weder für sicher noch für wichtig. Mit der
Anrede an den Hebros hat dies Lied etwas von einem Hymnos: geographische Angaben stehen dann anstelle der in
Hymnen traditionellen Aretalogie (begönne, wie Theander
wollte, in v. 1 ein Relativsatz, würde das noch klarer hervortreten). Hesiod fr. 37 (= h. Ap. 241) ὅς τε Λιλαίηθεν προτει
καλλίρροον ὕδωρ und fr. 38 (ebenfalls von einem Fluß) sind
epische Beispiele für geographische Prädizierung. Ich be-
haupte nicht, daß dieses Lied wie (fast) jeder Hymnos auch
eine Gebetsbitte enthielt.

Zu 124 D.

Die an der kleinasiatischen Küste gegenüber der Insel
Lesbos gelegene Stadt Antandros ist für A. eine nicht-

griechische. Lit. über die (vorgriechischen) Leleger, die
Herodot I 171 mit den späteren Karern gleichsetzt, bei
Beloch I² 1, 75 ff. Auch in dem Papyrusfr. *121 D. hat man
den Stadtnamen Antandros zu finden vermeint; trotz
Pfeiffers Zustimmung bleibt das unerwiesen: in das gleiche
fr. hatte man früher das Trojanische Pferd hineininterpre-
tiert, später die Rettung eines Mannes durch einen Delphin.
Auch Kirsa (Kirrha, Krisa) ist da genannt, eine überzeugende
Deutung der kümmerlichen Reste aber bisher unmöglich.
In unserem Fall zeigt der Stil und das Versmaß Anlehnung
an epische Vorbilder, zugleich aber ist hier ein erstes Beispiel
poetischer Periegese. Geographische Angaben finden, wie
das Hebros-Lied zeigte, sogar in der Hymnenform statt des
Mythos Platz.

Zu 135 D.

πηνέλοψ = eine bunte Entenart. Aristophanes (Av. 1410,
Thesm. 162) hat diese Verse parodiert. Die Häufung der
Adjektiva (die sich beide schon bei Hesiod finden, Erga 203;
212, das eine auch schon in der Odyssee ε 65), erscheint auf
den ersten Blick gesucht, entspringt aber dem Streben nach
möglichst genauer Beschreibung. Ibykos fr. 9 D = 317 Page
hat unsere Stelle nachgeahmt. — Der Deutungsversuch von
Gall. soll hier unerwähnt bleiben.

Zu 55 D.

Bei Homer, E 769 = Θ 46, fliegen die Rosse der Götter
„zwischen der Erde und dem gestirnten Himmel". Für die
Deutung unseres Stückes ergibt sich daraus kein Anhaltspunkt. Wer will, mag an Apollons Schwanenwagen denken:
gewöhnliche Vögel sind mir wahrscheinlicher.

Zu 149 D.

Nondum sanatum D. de †τέτρα βαρήαν, κατάγματα cogitavit L. An den „viermalschweren Ziegeln" (äol. -βορ-) wird
man nicht rütteln dürfen. Man könnte an Babylon denken
(das neben Askalon *82 D. genannt ist, wohl in Zusammenhang mit dem Dienst des Bruders Antimenidas im babylonischen Heer). Vgl. die Maßangaben im Antimenidas-
gedicht 50 D. und bei Sappho 124 D.
Näher ausgeführt und begründet habe ich obige Hypothese nachträglich in der Corolla Linguistica, Festschrift
für F. Sommer, 1955, 221 ff. Da jenes Buch nicht jedem
Tusculum-Leser zugänglich sein wird, wiederhole ich kurz
die dort dargelegte Argumentation und füge weitere Beleg-

stellen hinzu. — Das einzige völlig sichere Wort dieses
Alkaiosfragmentes ist „Ziegelsteine": selten genug ist in
ernster Dichtung bei den Griechen von ihnen die Rede.
Um des Wortes τετραβ. willen ist unser fr. bei Hesych zitiert:
auch dieses Wort braucht nicht suspekt zu sein, wenn die
Zusammensetzung (trotz der nicht-äolischen Form für „vier")
sprachlich legitim genannt werden darf und wenn der Einwand von LP. „qua voce nihil significari possit" widerlegt
werden kann. Zur Wortbildung vgl. ngr. τετράπαχος, unser
„Tausendschön", mehr darüber a. O. (zweifelnd Hamm, Gr.
110). Daß das Adj. „viermalschwer" bei Backsteinen seinen
guten Sinn haben kann, ergibt sich aus den Abmessungen
und Gewichten solcher Steine im nahen Orient. Die folgenden
genauen Angaben verdanke ich Prof. Th. Dombart, der
selbst 1913 an archäologischen Ausgrabungen in Mesopo-
tamien teilgenommen hat und eine kleine Kollektion solcher
Steine besitzt. Ein neubabylonischer Backstein aus der Zeit
Nebukadnezars II. (unter dem der Bruder des Alkaios gekämpft hat) um 560 v. Chr. mißt 32,5 : 32,5 : 8,5 cm und
wiegt 12,5 kg, das ist 4 kg mehr als ein assyrischer Backstein
um 1260 v. Chr. (32,5 : 32,5 : 6,5 cm) und immer noch 1,5 kg
mehr als ein sumerischer um 2100 v. Chr. (32 : 32 : 8,5 cm).
Im Vergleich zu einem heutigen Normalstein (25 : 12 : 6 cm)
beträgt das Gewicht des neubabylonischen etwa das Fünf-
fache. Den Bau der berühmten, zu den 7 Weltwundern ge-
rechneten Backsteinmauer von Babylon (Hygin. 225) hat
Herodot I, 179 ff. als erster Historiker voller Bewunderung
beschrieben. Sie ist die einzige orientalische Backsteinmauer, die auch sonst in der antiken Dichtung begegnet:
mit dem Zusatz „aus großen Backsteinen" bei Aristophanes, av. 552, ferner Paulus Silentiarius AP. V 252 (ohne
Erwähnung der Backsteine); Properz III 11, 21 f. *Persarum
statuit Babylona Semiramis urbem ut solidum cocto tolleret
aggere opus* etc.; Ovid, Met. IV 57 f. *ubi dicitur olim coc-
tilibus muris cinxisse Semiramis urbem*; Iuvenal X 171 *cum
tamen a figulis munitam intraverit urbem*, ebenfalls für Babylon gesagt; Lucan VI 49 f. *fragili circumdata testa moenia
mirentur refugi Babylonia Parthi*; Martial IX 75, 2 f. *non
latere cocto quo Semiramis longam Babylona fecit.* Damit ist
der Beweis erbracht, daß mit den „Schichten (?) viermal-
schwerer Backsteine" bei A. nur eine Mauer im vorderen
Orient, doch wohl die berühmte babylonische, gemeint sein
kann. Aus dem Manko, daß ich (trotz Blümner, Technologie
II 21 und Vitruv) über lesbische Backsteine des 7./6. Jh.s
keine genauen Angaben machen kann, läßt sich ein Gegen-

argument nicht konstruieren. Unser Dichter, der mehrfach von Thaumasia spricht, hat demnach schon 150 Jahre vor Aristophanes dieses imponierende ‚Weltwunder‘ — nach der Beschreibung seines Bruders vermutlich — in einem lyrischen Lied mit Detailangaben erwähnt.

Zu 125 D.

Das Wort wird vom Blitz, Sandsturm usw. gebraucht. Harpocrat. 175, 16, der unser fr. erhalten hat, sagt τετύφωμαι ἀντὶ τοῦ ἐμβεβρόντημαι, ἔξω τῶν φρενῶν γέγονα. ἤτοι ἀπὸ τῆς βροντῆς. ἢ ἀπὸ τῶν ἐπὶ τὸν Τυφῶνα ἀναφερομένων ἢ ἀπὸ τῶν Τυφωνικῶν καλουμένων πνευμάτων, ἃ δὴ καὶ αὐτὰ ἐξίστησιν ἀθρόως καταρραγέντα. καὶ γὰρ Ἀλκαῖος . . .

Zu 53 D.

σέωι et σέως codd. σέος L. σέωι = σεισμῷ D.

Zu 75 D.

v. 4 πρώταλιαι πῖθεις pap., [Π]ρωταλίαι ed. pr., Wil. ῥωγαλίαι? Srebrny. πρωτόαλος = πρωτόπλοος Hesych. v. 4 [ῥύτισμα] D.
Die Zugehörigkeit von v. 1, der durch Paragraphos vor und hinter ihm abgeteilt ist (per incuriam L.), zu diesem Lied schien Wil. (240 Anm. 1) nicht ganz sicher: daß mit καί aber kein Lied beginnen kann, hat natürlich auch er gesehen. Jenes lange, durch den Bogen („Hyphén") vom Schreiber als ein Wort gekennzeichnete πρωταλιαι zu erklären hat man bisher nicht unternommen, doch zeigt die von Diehl angeführte Hesychglosse m. E. den Weg. Ich verstehe es als Seefahrt in früher Jahreszeit, sobald man zum ersten Male nach dem Winter sich wieder aufs Meer wagen kann. Gall., Storia 98 denkt an ein Adj. (ebenso, sc. νᾶι, jetzt Hamm, Gr. 102, doch vermisse ich dann eine Rechtfertigung des Artikels, die bei Zeitbezeichnungen leichter zu erbringen ist: wer trotzdem dieser Erklärung den Vorzug gibt, wird mit L. im anschließenden Partizip „sich anvertrauend" erblicken, nicht mit D. eine Prodelision von ἐπίθεις). — Lobel faßte die ersten Worte νῶ...ἕννεκα als „in fancy" (Gegensatz „in bodily presence"). Einen Dual halte ich (mit Wil.) nicht für unmöglich: Wil. sah einen solchen im Arignota-Lied Sapphos (fr. 98, 19 D.). Vgl. Sappho fr. 35, 12]ταιν, wo allerdings inhaltlich ein Dual nicht recht paßt. Auch wenn Dualformen in der äol. Lyrik bisher nicht sicher belegt waren, von den homerischen Epen her kannte man ihn gewiß. Die Stelle bleibt ungeklärt. Einen Liedan-

fang haben wir vor uns, und meist führt das lyrische Lied gleich *in medias res*. — Über die Schwierigkeiten dieses Stückes vgl. Srebrny, Eos 41, 1940—1946, 107ff., der in Aristophanes, av. 1428 ein Zitat dieses Alkaios-Liedes erkennt: zustimmend Ehrenberg, The People of Aristophanes, 2. Aufl. Oxford 1951, 282.

[Über den Dual vgl. jetzt das bereits angeführte Urteil Lobels P.Ox. XXI p. 77. Die Übereinstimmung freut mich. Nachdem nun auch Hamm, Gr. 107 Dualformen registriert hat, ist nicht mehr zu befürchten, daß Dualformen bei den lesbischen Lyrikern grundsätzlich geleugnet werden.]

Diese Rückkehr des Dichters aus nördlicheren Gegenden ist etwa in den März anzusetzen, da laut mündlicher Auskunft aus Mytilene die Kraniche im März und September die Insel Lesbos überfliegen. Vom März in Griechenland heißt es noch heute, daß dann sogar Zaunpfähle frieren.

Zu 28a D.

Weitere Einzelheiten über die drastisch geschilderte Vermummung lassen die (leider stark zerstörten) Schol. erkennen: von Filzschuhen ist die Rede, die das Schol. „persisch" nennt, die aber gewiß (21 D.) skythische waren, vom Festbinden, Bocksfell, Rücken usw. Vgl. Hes., Erga 541—545. [Die neuen Lesungen P.Ox. XXI Add. 132 nr. 44 ergeben inhaltlich nichts Neues: s. = *77 LP. Vielleicht von einer Vermummung „. . . Stirn" . . . „zum Erschrecken" . . . spricht der Komm. P.Ox 2307 fr. 12 = *306 LP. fr. 12.]

Zu 22 D.

M. Leumann, Homerische Wörter, Basel 1950, 55; 340 vergleicht diesen Vers mit Hom. λ 135, Pind. fr. 130. Die Ähnlichkeit führt ihn zu der Vermutung, auch hier liege wohl eine Jenseitsbeschreibung vor. Argument und Folgerung bleiben unsicher, m.E. unglaubhaft.

Zu 70 D.

v. 1 καὶ θάλη legit D. vv. 13ss. [νῦν γὰρ θα]λάσσας φειδόμεθ' ὡς ⟨σ⟩κ[ίρ]ρον / [κυμι]νοείδην αἴθρον ἐπήμενοι / [ἀλλ' ἀνσ]τάθεντες ὡς τάχιστα / [καὶ δρομ]άδαν καμάκων ἐλόντες / [πλόον κε πα]ύσα⟨ι⟩μεν προτ' ἐνώπια / [νᾶος ῥέ]ποντες κτλ. e. g. suppl. Schubart.

„Nach einer kalten Nacht auf dem Meere landet der Dichter mit seinen Gefährten . . ., von Reif bedeckt; sie sind im Begriff, die Ruder einzuziehen und beim Feuer am Strande ein Gelage mit Gesang zu beginnen" Schubart,

Phil. 97, 1948, 318. — Der weitere Zusammenhang bleibt
dunkel: Wil. dachte an „die Hände unter dem Gewande
verbergend" oder dgl. Schubart hält es nicht für ganz
sicher, ob hier der Dichter einen Gefährten anredet oder
berichtet, wie die Gefährten ihn zum Gesang beim Gelage
auffordern.

So vieles hier unklar und hypothetisch bleibt, die An-
schaulichkeit, ja, der Realismus der Beschreibung tritt
ebenso hervor wie die Überlegenheit („wir schonen das
Meer") und ein leichter Anflug von Humor („ob das Trinken
in großen Zügen es schafft?"). Die Wiederholung von Worten
mit der Bedeutung „heiter" (zu ἰθαρός vgl. Pfeiffer zu
Callim. fr. 85, 15) finde ich dabei keineswegs störend. Das
Lied ist m. E. nicht an einen Einzelnen gerichtet.

[Zu Schubarts Ergänz.ngen vgl. jetzt P.Ox. 2295 fr. 35
= *174 LP. σκῦρον und bes. ᾽r. 28,3 = *167.3 LP.]τερᾶςῶ-
σκῦρον am Versschluß.]

Zu 50 D.

v. 5 βασιλήων cod., em. B., μόνον ἀνίαν ἀπυπέμπων cod.,
em. O. Müller.

Herodot 7,117. (᾽Αρταχαίην) μεγέθεΐ τε μέγιστον ἐόντα
Περσέων — ἀπὸ γὰρ πέντε πηχέων βασιληίων ἀπέλειπε τέσσερας
δακτύλους spielt offenbar auf dies Lied an, vgl. schon Diels,
Hermes 22, 1887, 425. Während aber Herodot βασιληίων
auf „Ellen" bezieht, halte ich es mit Diehl (Add.) für wahrscheinlicher, daß hier zu verstehen ist „unus e cohorte
regia".

Wer (wie Page, Comm. 23) bei den „royal cubits" bleibt,
nimmt hier bei A. eine weite Sperrung von Adj. und zu-
gehörigem Subst. (= sog. Hyperbaton) an, über einen un-
beteiligten Zwischenvers hinweg. Es genügt, den Index adjektivischer Wortverbindungen (V. Hom. z. Lyrik 138ff.)
durchzublättern, um zu sehen, daß A. dergleichen meidet. A.
298,4—6 LP. sind 3 zusammengehörige Wörter zwar ge-
trennt, aber auf 3 aufeinanderfolgende Verse verteilt und
an gleiche oder analoge Versstellen gesetzt, also hiermit
nicht vergleichbar. Daß übrigens auch das Verständnis
homerischer Verse vollauf durch das jeweils schon Ausge-
sprochene festgelegt wird und nicht durch das Weitere ab-
gebogen wird in eine ungeahnte Richtung, ließe sich an
Beispielen zeigen. — Die Größe des babylonischen Kämpen
hat man auf 2,15 m berechnet (Mazzarino).

Das Lied klingt nicht, als wäre es in der Verbannung
geschrieben. Es ist wohl die Heimatstadt, wohin Antimenidas

heimkehrt, und sein Bruder war vielleicht schon vor ihm
da eingetroffen. Ein Lied zu seinem Empfang, mit stolz-
renommierender Aufzählung von Einzelheiten, wie er sie
gern hören mochte (und die Alkaios dann schon vorher
erfahren haben muß) — oder ein Lied, das kurz nach dem
Eintreffen des Bruders verfaßt worden ist, als Alkaios das
Schwert schon selbst gesehen und von dem Bruder sich
schon hat berichten lassen.

Zu 63 D.

Zur Vokativform s. o. S. 150f., zur Bedeutung von ἀγνός
in unserem fr. s. Ferrari: nicht = casta, sondern σεμνή,
πότνια „D'ora inanzi...non si parli più di un Alceo paladino
della castità di Saffo, ma di un Alceo che sente in Saffo la
presenza del nume. Certo l'elogio è più puro e più grande"
(53). [Vgl. zu 24c D. Neu hinzugekommen ist Sappho P. Ox.
2294 Z. 8 ἄγναι Χάριτες...Aber wird Kassandra bei Alkaios
nicht auch so genannt worden sein?]

Zu 68 D.

Von Edmonds mit dem Papyrusfetzen 35 L. = *516 LP.
verbunden, wo in der Tat v. 6]σπαλαμ[zu lesen ist. Vgl.
Pfeiffer 317f.

Zu 90 D.

Das Vorbild für Horaz c. I 9, das freilich ganz römisches
Kolorit bekommen hat und mit *vides ut* (vgl. c. I 14) alle
bei A. unverbunden nebeneinander stehenden Eindrücke zu
einem geschlossenen Bild zusammenschließt. Das Urteil
Fränkels (77, „der Dichter jagt unsere Phantasie an ge-
frorenen Wasserläufen umher, bis wir schließlich erfahren,
daß wir in der wohlausgestatteten Stube sind"), scheint
durch die Entdeckung Lobels widerlegt, der in Pap. Bouriant 8, 1, 19ff. v. 2 unseres Liedes und Spuren von v. 3 erkannt hat; darunter das Wort „von dorther" (πεπάγαισιν δ'
ὑδάτων ῥ[όαι...]ς ἔνθεν; vgl. Arch. f. Papyrusforschg. 10,
1932, 1ff.). Aber auch ohne dies Zeugnis könnte man meinen,
daß die Aussage „es regnet" eher die Vorstellung weckt,
daß der Sprecher im Trocknen sitzt, als unsere Phantasie
im Unwetter draußen „umherjagt".

Zu den Weinliedern vgl. allg. Jaeger 182ff., Bowra
163ff., Page, Comm. 299ff., zum ‚hellenistischen Schluß' bei
Horaz Ed. Fraenkel 177.

Zu 73 D.

v. 2 ἀμε[ίψεαι] Diels. v. 3 Wil.,]ελιωι pap. v. 4 ss. suppl.
Wil. v. 8 suppl. Snell, μ[άλιστα δέ] D.³ μ[έμηλε δ' ὦν] Page.
v. 9 suppl. Schubart, βά[ρυν ὤρισε] Wil. βα[σίλευς δίδοι]
Jurenka. v. 10 τὰ [κάτω φρόνη] D. v. 11 in. suppl. D.³. μέ]στ'
Gall. ν[, π[, γ[possis L. κάλλοτα, ν[ῦν et v. 12 τά[χα δῶι
θέος Page, ν[ῦν χρόνος Pisani. An Melanippos hat A. auch
seine Freudenbotschaft nach der Schlacht bei Sigeion gerichtet (s. o. S. 88): hier sind beide noch jung, wegen der
Namensgleichheit des Adressaten hat man auch jenes fr.
49 D. — und damit den Kampf um Sigeion — als ungefähr
gleichzeitig angenommen. In diesem Fall wird man jedoch
m. E. diesem Argument eine unbedingte Gültigkeit ab-
sprechen dürfen. Melanippos ist ein adeliger Name und
die Freundschaft mit ihm braucht man — im Unterschied
zu der mit den ἐρώμενοι (Bykchis, Menon, Lykos) — nicht
nur auf die Jugendzeit zu beschränken. Warum Melanippos
nicht bei Sigeion mit dabei gewesen ist, wissen wir freilich
im einen wie im anderen Fall nicht. Zu große Jugend kommt
jedenfalls bei diesem ἀνὴρ ἑταῖρος nicht in Frage. Eher könnte
man an ein Losverfahren bei der Rekrutierung denken,
doch bleibt das eine bloße Spekulation, da auch manche
anderen Gründe in Betracht kommen können. Über die
„geschickte Einrahmung des Exempels" und die „elegante
Verschränkung der Worte" unseres fr. Wil. 233f. Aber daß
der Ausdruck κόθαρον φάος ein ganz individueller ist, wäre
auch zu bemerken. Zum Thema dieses Liedes vgl. Schadewaldt 294. Der kluge Sisyphos ist in der Lyrik ein beliebtes
Beispiel für die Nutzlosigkeit des Vielwissens (z. B. Theogn.
701 ff., s. Dietel, Index s. v., jetzt namentlich Page, Comm.
302, ebda. über den zweimaligen Tod des Sisyphos der Bericht des Pherekydes). Das „Odysseusideal" macht einer
durch das Erlebnis des Todes vertieften Haltung Platz.
Todessehnsucht ist A. freilich im Gegensatz zu Sappho
(68 D., dazu die schönen Ausführungen Fränkels² 263f.)
fremd. Man hat gesagt, er „schwemme die Sorgen" fort.
Vgl. aber zum Folgenden.

Zu 80 D.

v. 1]ρφαυ[olim L.,]ρφασι[LP. v. 4 χ[α]ρ[ίτ Edmonds.
etiam χ[α]ρ[ίεσσ- sive -εντ- possis. fort. lacuna duarum
litterarum: L. v. 5 [καὶ παί]δων — ὕμν[ον ἀείδην μελιάδεα] D.
Das Thema ähnlich dem vorigen, doch spricht nun die Vorstellung des Alters und seiner Nachteile stärker und weh-
mutsvoller mit: oder schrieb ein bereits Gealterter dies Lied?

Unter den Nachteilen des Alters und Siechtums steht jedenfalls das Ausgeschlossensein vom Musischen an hervortreten-
der Stelle: die Deutung Diehls „nicht mehr Liebeslieder
singen können", ist unsicher und scheitert m. E. am Wort-
stamm ὕμν[. Die andere Deutung wäre, (als Kranker)
nicht mehr die Festlieder hören können. Die zunächst über-
raschende Erwähnung der „Bürger" (vgl. jedoch Sappho 34a
D.) könnte sich in solchen Zusammenhang fügen. Deutlich
bleibt nur der Satz, daß gegen Zeus' Willen nicht einmal die
Haare vom Haupt des Menschen fallen („kein Haar" inter-
pretiert Wil. 234 m. Anm. 1).

[Vgl. zum Thema „Alter" („. . . mich noch die Glieder
tragen") und „Mitbürger" 81/84 a/84 D. und 16bL., die
jetzt von Lobel P. Ox. XXI Add. p. 128 nr. 11 vereinigt
sind: = *33 LP.] καντριχοσημι.[ist noch in einem Scholion
(zu *77 LP. col. II) zu lesen (viell. „Hälfte eines Haares"). Von
seiner „grauen (= schon grau behaarten) Brust" spricht A.
86 D.

Zu 91 D.

φαρμάκων ci. L.

Zu 94 D.

v. 3 κυανόπτερος suppl. R. Stark, cf. Ps.-Hes. Sc. 393.
v. 5 δὴ ci. Page.

Das Vorbild hierfür wie für Sappho 89 D. ist Hesiod,
Erga 582ff. Wil. (S. u. S. 62f.) hat die „Vergröberung" des
A. gescholten: „Verstand, kein Gefühl, oder vielmehr, ge-
fühlt ist nur der Durst". Wohl hat A. nicht, wie Hesiod,
eine säuberliche Periode mit „wenn" — „dann": gerade
das aber kann m. E. Wirklichkeit und Vorstellung unterscheiden. Hes. spricht von der Haut, die trocken vor Hitze
ist, A. sagt, „alles dürstet vor Glut". Empfunden ist nicht
nur der eigene Durst. Bowra (164ff.) deutet das Lied als
eine humoristische Übertreibung. ὥρα χαλέπα (statt Hes.
καματώδης) klingt nicht danach.

Gegen die Versuche, diese Verse mit dem (anonym zi-
tierten) Sapphofr. 89 D. zu vereinigen (Bergk, Gallavotti,
Page, LP.), wendet sich mit Recht auch R. Stark, Rhein.
Mus. '56, 175ff. Bei aller inhaltlichen Ähnlichkeit ist der
Unterschied des beschreibenden Stiles hier und dort nicht
zu übersehen. Bei A. finden wir hier — wie auch in der Beschreibung des Winters 80 D. — kurze, unmittelbare Einzel-
aussagen.

Die Epitheta der Zikade und Onomatopoiien bei Beschreibungen der Zikade in griechischer Dichtung behandelt T. Smerdel, Živa Antika 5, 1955, 63 ff.

Zu 96 D.

v. 5 πλέαις cod. πλήαις Fick, L. „debuit πλήσαις" D. πέλλαις v. Blumenthal (πέλλα = ποτήριον), der als Gegensatz zu κὰκ κεφάλας = „bis zum Rand" [Theokr.] VIII 87 ὑπὲρ κεφαλᾶς vergleicht. Vgl. über die Schwierigkeiten dieses Textes Page, Comm. 307 f.

Daß v. 2 δὴ ἄερρε zu postulieren sei, weil „δέ seems meaningless here", kann ich nicht zugeben. Aussagesatz + Befehlssatz mit δέ hier ist mit adesp. 919 P. (s. o. S. 139) zu vergleichen. Mit der Schreibung δάερρε bei P. soll δὴ ἄερρε gemeint sein. Wäre bei mündlichem Vortrag hier nicht sogar das feinste Ohr überfordert?

Nicht minder schwer ist es, den eigenartigen Reiz dieses Liedanfanges zu erklären. Ergibt er sich nicht zuletzt aus dem kurzen Blick in den Abend, der noch zum Tage gehört?

Zu 117 D.

v. 1 ὦ πόν[ηρε..., v. 4 ἀναίτιο[ν αἰτιάσαις Fränkel. v. 6 „do ἔπαυσά σ' cogitavimus" LP. displicet meo quidem iudicio ἔπαυσά σ'... παύσαι. fort. ἐγ[ω]ὺκ (cf. L.)? v. 8 συναγρετ[sscr. α[γ] pap., em. L. v. 11 in pap. παλαον del., sscr. κάλον γὰ[ρ. v. 13 [μάλ' αἴ]ψ[α Fränkel. v. 17 ἄπ]εσκ[ο]ν? ἄρ]εσκ[ο]ν? D. πρόσθ' ἐπον. D. [v. 5—7: P.Ox. XXI Add. p. 143: δευοντοςουδεν· κα.[..].ανοιὶ[, ταςσᾶς ε.[.] υ.[.́]σαλλ' ἐμ[.]θενσὺ[, παυσαι· κάκωνδε[ ].

Die Übers. will nur einen Interpretationsversuch geben, nicht ein „Weiterdichten". Sie knüpft an Fränkels Erkenntnis an, daß ein erotisches Lied vorliegt (Fr.³, 275): „Mach ein Ende, vielleicht kannst du das drohende Unglück noch niederhalten. Deine Zeit ist ja nun vorbei und abgeerntet sind die Früchte, die du hast tragen können. Der Rebenschößling aber (das junge Mädchen) gibt Hoffnung, weil er so schön ist, daß er nicht wenige Trauben trägt gar bald: von einem solchen Weinstock stammt er ja...ich fürchte, daß sie...die unreifen Trauben noch roh sich pflücken (des Mädchens Liebe vor der Zeit und außer der Ordnung genießen)." Anders Wil. (Gl. d. H. 2, 112, Anm. 1): „Die feinen Verse vom Ertrag des Weinbergs...ein Bild für frühere Erfolge und gegenwärtige Unsicherheit" und Bowra, Herm. 240: „A. wendet sich an einen Freund und erzählt

ihm, daß die Hoffnungen auf eine reiche Ernte verfehlt
sein werden, weil die Zeit des Pflückens verpaßt worden ist
und die Trauben sauer geworden sind"; etwas anders in
seinem Buch (182, vgl. 445), wo er, ausgehend von der
hübschen Beobachtung, daß bei A. in den allegorischen
Vergleichen ein Wort (wie z. B. στάσις) in eigentlicher und
zugleich übertragener Bedeutung gebraucht sein kann, in
unserem Gedicht eine politische Lehre an die „landowner"
sehen möchte, die vorzeitig loszuschlagen beabsichtigen.
Sein Hinweis, daß sich im Schol. fr. 15, col. 1 des gleichen
Pap. γεω[findet und in unserem Lied v. 14 γ[εώμορο]ι zu
ergänzen ist, bleibt auch dann von Bedeutung, wenn man
der Interpretation nicht zustimmt.

Keinen Fortschritt bedeutet die von Page wiederauf-
genommene (von ihm selbst Comm. 242 n. 3 als „mere guess-
work" qualifizierte) Vermutung von Edmonds, es könnte
Pittakos gemeint sein, nachdem er sich ins Privatleben
zurückgezogen hatte. Um in einer archaischen Allegorie
hinter dem jungen Rebengewächs „the political legacy",
ein Abstractum oder einen Sammelbegriff, zu vermuten,
dazu gehört nicht nur mehr Phantasie als ich besitze,
sondern auch völlige Unbekümmertheit um die Bilder-
sprache früher Zeit. Sie und ihre Vorstellungswelt sollte
auch allen modernen Auslegungen die Grenzen setzen.

v. 1 vermutet Theander (162) Ausfall eines Namens,
was nicht unbedingt notwendig ist. Als Präd. könnte man
παράγαγεν oder dgl. annehmen. v. 8 kann der Gen. für das
folgende τι partitive Bedeutung gehabt haben („von den
Übeln, die es doch immer [?] gibt, etwas möglichst...").
Entscheidend ist, daß man von „deiner Zeit" beim Wein-
berge doch wohl nicht sprechen kann, wohl aber bei einem
einzelnen Geschöpf oder Gewächs. Ein Mensch, dessen „Zeit"
schon vorbei ist, ist angeredet. Im Gegensatz zu diesem
(σοὶ μὲν — τὸ κλ. δέ) wird von einem anderen gesprochen,
dessen Zeit noch nicht gekommen ist, an dessen Zukunft
sich Hoffnung und Besorgnis knüpfen (ἐλπωρή mit inf. aor.
z. B. Hom. β 280). [Das Subst. b. Sappho P. Ox. 2299 fr. 8 a
col. II, 8 = Alc. *259 LP.]

πονήμενοι v. 17 beziehe ich als ein doppeldeutiges Wort
(im Sinne Bowras), abgesehen von der Bedeutung, die es
in dem bildlichen Vergleich hat, auf die Bemühungen und
Aufwendungen eines Liebhabers (vgl. 109/110, 23 D.).

Daß die „Winzer" oder „Landleute" sich von einer
„schönen Rebe" sogar unreife Trauben suchen, trifft für
den Weinbau nicht, wohl aber für die Liebe zu. Für einen

Augenblick zeigen sich hier hinter dem streng durchgeführten Bild Motive einer anderen Sphäre, nämlich der eigentlich gemeinten, erotischen. Ich vermute, Aischylos, Schutzflehende 998ff. hat dies Alkaioslied im Sinn gehabt, wenn er schreibt:...ὥραν ἐχούσας τήνδ' ἐπίστρεπτον βροτοῖς. τέρειν' ὀπώρα δ' εὐφύλακτος οὐδαμῶς· θῆρες δὲ κηραίνουσι καὶ βροτοί. ... καρπώματα στάζοντα...καὶ παρθένων χλιδαῖσι εὐμόρφοις ἔπι πᾶς τις παρελθὼν ὄμματος θελκτήριον τόξευμ' ἔπεμψεν...(Vgl. Pfeiffer 318, Dietel 102.)

Auch Pindar gebraucht ein ähnliches Bild fr. 112, 7f. in eindeutig erotischem Sonn: ἐρατειναῖς ⟨ἐν⟩ εὐναῖς μαλθακᾶς ὥρας ἀπὸ καρπὸν δρέπεσθαι.

Vgl. schließlich den Traubenvergleich Hor. c. II 5, 9f. (*inmitis uva, lividi racemi*: dazu Pfeiffer 318). Zu dem schon in der Odyssee, dann aber besonders bei Solon sich findenden Gedanken, daß der Gott keine Schuld hat (Jaeger, Sol. 73ff.), ist vielleicht Sappho 69 D. (v. 3ff.) δ]αίμων ὀλοφ[, οὐ μὰν ἐφίλη σ[, νῦν δ' ἔννεκα] [, τὸ δ' αἴτιον οὕτ[zu vergleichen. „Tue alles, was den Jahren gemäß ist, die du genossen hast" (Theokr. XXX 15, vgl. Pind. fr. 127) scheint mir der Grundgedanke unseres Liedes.

Zu 69 D.

Die Worte lassen sich in der überlieferten Schreibweise in einem asklepiadeischen Verse mühelos unterbringen, ein Grund zu einer Änderung liegt daher nicht vor (vgl. Lobel, Sappho, introd. XLVI). Auch ein Schreibfehler im An. Ox. liegt nicht vor: die Worte werden a. O. zweimal, und beide Male in der gleichen Schreibweise, zitiert. — Nun bildet die überlieferte Form aber eine sprachgeschichtlich nicht leicht erklärbare Ausnahme von der besonders für das Lesbische bezeugten, wenn auch nicht ausnahmslos (vgl. μελαίνας) in Erscheinung tretenden Entwicklung vj > vv: vgl. besonders W. Schulze, GGA., 1897, 891: „Tatsächlich beschränken sich in der lesbischen Lyrik die auffälligen Quantitätsschwankungen auf solche Fälle, wo das Epos neben die lesbische Form eine prosodisch abweichende stellt. Mit einer einzigen Ausnahme, die ihre besondere Deutung zu fordern scheint. Ich meine den Gen. τερένας, der, wenn gleich att. τερείνης gesetzt, sich jeder Analogie und Regel entzieht." Schulze denkt dann an die Möglichkeit, daß es einen Nom. τέρενος gab (vgl. den Komp. τερενώτερον fr. mel. adesp. 4 D.; zum Wort s. auch Bechtel 37 u. 51, Hoffmann, D. gr. Dialekte II 319; 480; Lobel, Σμ. introd. LII, Hamm, Gr. 46). Bei Krinagoras von Mytilene findet sich zwar (AP. IX, 430, 7 = ep.

36,7 Ruebensohn) τερένης μυκήμασι μόσχου, doch fehlt es
bei diesem Epigrammatiker der august. Zeit nicht an singu-
lären Formen (Geffcken, RE. s. v., Sp. 1860), während er
„sonst den Spuren der äol. Dichter nicht zu folgen pflegt"
(vgl. Bergk zu Alk. 61); ein Beweis, daß es einst eine alte
lesbische Form τέρενα gegeben hätte, ist hieraus nicht zu
entnehmen. Nun ist gerade die Schreibung der Geminaten
in den Lyrikerausgaben des Altertums, auch schon im 1./2.
Jh. n. Chr., eine äußerst schwankende (vgl. Fränkel² 278.
Latte 141), im An. Ox. ist überdies (trotz ζητεῖται παρ'
'Αλκαίῳ) nicht mehr, wie bei Apollonios Dyskolos, eine
Alkaiosausgabe ausgeschrieben worden, sondern die Glossen
sind aus zweiter und weiterer Hand übernommen. Wenn nun
da irgendwo, und vielleicht schon in einer Alkaiosausgabe,
nur ein -ν- geschrieben war, mußte wohl irgend jemand auf
den Gedanken kommen, nach einer gramm. Erklärung für
den Konsonanten (statt für den Vokalismus) zu suchen.
Der Vorwurf, eine sapphische Strophe nicht haben lesen zu
können, braucht also gegen den Verf. des An. Ox. nicht erhoben zu werden. — Ein weiteres Moment, das mich den
überlieferten Text ändern und der im An. Ox. gegebenen
grammatischen Erklärung nicht trauen läßt, kann keinen
Anspruch auf allgemeine Anerkennung erheben. — In den
Worten selbst liegt eine leise Wehmut, wie oft gerade da,
wo man von der Rose spricht. Vielleicht könnte man an das
horazische *mitte sectari rosa quo locorum | sera moretur* (Oden
I 38, 4) denken? Jedenfalls scheint mir der weiche Rhyth-
mus der sapphischen Strophe besser zu diesem Inhalt zu
passen. Die sich nun ergebende Wortstellung (zusammengehörige Worte an Versschlüssen) mag „horazisch" an-
muten, doch braucht das kein Gegenargument zu sein. Vielleicht ergibt der von Risch (254 f.) beobachtete Zusammenhang zwischen Hexamaterschluß im Epos und dem Adonius
eine Handhabe, noch einiges zur Stützung dieser Hypothese
beizubringen. Daß sie unsicher ist, darüber bin ich nicht
im Zweifel. Auch geht sie von der Voraussetzung aus, daß
τέρεινα ὀπώρα bei Aischylos eine andere Bedeutung hat als
hier bei Alkaios: dort = ἥβη — wie Hesiod, Theogonie 988
(von Phaeton) τόν ῥα νέον τέρεν ἄνθος ἔχοντ' ἐρικυδέος ἥβης —
hier bei Alkaios = φθινόπωρον. Doch setzt eine Metonymie
ja den Gebrauch in eigentlicher Bedeutung voraus.
    Zuzugeben ist, daß unser Material nicht ausreicht, um
einen Zusammenhang zwischen Inhalt und Form bei den
äolischen Lyrikern nachzuweisen. Kein Grund ihn von vorn-
herein zu bestreiten. Für Horaz vgl. K. Numberger, Inhalt

und Metrum in der Lyrik des Horaz, Diss. München 1959, bes. 79 ff. und zu den Epitheta Anm. 4, 5. Mir genügt es, auf redliche Weise, d. h. ohne auch nur eines der philologischen Gegenargumente zu übergehen, auf ein Problem aufmerksam zu machen, das speziell, aber auch allgemein ist. Das allgemeine Problem wird auch dann noch bestehen bleiben, wenn das spezielle entgegen der hier vorgetragenen Vermutung nachweislich gelöst sein wird.

[Ob der Komm. P. Ox. 2307 fr. 25 = *306 LP. fr. 25 mit .ητερη[,]καιτερη[von unserem Adj. handelte, muß dahingestellt bleiben.]

Zu 109/110 D.

suppleverunt L., D. v. 28 ἐ]πε[ὶ δέ τ]ις τοῦτ' οὐκ ὄιδεν, ἔμοι D., οιδεν· ἑ pap. v. 30 μᾶ[, fort. μᾶ[pap., μ' ἀ[π'] L., 'μ' (= ἔμοι) ἀ[μ'] D. μᾶ[λ'] LP.

Nur zu einem ganz geringen Teil ist das lange, arg verstümmelte Stück verständlich. Die noch ärger verstümmelten Schol. haben nur helfen können, v. 30 „für später" zu ergänzen: v. 21 bestätigen sie, daß von einem Schiff (und Holz) die Rede war: wie]ἀγορὰ(ν) ητ[— bald danach — sich in Text und Inhalt fügt, ist nicht ersichtlich. Zu v. 20 gibt das Schol. συνουσιάζοντές σοι ἔ[χαιρ-(?). [Zu v. 9 jetzt ψηλαφ], zu v. 40, wo Liedschluß ist, u. a. δέδοται εἰς πίθον τετρ(ημένον), v. 35 in. = fr. adesp. 65 B.].

Zum Betätscheln molliger Mädchen, die etwas mit grünen Kürbissen gemein zu haben scheinen (v. 8/9), vgl. die sprichwörtliche griechische Redensart „gesünder als ein Kürbis" (Epicharm fr. 154, Sophron fr. 34 Kaibel mit App.).

Trotz der verbleibenden Lücken und Unklarheiten wird deutlich, daß das Ganze ein parainetisches Lied war: Mahnung und Warnung — Warnung vor den Dirnen. Gestützt ist diese Warnung durch eine Beweisführung, die mit der Erwähnung der materiellen Einbußen beginnt und in einer Steigerung zu dem „äußersten Übel" führt. Was damit gemeint war, wissen wir leider nicht mit voller Sicherheit, und daß gerade hier der Text uns im Stich läßt, ist besonders bedauerlich. Aber Armut und übler Ruf sind es nicht, sondern etwas Schlimmeres. Die Worte „du lügst" (?; ψεύδηι? L.) und vor allem der Acc. „die Seele" legen den Schluß nahe, daß nach den materiellen und soziologischen Folgen nun rein ethische genannt waren: der Schaden, den einer an seiner Seele leidet.

[Die neuen Lesungen P. Ox. XXI Add. 140—142. — P. Ox. 2307 fr. 11 = *306 LP. fr. 11 sagt der Kommentar

zu Alkaios: ηϑικως ..β[, δρατουτρονα[, εἰ]να[ι]αγαϑον, was
fast nach einer Paraphrase unseres Stückes aussieht. Von
einer Dirne spricht A. freilich auch P. Ox. 2303 fr. 2 = *299
LP. — Ein Vergleich mit einem Töpfer P. Ox. 2295 fr. 19,4,
= *158 LP. wo das Schol. κεραμεω[, απο της τεχ[νης, ως
κεραμε[gibt.]

Das Stück läßt sich mit 102 D. vergleichen. Die Vermutung, hier spreche nicht Alkaios, sondern Sappho (Fränkel² 275), finde ich keineswegs „naheliegend" und teile nicht
die Zweifel an der Autorschaft des A. Nur muß man nicht
von der Voraussetzung ausgehen, ‚alles bei Alkaios ist
Impuls' (Schmid, Koster). Auch als „ragionatore" lernen
wir ihn kennen: ‚kalt' finde ich seine Überlegungen keineswegs. A. hat die Gefahren erkannt, die den jungen Leuten
drohen in ihrem sorglosen Leben, einerseits von dem Dirnen-
wesen, andrerseits von übermäßigem Weintrinken (102 D.).

Da auch Archilochos (fr. 142 B., vgl. P.Ox. nr. 2314)
vor Geldausgaben für Dirnen gewarnt hat, hat A. in ihm
auch hierin seinen Vorgänger. Das Bild vom durchlöcherten
Faß, das der Scholiast zu unserem Alkaioslied anführt,
könnte, in solchem Zusammenhang gebraucht, archilochisch
sein. Archilochos hatte davor gewarnt, sauer verdientes Geld
Dirnen „in den Bauch zu gießen".

Zu 97 D.

δένδρον cod. -ιον Ahrens. Dr. Humbach danke ich den
Hinweis, daß auch hier δένδρεον zu schreiben ist: < *-εϝο-,
nicht vom Stoffsuffix *-ειο-, vgl. Boisacq, Dictionnaire
étymol. de la langue grecque, 3. éd., 1938, 1106 mit Lit.

Horaz hat den Liedanfang nachgebildet c. I 18 *Nullam,
Vare, sacra vite prius severis arborem.* Auch der Schluß
scheint bei Horaz auf alkäische Motive zurückzugehen: vgl.
102 D., 66 D., 104 D.

Zu 102 D.

πεδαλευόμενος = μεταμελούμενος, πεδάγρετον = μεταμέλητον
Hesych. denuo legit et suppl. Vogliano l. c. v. 1 οιδ pap.,
οἱ⟨ι⟩δ Vo., οἶδα Pisani. v. 2 αἱ D., ἤ[σσονο]ς Diels. *οὐλιώτερος
coni. v. Blumenthal, sed cf. schol. v. 4 πεδαλευομενας pap.,
corr. Vo.

An drei Stellen sind die Versschlüsse in dem Pap. durch
senkrechte Striche bezeichnet. An den Text des Liedes
schließen die Worte unmittelbar an: και τοιαῦτα και ρυ[ϑμοῖς
ἄλλοις ἀποφαίνεται] (suppl. Vo.). Das Schol. zu unserem
Stück, d. h. seine Paraphrase bei unserem Gewährsmann,

ERLÄUTERUNGEN 189

dem epikureischen Philosophen Demetrios Lakon (3. Jh.
v. Chr.), las Vogliano folgendermaßen: τό] / τ' οὐκ ὀργίζεται
ὁ τ[/ .τι.τασα .νει, φησίν, / φρέ[νας οἶν]ος πεδήσῃ / μὴ [δεδιωγ]-
μένον ἐαϑῆ/να[ι· τ]ὸ γὰρ οὐ διώκων / ἀντὶ τοῦ ,,μὴ φευγόμε/ν[ος''
ε]ίληπται· τότε, φη/[σίν, ἐφ'] οἷς λέγουσιν μετα/με[λ]οῦνται. καὶ
τὸ κά/[τ]ω δὲ κε[φ]άλαν κατίσ/χει κατ' ⟨ἀ⟩ντ[ο]νομ[α]σίαν /
[εἴλ]ηπται ἀντ[ὶ] τοῦ [δ-] / ταν [δ]ὲ βαπτίσῃ, τὴν / κεφ[αλ]ὴν
[κά]τ[ω] φέρει, / ὡ[ς] τ[ό]ϑ' ἕκαστος τὸν αὐ/το[ῦ ϑυ]μὸ[ν τρέπει
εἰς]/[τὸ μ]εταμελε[ῖσϑαι]/ ἐφ' οἷ[ς εἴ]πεν· τὸ γὰ[ρ] πεδα/[λ]ευό-
[μ]εν[ος] τὸ [αὐτό ἐσ/τι] τ[ῶ]ι συ[ννοε]ῖν [κ]αὶ [τὸ / π]ε[δ]άργετον.
Zum Teil stammen die Ergänzungen von Diels (cf. Vogliano
a.O.). Im ersten Teil der Paraphrase ergänzt jetzt Merkelbach (Arch. f. Papyrusforschung 16, 1956, 92) εἰ, φησίν,
φρένας οἶνος πεδήσηι, μὴ [φευγό]μενον ἐαϑῆνα[ι. v. 8 erwägt
Page, Comm. 397 [γίνε]τ(αι). v. 1 mit Pisani einen Hiat,
wenn auch am mutmaßlichen Versende, zu konjizieren
scheint mir riskant, der von Vo. im Versinneren konjizierte ist hart. Im einzelnen bleibt manches unklar. Die
‚kühlen Überlegungen‘, die der Dichter hier anstellt, haben
z.B. bei Vogliano Zweifel hervorgerufen, ob Alkaios —
,,malgrado le glosse di Hesychio, desunte dal nostro frammento'' — der Verfasser ist. Andere haben Alkaios damit
‚entschuldigt‘, auch Homer schlafe mitunter. Das bisher
herrschende Alkaiosbild ist hieran schuld. Daß Alkaios
,,derartige Gedanken auch in anderen Rhythmen'' ausgesprochen hat, haben wir zu lernen und ihn nicht mal zu heiß,
dann wieder zu kalt zu schelten. Zum Thema vgl. vielleicht
107 D. und Hor. c. I 18, 15 tollens vacuum plus nimio gloria
verticem.

Daß der Wein die Phrenes löst, war auch den Griechen
eine geläufigere Wendung (vgl. χαλίφρων u. ä.) als daß er
sie in Fesseln legt. Für eine warnende Mahnung eignet sich
nur dies ungewöhnlichere Bild.

Zu 66 D.

Theokr. XXIX 1 οἶνος, ὦ φίλε παῖ, λέγεται καὶ ἀλάϑεια
ist ein Alkaioszitat. Ob man auch bei A. das Verbum an-
nimmt (L.) oder nicht (vgl. Plat. Symp. 217e), auch hier
liegt ein Satz vor (von Hausmann verkannt). Auch bei A.
war es ein Liedanfang. Hor.c. I 18, 16 arcanique fides prodiga
ist sehr viel kunstvoller im Ausdruck als dies bloße ,,In
vino veritas''.

Zu 104 D.

Vgl. Theogn. 500, Aischyl. fr. 393 N². = 670 Mette. An
dem Dativ, den L. durch den Gen.sg. ersetzen will (der

‚kurzen' Dativform wegen), ist nicht zu rütteln. Im Griechischen sagt man: „Der Nachbar ist dem Nachbarn Helfer" (nicht „des...") u. ä.

Zu 19 D., 20 D.

Coniunxit L.: σὺ δὲ σαύτωι τομίαις ἔσσηι ἄβας. Hes. fr. 11 Rz. θανάτου ταμίης scheint weniger als Theogn. 504 γνώμης ταμίης vergleichbar. Vermutlich ist gemeint, der Angeredete solle selbst das rechte Maß wissen.

Zu 123 D.

Vgl. Snell, '44, 288 ff. — An dieses mimetische Lied knüpft Horaz c. III 12 *Miserarum est* usw. an (jedoch vgl. auch zu 77 D., o. S. 173 f.). Auch das Versmaß ist das gleiche: Ioniker a minore, nach dem Schema 4 + 4 + 2 (Christ) oder, wahrscheinlicher, (Snell '44, 290) 3 + 3 + 4 zu 10 Syzygien geordnet. Das überlieferte ἱκνεῖται v. 4 muß metrisch beanstandet werden und ist wohl in ἱκάνει (Lobel, Snell) zu ändern. Dagegen wird v. 5 Lobels Änderung φοβέροισιν abgelehnt von Fränkel² 273, der auf Hom. A 273 verweist und φόβερός ⟨μοι⟩ vorschlägt: zweifelnd Snell ('44, 290), da die Stelle im Schol. zu Soph., König Ödipus 153 (ἐκτέταμαι φοβεράν φρένα) zitiert wird. — Ob mit μόρος αἰσχρός oder αἴσχιστος ein „schlimmer Tod" gemeint ist (Snell, '44, 289 Anm. 3), scheint mir fraglich, und daß es sich hier „sehr wohl um eine mythische Person handeln könnte", glaube ich keineswegs.

Gegen Lobels Konjektur jetzt auch Ed. Fraenkel, Hor. 178 Anm. 4. Einige Sätze aus seiner Interpretation möchte ich keinem Leser dieses Büchleins vorenthalten: "The poem of Alcaeus began" (v. 1)..."that is to say, there was no formal preparation or introduction; the girl burst at once into an impassioned lamentation, singing, as it were, with the voice of nature. Horace's Neobule begins with a γνώμη ...This γνώμη is applicable to Neobule's own situation, but as a general sentence it has the effect of rendering the opening of the poem more ornate and probably, according to the taste of Augustan period, more momentous. A similar device is found at the beginning of several Horation odes".

[P. Ox. XXI Add. p. 146 nr. 12 ergibt für v. 8 eine einzige neue Silbe; v. 7]αινομενον[, sscr. schol. νιωδες, v. 8]αυαταισ' ω[, schol. αταις]

Zu 148 D.

Die verschiedenen codices geben περιστείχειν, -ει, -στίχειν, παραστίχειν, ἐπισύρειν. Num latet ἐνάκυκλον? Lobel.

Obwohl so vieles unklar bleibt, scheint auch dieses fr. mir aus einem mimetischen Lied zu stammen. Vgl. Sappho 114 D. die Klage des Mädchens, das den Webstuhl nicht zu bedienen vermag vor lauter Liebessehnsucht. — Die Stelle ist dann bei Wil., S. u. S. 305 Anm. 2 u. Kl. Schr. II 112 Anm. 2, sowie bei Snell, '44, 289 Anm. 3 nachzutragen.

Zu 44 D.

Das Schol. hierzu (erg. v. Snell, '44, 286) lautet: [γέγραπται κα]τὰ τὸν τοῦ 'Αλκαίου ἐρώμ(εν)ον φίλον· [σὲ ἐνόμιζ]ον, ὥστε σὲ καὶ ἐπὶ ἔριφον κ[αλεῖν, τ(οῦτ')] (ἔστιν) εἰς τὰ παρασκευάσματ[α καλά· τ]οῖς γὰρ ξένοις μετὰ σπου[δ(ῆς) ποι(οῦμεν) τ(ὴν) εὐ]ωχίαν. παροιμία δ' (ἐστὶν) ἐπ' ἔριφ[ον κ(αὶ) χοῖρ(ον) καλεῖ]ν. Ob Xenophanes 5 D. eine Nachahmung hiervon ist (D.³), scheint mir unsicher. Etwas anders die Lesungen (παρασκευάσματα τυχ[) und Ergänzungen (ποιοῦσιν od. -οῦνται) bei LP.

[Die Paraphrase des Alkaioskommentars P.Ox. XXI Add. p. 130 nr. 41 ergibt inhaltlich nichts Neues:]ςδεφη·[, ρ[ο]νχαιεριφογ[, ματατυχ[, σπουδησπο[, επεριφ[ο]νχαιχο[ ]

Zu 140 D.

ἡ ὗς et ὗς codd., σῦς nescio quis, L., LP., πάλιν ὗς Wil. (S. u..S. 87 n. 2); cf. Leutsch ad Diogenian. 8,64.

Das Sprichwort ist, meine ich, im Unterschied zu unserem „wieder hat die Sau mich hineingelegt" etc., kein bloßes Schimpfwort: eine Unterscheidung, die Diogenian a.O. mit seiner Erklärung ἐπὶ τῶν βιαίων...καὶ ἐριστικῶν ignoriert. Die Übers. von Gall. andererseits, „di nouvo gavazza la scrofa", bringt zwar, wie das Sprichwörter zu tun pflegen, das Bild eines momentanen, typischen Vorgangs, paßt uneingeschränkt jedoch wohl nur zur Variante „wieder quiekte die Sau" (πάλιν ὗς ἔγρυξε). Manche werden sich mit der recht speziellen, z. T. genauen Erklärung bei Apostolius 15,83 begnügen ἐπὶ τῶν παρακινούντων τινὰ εἰπεῖν καὶ ἄκοντα, ἃ οὐ βούλεται, der das Verb transitiv versteht, wovon ich nicht so überzeugt bin wie Latte, begegnet dies Kompositum bisher doch nur hier, und ὀννώρινε A. 45,8 D. (mit Acc. der Zeit?) kann intransitiv sein. Gerade die spezielle, auf unfreiwillig geäußerte Worte beschränkte Erklärung macht es uns schwer, einen adäquaten Vorgang zu rekonstruieren. Da ich lieber den charakterologischen Zuschnitt der Erklärung auf die Person des „Verführers" opfere als diesen Hauptgesichtspunkt, übersetzte ich einst: „So entwischt die Sau mir wieder". Vielleicht habe ich die Schwierig-

keiten überschätzt. Aber die Hauptsache ist das entschlüpfte
Wort, und ob es zwei Hauptsachen in diesem Sprichwort
geben kann, frage ich mich.

Zu 126 D.

(τὸ) ἄρκος < ἄρκτος Et. Gud. ταχαλιτινὸν...ἔσσῃ, τὸν
χαλινὸν...ἔσῃ, τὸ χαλινὸν...ἔση codd. †ταχαλιτινὸν † L. τὸν
χά(λ)λινον D. Et. Gud. 561, 4 οἱ Αἰολεῖς χάλλινον λέγουσιν.
(legendum χάλινον Gall., Hamm). Die Schwierigkeiten dieser
verderbten Wörter sind unlösbar, sprachwissenschaftlich
ist nicht einmal auf die antike Gleichsetzung ἄρκος = ἔρκος
Verlaß: Hamm, Gr. 87 vergleicht zu ersterem lat. arx, zu
letzterem lat. sarcina, sarcio (?). Immerhin bringt die Text-
überlieferung von A. 54,4 D. beides (Athen. ἄ-, der Pap.
ἔ-). Das spricht für ,,du wirst Bollwerk sein". Sollte man
aber am Anfang des Zitates ,,den Zügel" finden, so ist der
hiermit nicht in einen Satz zu bringen. Für ,,bald den Zügel"
könnte man andererseits auf die Fabel verweisen, die Simonides den Himeräern als Warnung vor der Tyrannis des
Phalaris erzählt haben soll, Arist. Rhet. II 20 p. 1393 b
20 τὸν μὲν γὰρ χαλινὸν ἔχετε ἤδη ἑλόμενοι στρατηγὸν αὐτοκρά-
τορα, doch ist dann nicht ohne Eingriffe in den Text
der zweiten Hälfte auszukommen (an ἄρκτος und ἔσσεται von
ἕννυμαι hatte ich bei der Übersetzung ,,und bald legt der
Bär den Strick sich selbst an" gedacht, ohne Kreuze in den
Text zu setzen). Am klügsten, man ließe dies fr. unübersetzt,
wie es Gall. tut.

Zu 23 D.

δὲν = οὐδέν (Et. Magn. 639,31). Anders bei Demokrit.
Unser fr. ist der älteste sichere Beleg für diesen grund-
legenden Gedanken. Einige Stellenangaben für sein Weiter-
wirken: Anaxagoras B 5; Demokrit A 1; Aristoteles phys.
1062 b; Epikur, Ep. ad Hdt. § 38 (Diog. La. 10,38); Lucrez
1,150 (nullam rem a nilo gigni divinitus umquam); Persius
3,83 gigni de nihilo nihilum; Boethius, consol. phil. 5,1 nihil
ex nihilo existere vera sententia est. Der Satz ist also älter
als die Seinslehre des Parmenides. — Vgl. die Interpretation
dieses fr. von Gall., Storia 86 ff., zur Wortbildung auch Leumann, Hom. Wörter 108.

Zu 134 D.

Hom. Υ 250 ὁποῖόν κ' εἴπῃσθα ἔπος τοῖόν κ' ἐπακούσαις,
Hesiod, Erga 721 εἰ δὲ κακὸν εἴποις, τάχα κ' αὐτὸς μεῖζον
ἀκούσαις sind zu vergleichen. Bei A. ist die Variation dieses

Gedankens „wie man in den Wald ruft, so schallt es zurück"
nicht nur eine scharfsinnige (Bowra): in dem antithetischen
Ausdruck zeigt sich nebenbei eine bezeichnende Wendung
vom Objektiven zum Subjektiven, vom Sachinhalt zum
menschlichen Wollen, die auf die quantitative Steigerung
Hesiods verzichten kann.

Die entsprechende, parallel gebaute Gnome vom bösen
Tun, „sich selbst tut Böses, wer anderen Böses tut" (Hesiod,
Erga 265) hat später Kallimachos im Proömium seiner
„Aitia" (fr. 2, 5 Pf., vgl. Hesiod, fr. fals. 12b Rz.³) in bezeichnender Weise variiert: τεύχων ὡς ἑτέρῳ τις ἑῷ κακὸν
ἥπατι τεύχει. Nicht mehr „wer anderen eine Grube gräbt,
fällt selbst hinein" ist gemeint, sondern daß sich der Mensch
entwürdigt, indem er einem anderen Böses tut.

Weitere Sprichwörter: 435 LP.: „Ziege von Skyros",
438 LP.: „an der Klaue erkennt man den Löwen", inc. auct.
15 LP.: „wie der Kreter das Meer (fürchtet)". In den neuen
Papyri fanden sich (s. z. St.) 305 LP.: „das Meer aus-
schöpfen wollen", *207 LP.: „(am) herrenlosen Faß". G. Ström-
berg, Greek Proverbs, Göteborg 1954 hat unsren Dichter
nicht berücksichtigt.

Historisch-biographische Zeugnisse

Vgl. allgemein die Testimonia bei Gall. '47 (2. Aufl. '57)
Bd. I.

Zu Aristoteles, Polit. 1311b 26

Vgl. Gall., Storia 13 ff., 78. Wenn Mazzarino den Megakles
— auf Grund des Namens — für einen Kleanaktiden hält,
so reicht das Argument zu einem Beweis nicht aus. Sicher
aber war er ein Adeliger aus Mytilene, was man von Smerdis
nicht sagen kann.

Zu 439 LP.

Vgl. Jacobys Kommentar zu Hellanikos fr. 93 (FgrH
I, S. 459).

Zu 444 LP.

Vgl. o. S. 108, anders Mazzarino (55), der den Archeanaktiden für den Führer der Mytilinäer in diesem Krieg zu
halten scheint.

Zu Strabo XIII 617

Μελάνδρωι F, Μεγαλαγύρωι rell. codd. Gegen die Strei-
chung des καί (Jurenka, vgl. Wil. 237, D., Diels) äußert

194 ERLÄUTERUNGEN

Mazzarino begründete Bedenken (53, 57f.) mit dem Hinweis auf die polysyndetische Verbindung der Satzglieder. Er faßt καὶ τοῖς Κλ. = καὶ τοῖς ἄλλοις Κλ. auf und hält, da dieser Passus in den codd. verderbt ist, den Ausfall von ἄλλοις für möglich. Lit. zum nichtgriechischen, hethitischen (oder lydischen) Namen des Myrsilos b. Mazzarino 59 Anm. 4, ebda. (47) Hinweis auf Thuc. IV 107,3, wo Pittakos als Name eines (thrakischen) Edonenfürsten begegnet.

Zu Suidas, Sappho

Zu γέγονε bei Suidas vgl. E. Rohde, Kl. Schriften I 114ff. Eine andere Deutung (als Geburtsdatum) hält Bowra für die wahrscheinlichere, für den Sappho infolgedessen jünger als Alkaios ist.

Zu Athen. XIII 599c.

Während als Quelle des Hermesianax von Kolophon (eleg. Dichter d. Zt. Alexanders des Großen) der von Athen. anschließend zitierte Peripatetiker Chamaileon recht sicher ist, bleibt die Quelle, aus der der so energische Widerspruch gegen seinen Zeitansatz stammt, ungewiß. Aly (RE 2. R. II 2363) denkt an Menaichmos von Sikyon (vgl. Athen. 635 E: Bildhauer und Historiker, um 325 v. Chr.). Jedenfalls muß hier ein positives Wissen (Aly a.O.) zugrunde liegen. Vgl. o. S. 116 und Kamerbeek 164.

Zum Marmor Parium

Gamoren = Grundherren. Offensichtlich herrschte in Syrakus damals eine Adelsoligarchie, bei der die verbannte adelige Dichterin Zuflucht fand. Das MP. hat hier, ebenso wie Herodot VII 155, die dorische Form „Gamoren". Jacoby (Das Marmor Parium, S. 101) vermutet, daß das Wort sich in Sapphos eigenen Liedern gefunden hat.

Zu Diogenes Laertios I 74

Vgl. Snell, 7 Weisen², 18f.

Zum Schol. 37 D.

Vgl. Mazzarino 61f., Page, Comm. 179.197f.

Zu Favorin, de exil. IX 1—7

Vgl. test. 159 Gall. und Mazzarino 53f. Anm. 4, 65 Anm. 6, der die Ergänzung ἐς τοὺς ⟨ἀπ'⟩ ἀρχα[ίου ϑ] erwägt. Vogliano hatte ἀρχα[γέτας] vorgeschlagen. Mazzarino vergleicht 26 D.

Auf τ[οῖ]σιν ἀπ' ἀρχάω[26,5 D. und ἀ]ρχᾶο[*178,1 LP. sei hier verwiesen.

Zum Schol. 46b D.

ὅπου Wil. π[ροσαγορεύει? D. π[αραινεῖ e. gr. supplevi. Πενθ]ίλη now is ruled out L., P.Ox. XVIII p. 39. nunc schol. ad *60 LP.

Nach Mazzarino ist das Lied noch zu Lebzeiten des Myrsilos oder kurz nach seinem Ende geschrieben. In der Erwähnung der δορυφόροι des A. in diesem Schol. sieht er eine Bestätigung für die Ansicht, A. habe seinen Kampf mit den gleichen Mitteln und dem gleichen Ziel geführt wie die Tyrannen. Vgl. aber das vorwurfsvolle ξυστοφορήμενος 118 D.

Zu 321 LP.

πόλιες Gall. '47 „πολιες τ' would suit the sense, but cannot be read in the photograph" Lobel, Arch. f. Pap.-forschg. 10, 1932, 3 (vgl. Körte 493 Anm. 1). — Im Pap. ist an dieser Stelle offensichtlich die Deklin. der Wörter auf -ις im Äol. behandelt: Sappho fr. 130a D. mit der Form πολιων geht voraus. So ist jedenfalls λιε[ς] in unserem fr. mit Sicherheit zu ergänzen. — Leider sagt Lobel nicht, ob auch die epische Form πτόλιες durch die Photokopie widerlegt ist: vgl. Hoffmann, Gr. Dial. II 502, wo jetzt als erster Beleg f. d. Äolische Sappho 55a, 12 D. hinzuzufügen ist. Freilich hat dieses Lied manche epische Züge (die Zuweisung an Sappho ist dagegen wohl zu Unrecht umstritten, vgl. Bowra 236f. Anders Schadewaldt, Sappho 49, doch s. Marzullo, Studi eolici). Die Wortform πτόλις bezeichnet auch Schwyzer (I 166) als äolisch und mit Doppelformen in der äol. Lyrik ist in stärkerem Maß zu rechnen als Lobel es wollte.

Zu 429 LP.

Bisher hat sich in Fragmenten nur das eine dieser Schimpfworte gefunden: φύσκων 24a D. (-σγ- pap.). [Vgl. zu P. Ox. 2295 fr. 4 col. II = 143 LP.]

Zu Schol. 43 D.

οἱ γ(ὰρ) π(ερὶ) [...] D. οἱ γ(αρ) π(ερι) |² L. Fort. lacuna trium litt. Π[ενθ] temptavi. δι[ασ?]παι L., D.

Die Übers. lehnt sich an die Worte des Liedes an: δαππέτω πόλιν. Im Schol. ist von den Penthiliden die Rede

gewesen: vielleicht war Drakon, der Bruder von Pittakos'
vornehmer Frau, genannt? In Alkaios' Zeit ist die politische
Vorherrschaft dieses königlichen Geschlechtes bereits gebrochen, Penthilos — vielleicht der Vater von Pittakos'
Frau — war von Smerdis ermordet worden; eine Penthilidin
scheint eine Konkurrentin Sapphos gewesen zu sein (Sappho
70 D.). Vgl. Theander, Eranos 1946, 66f.

Zu Aristoteles Pol. 1285a 32

Vgl. Bowra (435) und vor allem Mazzarino (67 Anm. 4).
Mit Recht hat man hieraus gefolgert, daß die (zweite) Verbannung des Alkaios und seiner Brüder vor die Aisymnetie
des Pittakos fällt (vgl. Würzbg. Jhb.). So auch Kamerbeck
167.

Zu 49b D.

Zu den Kämpfen um Sigeion s. o. S. 117 und jetzt ausführlich Page, Comm. 152ff. Besonders auf seine Interpretation von Herodot V 94 („essentially in agreement with
Berve, Miltiades pp. 27f.") sei hingewiesen. In dem Passus,
der mit dem hier ausgeschriebenen γάρ-Satz beginnt, sieht
P. ein Zurückgreifen der Erzählung in die Vorvergangenheit.
Im vorhergehenden Satz 94,1 hatte die Haupterzählung —
Ankunft des Hippias in Sigeion (fortgeführt in 96,1) —
bereits in die Vergangenheit zurückgegriffen (Peisistratos gewinnt durch Kampf mit den Mytilenäern Sigeion und setzt
seinen Sohn Hegesistratos dort zum Tyrannen ein, „der es
nicht ohne Kampf behaupten sollte"). Zwar wäre dieser
dreistufige Aufbau des Berichtes bei Herodot noch klarer,
wenn der Exkurs in die Vorvergangenheit (Zeit des Periander, Phrynon, Alkaios) bis auf die abermalige Erwähnung
des Peisitratos herabgeführt worden wäre, doch befreit
diese Interpretation den Herodot vom Vorwurf chrono-
logischer Sorglosigkeit und erweist den angeblichen Spätansatz des Alkaios bei Herodot als einen Irrtum moderner
Interpreten. Ich finde diese Interpretation nicht nur be-
stechend, sondern dem Schleifengang herodoteischer Erzählweise angemessen. Daß schon 1937 Berve die Stelle so
aufgefaßt hatte, verpflichtet die Philologie zu neuerlichem
Dank an die Historie.

Zu 49a D.

ἄροι et ἔνθαδ', οὐ codd. ἔντεα δ' οὔ Diels. ἀλκτήριον D.
ἀλεκτόριν Schubart („ein Schild mit dem Bilde des Hahnes,
ein Karerschild"). ἀληκτορίν et ἀλυκτορὴν codd.

Die Versuche, diese Worte in ein Versmaß zu bringen, — Schubart (318) fügt sie zu iambischen Trimetern, andere zu großen Asklepiadeen zusammen — bleiben hier unberücksichtigt. Über die Datierung s. o. S. 181. [Vgl. zu P. Ox. 2295 fr. 40 col. II = 179 LP.]

Zu Diog. Laertios I 74

Der Schiedsspruch Perianders, der vor 585 stattgefunden haben muß, ist auch bei Herodot V. 95, Strabo XIII 600, Arist. Rhet. 1375b 31 erwähnt: vgl. Schachermeyr (1867), Ed. Meyer 596 Anm. 1. — S. auch Snell, 7 Weisen² 24f., Gall., Storia 19ff. und das von L.* 306 LP. fr. 7 (Kommentar zu A. s. S. 129) ergänzte μεσί[την.

Zu Diog. Laertios I 79.

Vgl. Jacobys Kommentar FgrH 244 F 27 (Bd. II D., S. 725f.). Da Apollodor (Suid. s. v.) die Geburt des Pittakos auf 652/49 (Ol. 32) ansetzt, ist vielleicht hier „siebzig" in „achtzig" zu ändern.

Zu 448 LP.

Ausführlich, mit Literaturangaben zu Himerios, besprochen von Mazzarino (77f.), der auch Bowras (170) Gedanken, mit Thales sei bei Alkaios irgendein ἐρώμενος dieses Namens gemeint, zurückgewiesen hat. Freilich setzt er seinerseits mit Beloch (355) nun auch die Chronologie des Thales herab und nimmt als Sonnenfinsternis die vom 19. Mai 557 an. Jene andere, die von 585, ist nämlich erst „eine reichliche Stunde vor Sonnenuntergang", wie man berechnet hat, in Kleinasien sichtbar geworden, Herodot I 74 aber spricht von einer μεταλλαγὴ τῆς ἡμέρης. Man wird bezweifeln dürfen, ob ein „verfrühter Sonnenuntergang" die Menschen nicht doch hat gewaltig beeindrucken können, die gewohnt waren, an der Länge ihres Schattens den Tag zu messen, wie das Hirten und Bauern zu tun pflegen. Herodots Aussage braucht man nicht derart zu pressen. — Über die Panegyreis (= jahrmarktsähnliche Volksfeste in der Nähe einer Kultstätte, jedoch steht die gemeinsame Prozession und Kultfeier im Mittelpunkt) vgl. Nilsson, Gr. Rel. I 778ff.

Zu der Inschrift aus Delos.

Wer aus Andros in hellenistischer Zeit (nach 166 v. Chr.) dieses Holzkästchen mit „Büchern" (in dieser Zeit = Buchrollen) des A. als Weihegabe nach Delos gesandt hat, wissen

wir nicht, auch nicht, wieviele Buchrollen das dreieckige
Kästchen enthielt. Wichtiger wäre es noch, den Grund
dieser Weihung zu kennen. Gehören sollte diese Gabe dem
Apoll von Delos, in ihr enthalten war so ‚Apollinisches' wie
der Hymnos auf den delphischen Apoll. Daß ein Leser
Jahrhunderte später das geschriebene Werk eines Klassikers
einem Gott dediziert, ist so singulär, daß diese Tatsache
auch bei unserem literarischen Urteil über diesen Klassiker
Berücksichtigung oder doch mindestens Erwähnung verdient.

Daß ein gewisser Smerdis in der Frühgeschichte von
Mytilene eine gewisse aufständische Rolle spielt, wußten wir
aus Aristoteles (vgl. o. S. 80). Zum ersten Mal hören wir nun,
daß ein junger Mann mit dem gleichen (persischen) Namen
Amardis dem Alkaios die Schuld am Tod eines im erhaltenen
Text nicht genannten, aber doch wohl bedeutenden Mannes
zuschreibt, vermutlich des Pittakos (Pap. Ox. 2506 fr. 77):

```
        ].τ[.]λλ[  Φ]ιτταχο[   ]νασυμφ[  ]ην Ἀλχαιο[  ].ρ υποδιχ[
        ]τον αλ[   ]ουτεφ[   ]μου φον.[  ]ι μελεδ[  ].αμα[......].[
        ]ς ταῦτα δηλοῖ.[   ]ς (Zitat)
12                         πὰρ δ' ὁ χάλο[ς
                        ]ος ἐστοδαφν[
                        ].τε στεφανωμε[
15                      ]ωι χελομ[
                        ]λος                              ὅτι δ'α[
        ].ε.σαν ὡς[  ].υμεν ἀμ[  ]...[...]μιν (Zitat)
                                 πόης γὰρ οὐ
20      [δ'ὦ]ς χάχον θάνων, ἐπεὶ βε-
        [βά]χας α[ἰ]νως πλάγαισιν ὐ-
        π' Ἀλλιήνων.                ὅτι δὲ τοῦ θα-
        νάτου τὸν Ἀλχαῖον Ἄμαρδις ὑπενόησεν (Zitat)
                                 χἄπειτ' ἀπέθυ-
25      σας ὦ πόνηρε παίδων            χαὶ τὸ[  (Zitat)
26      [π]ότ' Ἀμάρδιος μὲν χαίρω [ἀπά-]
        [ται]σ' †ὄθεν† δὲ συμπόταις τα[
        [..]θατο πλῆον ἐπασχάλ λ α[μι]
        [τῶ] δ' αἴματος ἔμμι τῶ σχ[
30      [..]ιν οὐδὲν ἐπαίτιος ε[
        [..]..[.].στωι.[.]οι ταδε[                ].δε[
```

Die von dem jungen Mann genannten Alliener scheinen sich
in Lydien zu befinden. Ohnehin hat die Verdächtigung „du

tatest gut daran, daß du gestorben bist" nur einen Sinn, wenn sich der Verdächtigte zur gleichen Zeit in der annähernd gleichen Gegend befand. Eine Spur von einer Sekundärüberlieferung dieser Tatsache könnte man evtl. der Grabschrift des Pittakos entnehmen, wie sie Diogenes Laertios bringt:

οἰκείοις δακρύοις ἁ γειναμένα καταθάπτει
ἐνθάδε Λέσβος υἱὸν Πιττακὸν Ὑρραδίου.

Der Ausdruck „mit heimatlichen Tränen" erklärt sich bei einem in der Fremde Gefallenen leichter. Evtl. war Pittakos – wie es die Legende will – noch in hohem Alter als Feldherr eines Truppenkontingents mit dem Lyderkönig Alyattes (oder seinem Statthalter Kroisos) gegen Astyages zu Felde gezogen. Nach nicht-herodoteischer Überlieferung ist ein Krieg des Alyattes gegen Astyages – wie er in diesem Papyrus angedeutet ist – kein unglaubhaftes Ereignis. (Vgl. M. Treu, Neues über Sappho und Alkaios [P. Ox. 2506], Quaderni Urbinati 2, 1966, 3–30; hier 14–24.)

NACHWORT

Im Jahre 1941 haben englische Gelehrte im 18. Band der Oxyrhynchos-Papyri einen Fund veröffentlicht, der zu den bedeutendsten der letzten Jahrzehnte gehört: an der berühmten Fundstätte in Oberägypten waren zwei nahezu vollständige Lieder des lesbischen Sängers Alkaios entdeckt worden. Mit diesen neuen Liedern vereinigt die vorliegende Ausgabe alles, was uns erhalten ist von dem reichen — einst, in der Buchausgabe der alexandrinischen Gelehrten, 10 Bücher umfassenden — Liederschatz des Alkaios, freilich nur, sofern es einen Sinnzusammenhang noch erkennen läßt. Es ist nicht viel. Wohl hat man gesagt, jedes lyrische Gedicht sei ein Fragment, und zehn seien nicht mehr als eins: hier aber sind es meist buchstäblich nur dürftige Fetzen, den Scherben vergleichbar auf einem weiten Trümmerfeld der Überlieferung. Aber eine Meisterhand hat sie geschaffen, ein aufrechter Sinn, ein warmes Herz, ein freier, weltoffener Blick, ein Wissen um die wunderheilsame Kraft des Schönen spricht selbst aus einzelnen Sätzen noch und Bildern. Freilich vermag die Übersetzung kaum einen Schimmer zu vermitteln von der Farbenfülle und dem Wohlklang des Originals, vielleicht aber genügt auch der schwache Abglanz, um an diesem einen Beispiel nachsinnen zu lassen über das Wort Jacob Burckhardts: „Wäre die griechische Lyrik vollständig erhalten, so gäbe es wohl keine deutsche Klassik: denn mächtig und geradezu erdrückend hätte die Wirkung der frühgriechischen Poesie werden müssen..."

Nebenbei will dieses Buch auch noch etwas mehr sein als nur eine Einführung. Durch textkritische Anmerkungen, Literatur- und Quellenangaben will es jedem die Nachprüfung und ein selbständiges Weiterarbeiten ermöglichen. Es bemüht sich, dabei eine Auswahl des Wichtigsten und für die Beurteilung als Kunstwerk Notwendigen zu geben. Das von Ernst Diehl gesammelte Material der geplanten Neuausgabe der Anthologia lyrica Graeca habe ich, dank der Liebenswürdigkeit von Herrn Dr. Beutler, einsehen können und nehme gelegentlich darauf Bezug (D.[3]). Wenn im Vorliegenden aber an Stelle einer bloßen Wiedergabe gesicherter Forschungsergebnisse mitunter eine selbständige Deutung versucht wird, so geschieht es nicht mit dem Anspruch, eine

Lösung voruzlegen. Ein Zeichen möge es viel eher dafür sein, wieviel noch — und immer aufs neue — der Wissenschaft zu tun bleibt in der Erforschung und Vergegenwärtigung des frühen Griechentumes.

Zitiert wird (mit einigen Abweichungen in der Textgestaltung) nach den Ausgaben von

Diehl, Anthologia lyrica Graeca, 2. Aufl., Leipzig 1935 (D.)

Diehl, Lyrici Graeci redivivi (Rheinisches Museum f. Philologie. 92, 1943, 1ff.) (LG. red.);

nach der mustergültigen kritischen Ausgabe von

Lobel, ΑΛΚΑΙΟΥ ΜΕΛΗ, Oxford 1927; (L.)

mitunter auch nach

Gallavotti, Saffo e Alceo, testimonianze e frammenti, parte seconda, Napoli o. J. (1947) (Gall. '47).

Herangezogen wurden natürlich die entsprechenden Bände der Oxyrhynchos-Papyri sowie

Bergk, Poetae lyrici Graeci III, 4. Aufl., 1884 (B.);

Reinach, Alcée, Sapho, Paris 1937 (R.);

Wehrli, Lyricorum Graecorum florilegium, Basel 1946.

Edmonds, Lyra Graeca, I, London — New York 1922, mag nebenbei genannt sein. Die Fundstellen sind stets nach dem Text gegeben. Prosaübersetzungen von Versen sind in Antiqua gedruckt. Der Name Alkaios wurde bei den Fragmenten kürzehalber fortgelassen.

Zu danken habe ich vielen Gelehrten: Prof. Herm. Fränkel-USA., Mr. Bowra, Mr. Lobel-England, M. Hombert-Brüssel, Prof. Santo Mazzarino-Catania, Herrn Theander-Stockholm, Prof. Snell-Hamburg, Geheimrat Sommer-München und Prof. Pfeiffer-München. Damit sind aber noch keineswegs alle genannt. Wo immer ich um eine Auskunft oder ein Separatum bitten mußte, fand ich größtes Entgegenkommen und Verständnis für die katastrophale Lage unserer wissenschaftlichen Bibliotheken.

Der XXI. Band der Oxyrhynchos-Papyri, gedruckt mit Unterstützung des UNESCO, erschienen 1951, ausgeliefert im Februar 1952, kam gerade noch rechtzeitig, um hier mit berücksichtigt zu werden. Die neuen Stücke findet der Leser am Anfang dieses Bändchens vereinigt: alles Wesentliche zu ihrer Lesung, Worterklärung, Inhaltsbestimmung usw. wird wieder Mr. Lobel verdankt. Aufgenommen habe ich auch einige so kleine Stücke, daß es sinnlos gewesen wäre, ihnen eine Übersetzung beizufügen; der Fachmann wird ihnen jedoch manches Interessante zu entnehmen vermögen. Den Pap. 2299 „Sappho or Alcaeus" habe ich fortgelassen,

weil ich mich Lobels Argumenten nicht verschließen kann.
Sie sprechen für eine Zuweisung an Sappho, obwohl in einem
Scholion der Name des Myrsilos begegnet. — Bei den bisher
bekannten Fragmenten sind die neuen Lesungen im Text
aufgenommen, die neuen Fundstellen nach den alten genannt. Ein kurzer Überblick versucht die neuesten Ergebnisse zusammenzufassen. Zusätze, die jetzt in dem erklä-
renden Teil notwendig wurden, sind als solche gekennzeichnet
ohne daß sonst etwas geändert worden wäre. Hoffentlich ist
mir bei der Menge kleiner und kleinster Fragmente nichts
entgangen, was irgendwie noch von Bedeutung sein könnte.
Allgemein darf aber wohl gesagt werden, daß die Neufunde
in vollem Umfang berücksichtigt worden sind, soweit sie für
die vorliegende Ausgabe in Betracht kommen. Daß dieses
zwischen der I. und II. Korrektur geschehen durfte, verpflichtet mich dem Heimeran-Verlag und seinen Mitarbeitern
zu besonderem Dank. Daß es geschehen konnte, ist eine
glückliche Fügung.

März 1952   M. T.

NACHWORT ZUR 2. AUFLAGE

In seiner liebenswerten Plauderei über das Bücher-
machen schrieb Ernst Heimeran unter anderem: „Auch
hat sich die Tusculum-Bücherei zu einer sogar philologisch
ernstzunehmenden Reihe entwickelt, um dem Mangel an
wissenschaftlichen antiken Texten mit abzuhelfen. Ich verstehe selbst von dem, was im Apparat zu Alkaios, zu den
Sybillinen usw. vorgetragen wird, oft sehr wenig, höre aber
natürlich gerne, das sei eine große Verlegertat."
So hat denn wohl der Alkaios von 1952 seinen Platz in
den Annalen des Verlages, und da das Büchlein — erst-
mals, wenn ich nicht irre — den Dichter von herrschenden,
heute schon großenteils überwundenen Vorurteilen zu befreien suchte, hat es auch sonst sein Lebensrecht erwiesen.
Auch bei erneuter Prüfung sehe ich keinen Grund, an
dem Abschnitt „Der Dichter und sein Werk" etwas zu
ändern, obwohl es 11 Jahre her ist, daß ich ihn schrieb.
Geringfügige Zusätze sind dort als solche gekennzeichnet.
Kaum Neues habe ich auch im Textteil zu bieten, nur ein

kleines Papyrusfragment und einige Testimonia. Die Seiten-
zahl dieses Teiles blieb die gleiche, gedruckt wurde alles
neu. Ergänzt werden mußte das Literaturverzeichnis, doch
wenn nun die zweite Auflage rund 20 Seiten mehr enthält
als die erste, so deshalb, weil vor allem die Erläuterungen
erweitert, z. T. auch geändert wurden. Nicht selten hatte
ich jetzt Bezug zu nehmen auf den ausführlichen Kommentar von

Page, Sappho and Alcaeus, Oxford 1955 (zit. Page,
Comm.),

auf den hier noch generell verwiesen sei. Als maßgebliche
Textausgabe (z. Zt. mir schon in Druckfahnen zugänglich)
ist nun zu nennen

Lobel-Page, Poetarum Lesbiorum fragmenta, Oxford
1955 (zit. LP.),

und für die übrigen Lyriker

Page, Poetae melici Graeci, Oxford 1962 (zit. Page).

Die Zitate und das Register berücksichtigen jetzt diese Ausgaben. Unverändert blieb die Anordnung, auch die 3 Seiten
mit den ,,neuesten Ergebnissen'': letzteres, weil die jetzt
an sich keineswegs mehr ganz neuen Ergebnisse den älteren
Handbüchern unbekannt waren. Ich hoffe, eine kurze Zu-
sammenfassung wie diese kann den Lernenden davor bewahren, Überholtes für wahr zu nehmen. Von weiteren
Neufunden wollen wir eine Bereicherung unseres immer
noch lückenhaften Wissens erhoffen. Es gibt noch unver-
öffentlichte Papyri — wohl auch zu Alkaios.

Verweise auf die Tusculum-Bändchen ,,Archilochos'' und
,,Sappho'' habe ich absichtlich unterlassen. Der geringfügige Mißstand, daß nun bei den Verweisen auf Alkaios in
der Sapphoausgabe die Seitenzahlen nicht mehr stimmen,
kann erst bei einer Neuauflage der ,,Sappho'' abgestellt
werden. Fragmentzahlen mit einem Sternchen bezeichnen
Stücke, die hier nicht abgedruckt sind.

Zu danken hätte ich noch vielen Kollegen im In- und
Ausland, die mir ihre Arbeiten zuschickten, auch meinen
Kritikern, für Lob wie für Tadel, sofern er sachlich vollauf
berechtigt war — eine Einschränkung, die ich leider machen
muß. Ich selbst hatte opponiert: daß das Widerspruch her-
vorrufen würde, war vorauszusehen. Aber — ,,Alkaios lebt'':
das ließ der Dichter einst selbst in seine Heimatstadt Mytilene melden. Das gleiche hat sein Herausgeber zu vermelden, wenn er der 3. Auflage der ,,Sappho'' nun die 2., er-
weiterte Auflage des ,,Alkaios'' folgen läßt oder auch in

Anthologien griechischer Lyrik (wie z. B. dem eben erschienenen, von G. Wirth zusammengestellten ro-ro-ro-Bändchen) unseren Dichter so beurteilt findet, wie er es verdient: „recent discoveries have enchanced the reputation of Alcaeus", sagt zusammenfassend auch Page, Comm. 110.

Seither kennt der Herausgeber auch Mytilene und noch etwas mehr von der Insel Lesbos. Leider kann er seinen Lesern nichts wirklich mit-teilen von den glücklichen Tagen, die er dort verlebt hat, aber seinen griechischen Freunden und Bekannten in Stadt und Land hat er sehr sehr viel und wohl am meisten zu danken: gleichsam eine Art Heimatrecht auch dort. „Καλὴ ἡ Ἑλλάς", sagte ein Bauer, den ich unterwegs traf. Er hat recht.

München, im November 1963   M. T.

REGISTER DER ALKAIOSFRAGMENTE

D. = Diehl, LP. = Lobel-Page, L. = Lobel. Die vorletzte Kolumne verweist auf den Textteil, die letzte auf die Erläuterungen. A. = Anm.

Bezug genommen wird noch auf andre neue Stücke, die ich hier nicht alle aufführen kann.

P. Mich. 3498 carminum initia; repraesentantur Sappho, Alcaeus, fortasse etiam Anacreo:

col. i	col. ii	col. iii
].ριξατε	δευτεμοινασον	α’νμητ[
]αδα.α	δυερωτεσμε	κυπριχ.[
]τε	εσταμενευχη.	ανετωφρο[
].α.	ωδεξαμενηιχε	εγρεσθωμο[
5].υμα.αντε	σεμναπολυκλ.	αιολονφων[
].ηα	ποτνιωρανω	απεχ...ον[
]..ος	ερωσεπεξενω	γλυκυμε[
]	δευτολβιαι ης	χαιρεχα[
].	τισερωτος	ειδον[].[
10	ηδη[.].νηαρ	γουνο[
	χαιρ.[.]υλλανας	νεοντ[
	ομε[..(.)].ποντ.	ωπαιχ[
	θυω[..]ναφροδ	ιθιμ.[
	επιδα..οντι	ωπ.[
15	δεῦτ[έ] μοι νᾶσον	ἀγνὴ μῆτ[ερ
	δύ’ ἔρωτές με	Κύπρι χα[
	ἔσταμεν εὔχη.	ἀνετωφρο[
	ὦ δεξαμένη[ι] κε[	ἐγρέσθω μο[
	σεμνὰ πολυκλ.[	αἰόλον φων[
20	πότνι’ ὠράνω	ἀπεχ...ον[
	Ἔρως ἐπεξενώ[θη	γλυκὺ με[
	δεῦτ’ ὄλβιαι	χαῖρε..[
	τίς ἔρωτος	εἶδον [].[
	ἤδη [μ’] ὄναρ	γουνο[ῦμαι
25	χαῖρε [Κ]υλλάνας	νέον τ[
	ομε[..(.)].ποντ[	ὦ παῖ κ[
	θύω[με]ν Ἀφροδ[ίτηι	ἴθι μ.[
	επιδα..οντι[	ωπ.[